铁血文库

WATERLOO

1815：滑铁卢

[法]亨利·乌塞◎著

周执中 高阳 陈劲光◎译

时代文艺出版社

图书在版编目（CIP）数据

1815：滑铁卢 / （法）亨利·乌塞著；周执中，高阳，陈劲光译．
—长春：时代文艺出版社，2018.9

ISBN 978-7-5387-5869-6

Ⅰ．①1… Ⅱ．①亨… ②周… ③高… ④陈… Ⅲ．①滑铁卢战役(1815)－研究 Ⅳ．①E194.1

中国版本图书馆CIP数据核字（2018）第113185号

出 品 人　陈　琛
产品总监　郭力家
选题策划　方　伟
责任编辑　田　野
助理编辑　胡　军
装帧设计　孙　利
排版制作　隋淑凤

1815：滑铁卢

[法] 亨利·乌塞 著　周执中　高阳　陈劲光 译

出版发行 / 时代文艺出版社
地址 / 长春市泰来街1825号　时代文艺出版社　邮编 / 130011
总编办 / 0431-86012927　发行部 / 0431-86012957　北京开发部 / 010-63108163
官方微博 / weibo.com / tlapress　天猫旗舰店 / sdwycbsgf.tmall.com
印刷 / 三河市万龙印装有限公司
开本 / 710mm × 1000mm　1 / 16　字数 / 298千字　印张 / 21.25
版次 / 2018年9月第1版　印次 / 2018年9月第1次印刷　定价 / 39.80元

图书如有印装错误　请寄回印厂调换

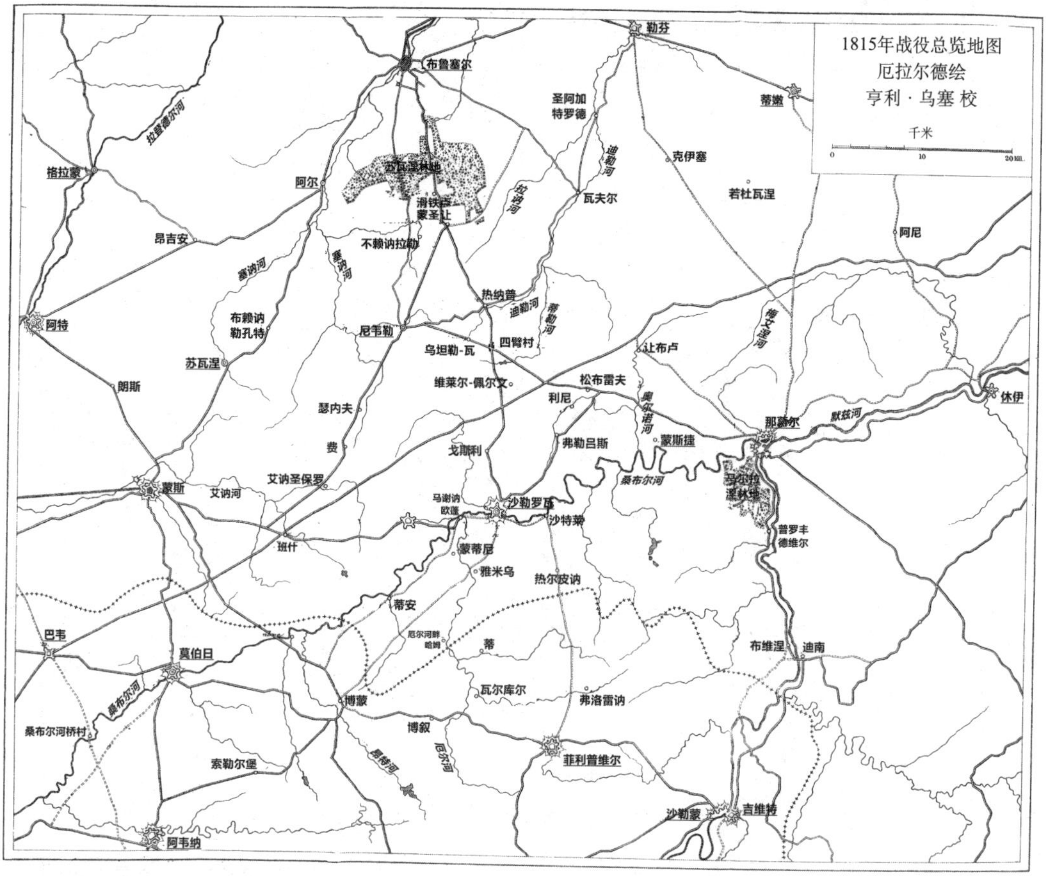

◎ 1815年战役总览地图

◎ 1815年6月15至20日的军事行动地图

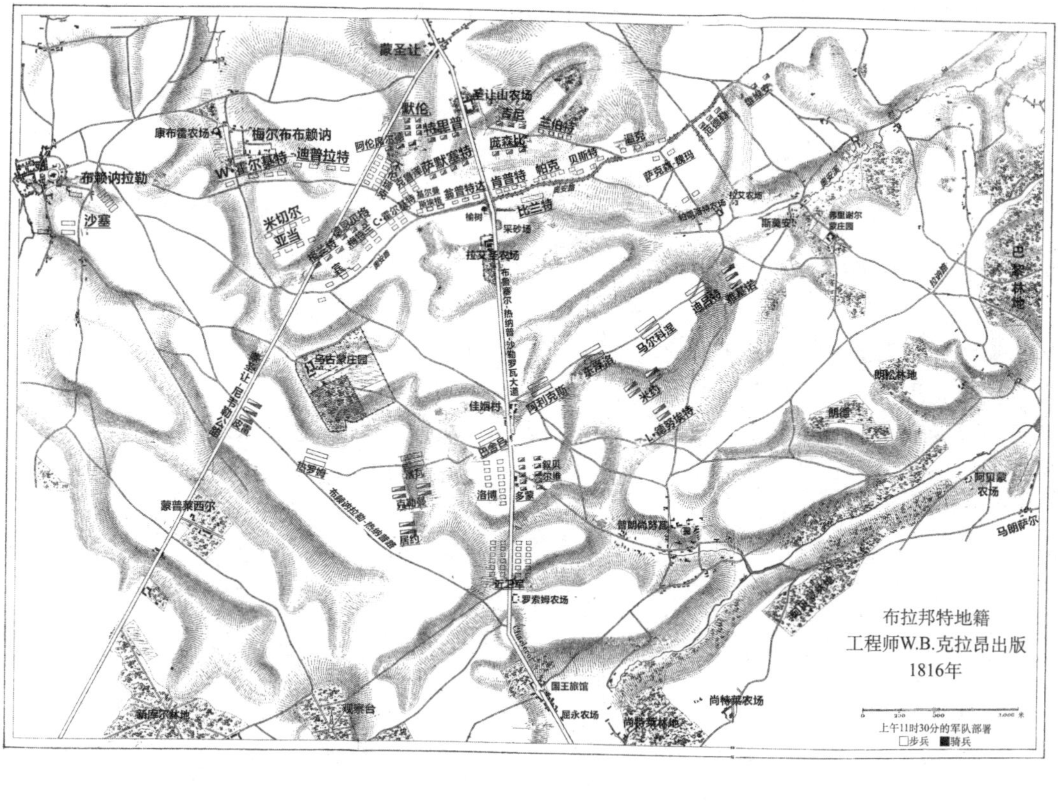

◎ 滑铁卢会战（又称佳姻村会战）战场地图

译者前言

滑铁卢的历史含义，无需赘述，即1815年6月18日的滑铁卢会战。这场会战，可以说直接决定了日后欧洲乃至世界的走向，因为它终结了一个帝国、一个强权和一个皇帝。

这位皇帝，拿破仑一世，此前凭借法国大革命的军事、政治遗产，将法国塑成了一个强权国家，将整个欧洲牢牢握于掌中；同时，拿破仑也将它据为己有，是为法兰西第一帝国。但是，这一切的代价是暴力，换言之便是战争。从马伦戈到奥斯特里茨，再到耶拿-奥尔施塔特、波兰——第一帝国的霸权，是拿破仑用暴力夺得的；不仅皇帝尝到了甜头，他的臣民也笃信此道。

暴力不仅压迫着被征服者，也在透支着法国，一旦压迫、透支达到临界点，暴力便开始反噬拿破仑和他的帝国。1813至1814年，不堪重负的欧洲各国群起而攻之；另一方面，第一帝国渐而难以维持往日威风，军队逾战逾弱。最终，反法盟[1]军进驻巴黎，皇帝黯然退位，被迫远走他处。不过，无论拿破仑还是法国，仍作困兽犹斗之状。于是皇帝回归，烽烟四起。滑铁卢，便是拿破仑以及法国的背水一战。

这是盖棺定论的一战，拿破仑战败，彻底丧失权柄；而法国，则在一片

① 本书中“盟军”特指反法同盟军队；“联军”特指滑铁卢战役中威灵顿所指挥的联合军团。——译注

混乱中，默然易换了大王旗——拿破仑的时代，第一帝国的时代，从此便湮于逝水。

巨人的陨殁，刺激了文学家、艺术家的细腻心思。文艺家往往会将神往之“美”，映射到一些大人物身上。而拿破仑的事业与人格魅力，恰恰激发了他们的浪漫遐想，进而汇集出了一个古典英雄的形象——某种意义上还被赋予了一定的神格；而伟人、圣人、完人的失败，常常是悲剧性的，这更是引发了情感、灵感的决堤。这也就是为什么世人能够看到拿破仑不少的文艺形象，也能够看到不少关于滑铁卢的文艺作品。

但这种浪漫，说到底仍是借题发挥罢了。拜伦的诗歌，并非致敬拿破仑，而是某种对恢宏豪迈大时代的心驰神往，这是极为抽象的情感抒发。雨果、茨威格等人的小说，脍炙人口、引人入胜——然而，论及拿破仑为何最终失败，他们却用一个又一个臆想的偶然事件加以解释，最终回到一己之见，而不是事实本身。他们试图用主观意愿去解释客观世界，终将是徒劳无功的；而他们的读者，思维也随之遁入了虚无。这些人则创造了滑铁卢的浪漫含义。

尽管浪漫解释不了历史，但正是文艺的叙事议论，混淆了多数人的视听，使得戏说、谣言得以传播，而事实却被掩埋。例如：法军骑兵突遭陷坑，“老近卫军永不屈服”，格鲁希的一秒一念一错，拿破仑疾病缠身难以指挥，等等。这里无意用哲学思辨讨论文艺与历史关系，以及历史的属性，但大多数人仍关注的是客观事实。尽管当中某些人无力抽丝剥茧、还原历史，但他们依旧渴望于此。同时，历史对于现实仍有相当的指导意义，所谓“以史为鉴，可以知兴替”。

于是，亨利·乌塞便写下了这部《1815：滑铁卢》。

亨利·乌塞（Henry Houssaye，1848—1911），法国历史学家，法

兰西学术院（Académie française）院士。早年研究古希腊史。1870年普法战争爆发后，入伍参军，衔至中尉。他参加过数场战斗，表现英勇并被授予荣誉军团骑士勋章。战后，他再次投入历史研究之中，不过侧重点偏向了军事战争史。他潜心研究第一帝国的覆灭经过，重心放在了帝国最后两年的政治、战争史上。1888年，他出版了《1814：法兰西战役》。其后，他完成了《1815》三卷本的撰写。时至今日，《1815》三卷本，仍是研究拿破仑战争与滑铁卢会战无法回避的丰碑。

《1815》第一卷的主题是波旁复辟、百日王朝的法国、欧洲的政治史；第二卷则是主要记载1815年比利时战役、滑铁卢会战的前因后果；第三卷则叙述了波旁复辟后的历史。本书即为第二卷，《1815：滑铁卢》。

本书文起拿破仑复辟，详尽叙述了1815年4月至5月法国国内以及欧洲局势，乌塞将重点放在了军事方面。其后，细致记载了比利时战役的经过：法军跨过国境，与普军进行首轮交锋；法军两线作战，在四臂村-利尼会战中对抗联军与普军；最终的滑铁卢（蒙圣让）会战则是压轴篇章。在整个第二卷内容中，乌塞的功力有着淋漓尽致的表现。

《1815：滑铁卢》版本繁多，多达五十多版，译者从中选择了广泛认同的第三十一版。需要注意的是，滑铁卢会战中的一些细节仍处争议之中，请读者辩证阅读思考。在最后一章中，乌塞也进行很长篇幅的论述，也请读者阅读时留意。

由于篇幅有限，而原作注释内容非常之多，无法完全翻译其全部，敬请谅解。同时，译者结合时下学术界公认的成果进行注释，并在附录部分增加了战役编制以及战报内容。此项工作由高阳与陈劲光分两阶段完成。

本书由翻译组三人共同翻译完成，前面6章由高阳初步完成（同时确定了人名、地名的译法），中间5章由周执中完成，最后6章由陈劲光完成。陈劲光进行了终稿的校对修改工作，周执中把关校审，最终交付。尽管原定添加的第五十一版尾跋经研究终被删除，但依旧特别鸣谢陈展小姐对尾跋法语翻译的大力支持。

最后，特别感谢时代文艺出版社对此一译作的全力支持与耐心经营，感激之情在此难以一言而尽；特别感谢冬初阳先生，感谢他的全程鼎力协助；感谢吴畋先生、陈展小姐给予的学术、语言支持；又及，感谢彭柏安、李茂、谢南阳、张夏亚、柯哉、卢西府等。你们的长久支持，对于译者而言也是莫大的激励、鼓舞。

陈劲光、周执中

目录

第一部分　战争之路

第一章

最后的帝国军队

第一节　和平到战争，召回退伍兵，动员国民自卫军[①]，1815年征兵

自厄尔巴岛归来后，皇帝（拿破仑）发现麾下兵力不足20万人。[②]倘使他仍同过去一般不受约束，通过三种渠道便能扩军：首先，临时征召1806至1814年的兵员；其次，1815年的应征兵员；最后，提前征召1816年的兵员。不过，此前路易十八已废除了征兵制，而彼时皇帝回归未久，根基未稳，他也犹豫：是否当即恢复这项不得人心的制度？眼下，他仅有的兵源，便是那些正在有限或无限休假的士兵；此外，还有开小差者，这部分人群为数不少，虽列于

① 国民自卫军分常备和临时征召两种部队，动员国民自卫军指临时征召的国民自卫军部队。——译注

② 根据1815年1月15日（Arch. Guerre）的粗略估计，兵力数字为195883人（军官与士兵）；不过当中仍包括了瑞士诸团与第一（拉图尔多韦尔尼）外籍步兵团（拿破仑不得不解散了它）的兵力（3208人）。扣除后，兵力数字为192675人。不过由于1814年11月颁布的一项召回决议，自从1月15日以来又有七八千人回归行伍。这次征兵（原本应该有6万人入伍，但最后只有3.5万人）一直持续到2月15日（Henry Houssaye，1815，i.165）。至于“禁军”、“宪兵”、老兵等兵员并未计入此20万人中。

名册，却“擅离职守”。申请休假6个月的士兵总计3.28万人[①]，而逃兵则多达8.5万人，前者将很可能成为主要兵源。事实上，3月9日敕令一经公示，便有三四千人至兵站报告。反观那8.5万个“小差兵”，不得不承认，其中将有不少人拒绝归队；另外，还有一些人是身体残疾，或已为人父，有权利避开兵役。据战争大臣达武[②]的估计，各类重回现役的兵员总数约为5.9万人。[③]

3月28日时，征兵公告便在筹备之中[④]，但由于政治因素影响，它直到4月9日才公之于众。其间，皇帝正竭尽全力同欧洲列强和谈[⑤]；因而他担心军备的进行，同自己的和平立场相悖。而面对厌战的本国民众，他也必须举止审慎。西部省份的舆论已被煽动起来，民心骚动；南部省份的居民，也拿起了武器。保王党们希冀于挑起战争，以此败坏皇帝的名声。综上，目前还不是敲响警报、战争动员的时候，否则国家将因此濒于分裂。拿破仑仍幻想能向欧洲争取到和平，然而随着时间的流逝，这一想法也不攻自破。最终，他于4月9日在《箴言报》上公布了动员令。正如他所预见的那样，法令震撼了公众舆论。几天之内，公债便跌了8法郎。国民之间弥漫着悲观沮丧的情绪。至于农民阶级，总体来看，他们业已满足于摆脱土地所有者的剥削，同时也避开了流亡贵族可能的特权重建。而皇帝的归来，则可能会再次引来入侵者，或者导致一场持久战——这一点使得农民对皇帝的忠诚大打折扣。

考虑到法令的程序运作、下达公示需要一定时间，因而直至4月25日，军队才开始集结。[⑥]公众舆论极其反战，被征兵员也有抵触心理。尽管他们都曾

---

① 根据达武的说法（致皇帝的报告，日期不明，或为3月25至26日，Nat. Arch. AF. iv. 1936），这一数字为26000人；另有估计认为是31469或32884人，甚至高达38233人。

② 路易-尼古拉·达武（1770—1823），法兰西元帅。拿破仑的得力干将，以治军严明著称，也颇有行政才能。他在奥斯特里茨、奥尔施塔特等会战中表现杰出。第一次波旁复辟后辞去军职，百日王朝期间主动归顺拿破仑，并担任战争大臣一职。——译注

③ 出自前文所引的达武致皇帝报告（Nat. Arch. AF. iv. 1936）。

④ 见《拿破仑书信集》，第21卷，第737页。

⑤ 见亨利·乌塞，《1815》，第435-439页，第445-447页，第563页，以及注释。

⑥ 见卡尔诺的4月9日传阅函件（Nat. Arch， F.1 a 31）；又及达武于5月1日致拿破仑的信件（Nat， Arch. AF. iv. 1936）。

在皇帝麾下服役，但有大多数人对于征兵的态度，要么是予以拒绝，要么是拿可免除兵役的理由加以敷衍。回顾1814年，有很多军人出逃军营，导致这种现象的原因，一部分是对波旁白军服的厌恶，但更多的则是出于纯粹的厌战情绪。过去一年中，这些复员兵投入到农田、作坊的生产工作中，不少人也组建了家庭。如此看来，这个群体自然也就抵触兵役。而在保王思想盛行的地区，被征兵员仗恃有民众同情，便在兵站制造骚乱，他们高呼："我们不会走的！国王万岁！"①皇帝担心，西部省份会因此爆发叛乱，于是允许省长们便宜行事，让他们慎重执行征兵令，必要时可暂时中止。虽然阻力重重，但比起达武较为乐观的估计，实际应征人数仍多出了1.7万人。②6月1日，已经有52446人回到军中，同时，还有23448人正在前往所部途中。③

此时，志愿入伍者人数将近1.5万人，这比1814年法兰西战役时的已多出不少了。根据1814年12月31日的敕令，每个志愿兵将会获得50法郎的奖金。不过，皇帝却叫停了这一举措。按照他的说法，"这并不符合法国人捍卫自由的习惯"。为了征召更多兵员，皇帝曾打算偕近卫军军官，在军乐队的陪同下，前往诸如作坊、村庄之类的公共场所，宣读征兵法令。不过，在达武指出此举"只会招致不必要的骚动"后，这种18世纪的征兵军士所为的权宜之计，也只得偃旗息鼓，未及实行。

海军方面，尚能出海的舰船已为数不多；由于缺乏船员（三分之二的水手都被遣返休假了）、补给，舰队甚至无法承担地中海巡航的勤务。基于此，皇帝希望能够将港口、海军预备队中的兵员整编，组成五六十个野战营。不过这

---

① 见4月至6月的省长信件；又见5月至6月期间致皇帝、富歇的信件；又见于5月11日的达武报告（Nat. Arch.F. 7，3774 ; and AF，iv. 1934 and 1936 ; AF. iv，1947 ; AF. 1939）；以及4月至6月的将领信件（出自战争档案）。

② 据达武于4月致皇帝的报告（Nat. Arch. AF. iv.1936），"唯一可用的兵力将会是59000人"。

③ 见达武于6月11日致皇帝的报告（Nat. Arch. AF. iv. 1936）。有82560人的重返行伍兵已经收到了行军令，但有6662人选择逃逸。这82560人的重返行伍者中，一部分来自于1814年的逃兵（这部分人群达85000人）；另有32000人是正在休有限或无限假期的，这部分人群并没有在4月9日前归队。

项工作困难重重，最终只有20个营得以组建。而直至6月中旬，仅有1个营开赴前线，被派往戍守加莱。此外，3个海军炮兵团分别得到了1个营的补充：复辟时期，该编制人数有5284人，此时已接近6000人。其中，6个营留下负责港口防务；之后，其中有2个营调往巴黎，另有1营奔赴里昂，还有1营调剂给了布列塔尼方面，加入了比加雷将军①的机动纵队②。

路易十八留下了3个外籍步兵团，皇帝保留了其中的第二伊森贝格（Isenberg）团、第三爱尔兰团，两者合计875人；而第一拉图尔多韦尔尼（La Tour d'Auvergne）团则被解散——南方叛乱期间，这个团效忠于当古莱姆公爵（Duc d'Angoulême）③。皇帝军中曾有4个瑞士团，然而由于后者拒绝佩戴三色帽徽，他虽不情愿但也只能忍痛割爱，予以解散。同时，他也正忙于组建5个新的外籍团。维斯瓦河军团④于1814年解散，但所部不少士兵仍滞留法国，因而新外籍团部中的1个波兰团很快被组建、扩充，人数为800人；而4月2日解散的4个瑞士团中，有502人并未遣散，他们被整编成了1个瑞士团；此外还有1个意大利团、1个德意志团及1个荷兰-比利时团——这些单位的兵源是弗里蒙特⑤、布吕歇尔⑥和奥伦治亲王⑦所部的逃兵。最后，在吉伦特省，还有1个非裔

① 奥古斯特-朱利安·比加雷（1775—1838），师将。百日王朝期间，他指挥第十三军区，负责镇压南方王党，并在6月时在勒东（Redon）击败了王党武装。——译注

② 即colonne mobile，一种游离于主力之外的兵力较强的分遣队。——译注

③ 即路易-安托万·达图瓦（1775—1844），法王查理十世之子，后为太子。七月王朝期间被罢黜。——译注

④ 维斯瓦河军团，第一帝国的外籍军团（编制上属于法国陆军），以波兰人为主。——译注

⑤ 约翰·马利亚·菲利普·弗里蒙特，奥地利骑兵上将，安特罗多科侯爵。1815年指挥奥军意大利军团。——译注

⑥ 格布哈德·列博莱希特·冯·布吕歇尔（1742—1819），普鲁士元帅。自从1806年普鲁士战役开始，积极活跃于反拿第一线。是普军的精神领袖。他曾提携沙恩霍斯特等少壮派军官，促进了普鲁士军改及总参谋部的发展。——译注

⑦ 即威廉·弗雷德里克·乔治·洛德韦克(1792—1849），奥伦治亲王（尼德兰王国的储君封号），后加冕为尼德兰国王威廉二世。1811年便加入英军，起初作为威灵顿的副官服役，深受英军官兵欢迎。1815年，他率尼德兰军队加入威灵顿的联合军团，并任第二军军长、尼德兰王国部队总指挥。——译注

营和几个西班牙难民组成的连得以组建。

祖国面临侵略，祖国遭到威胁，诚此紧急关头，好在1791、1792、1805及1813年颁布的法律法规仍具效力，皇帝借此能动员国民自卫军①以扩充军队。返回杜伊勒里的几日后，他便同达武、卡尔诺②着手于国民自卫军的改编。彼时，全国共有20万人左右的国民自卫军，兵员年龄跨度在20岁至60岁之间。经卡尔诺预计，这一编制将能够扩充至250万人。4月10日公布的一项法令规定，符合国民自卫军征召条件的公民，都应当登记在册，以便整编成营。皇帝从未想过能够组建如此规模的军队，不过他所期望的，是组建大量以20至40岁人群构成的国卫营——论及国卫军他也不免忆起1814年的费尔尚普努瓦斯③，彼时彼地，国民自卫军发挥了老兵般的战斗力。新法令一经颁布，皇帝得以动员326个国卫营，每营720人。集结完毕后，他们将立即开赴边境的要塞和营垒。根据立法议会于1792年7月11日通过的修正案，应征者可以花钱找替身，而替身的价格最终也被定为120法郎，相当便宜。

大约有二十个省份积极响应动员法令，因而很快便达到了额定征召兵员数。这些省份是：埃纳省、安省、阿尔代什省、阿登省、奥布省、科多尔省、伊泽尔省、汝拉省、马恩省、默尔特省、默兹省、勃朗峰省、上莱茵省、下莱茵省、罗纳省、上索恩省、索恩-卢瓦尔省、塞纳-马恩省、被塞纳-瓦兹省、孚日省、约讷省④等。在一片“皇帝万岁”的呼声中，起来动员的国民自卫军

---

① 国民自卫军（Garde Nationale），民兵单位。根据1791年10月14日的法令，所有18岁的成年公民将自动进入国民自卫军编制。拿破仑执政后，其影响力逐渐弱化，1814、1815年战争中再度被重用。下文将简称国卫军。——译注

② 拉扎尔-尼古拉斯-马格利特·卡尔诺（1753—1823），师将，前公安委员会军事委员（雅各宾时期），前督政府督政，以“胜利的组织者”闻名，具备相当的军事行政能力。百日王朝期间担任内政大臣。与拿破仑政见不同，曾在称帝公投中反对拿破仑加冕。但是当法国陷入危难时，1813年，他又挺身而出。——译注

③ 指1814年3月25日的费尔尚普努瓦斯会战（Bataille de Fère-Champenoise），交战的双方为马尔蒙指挥的法军和施瓦岑贝格指挥的联军，最后法军以牺牲两个国卫师的代价成功地撤回了巴黎。——译注

④ 请读者朋友自行查阅附图中1815年的法国各省行政规划。——译注

告别家庭，踏上征途，这派光景恍如1791年的爱国热潮，一些人甚至自己垫钱购买武器、制服。然而，这样的爱国精神、爱国热情，却未能点燃整个法国。半数省份中，尽管大规模采用了机动纵队、征兵军士的办法，动员人数也只是勉强为额定的四分之一。5月底，奥恩省只招募到了107人，但预期数字是2160人；加莱海峡省本计划征召7440人，却只有437人入伍；热尔省制定了1440人的名额，然而仅有98人位列行伍。在亚眠，流传着这么一番言论："是谁把波拿巴迎回来的？是军队。那么，就让他的军队来保护他吧。他的敌人就是我们的朋友。一个地狱不容的人，是不值得我们拿起武器为之拼命的。"至于旺代和布列塔尼省[①]方面，当局考虑到征兵可能会引起叛乱，于是根本没有招募国民自卫军；尽管内战爆发之后，当地的数千居民自行武装，协助正规军对抗王党武装，但却不愿跨国境作战。

公告一经发布，自4月10日起，截至5月10日时，国民自卫军的现役人数便达到了234720人；截至6月15日，各处兵营业所集结的及正在途中的有15万人。这支部队中，约三分之一的人是先前领半饷的军人，余者皆为平民。关于军官的任免事宜，皇帝不希望以推举的方式运作。根据各地区委员会提交的名单，人事由他予以安排。关于委员会，分别由当地省长、一位省议员、两名将军及一名高级军官组成。国民自卫军的面貌良好，几乎所有的官兵，皆安然履行职责、毫无勉强。部队调动途中，表现出了高昂士气、严明纪律；他们背负枪支，枪眼里则插着紫丁香；进驻城镇时，他们高唱《马赛曲》，并随着旋律高呼"祖国万岁！皇帝万岁！"如果说，部队当中仍有抱怨牢骚的言语，那也来自未得武装者，他们要求得到武器、制服以及军靴。一些指挥或检阅国

---

① 旺代、布列塔尼两省为王党势力最为根深蒂固的两省。旺代早在革命战争时期便数次暴动；而布列塔尼保王势力则在拿破仑掌权后，不断挑战后者。——译注

卫军的将军，诸如莫尔捷[①]、儒尔当[②]、勒克莱尔·德塞萨尔[③]、鲁耶[④]、拉尼斯（Lanusse）、贝克海姆[⑤]，他们皆为这些志愿兵的饱满精神、飒爽英姿所折服。热拉尔[⑥]于6月5日致旺达姆[⑦]的信件中坦言："南希后备军中的十个国卫营，都是一流的；3周之内，他们同正规部队将毫无区别。"

倘若战争持久，那么兵员将会相当充足的。随着法令的生效，中部、南部省份中，那些力度较大的抵抗也将渐而平息，国民自卫军的第一梯队——成员年龄区间为20岁至40岁——至少能够提供15万人的兵力；另一方面，旺代的局势归于平定，鉴于此，在西部省份实施征兵也是指日可待；而东部省份的舆论赤诚激昂，在此很可能将有新一轮的动员。至于第二梯队的民兵，除了巴黎、里昂，在其他地区没有即刻编制的必要——考虑到时间的紧迫、武器装备的匮乏，现在还不是扩充这些部队的时候；而他们本应执行的任务，当下也由其他众多单位进行分担。

40至60岁的人群未列于动员范围，不过当中也有不少身强体壮者适于作战，或者至少能够承担守备勤务，其中一些是服役长达24年后退伍的官兵。而早在4月份，就有许多退役军官请求重返军队，但半饷军官的人数更多。达武

---

① 阿道夫-爱德华-卡西米尔-约瑟夫·莫尔捷（1768—1835），法兰西元帅，第一代特雷维索公爵。帝国时期，他见证了法军的历史，几乎参加了每次重大战役。以指挥近卫军闻名。——译注

② 让-巴普斯特·儒尔当，法兰西元帅，革命战争功臣，有指挥军团的经验、战绩，军中声望很高。拿破仑曾如此评价他："如果要确保国防安全，就应当委之（儒尔当）重任。"——译注

③ 路易·尼古拉·马林·勒克莱尔·德塞萨尔，师将、帝国男爵。百日王朝期间担任第一国卫师师长。——译注

④ 马里-弗朗索瓦·鲁耶，师将、帝国男爵。1815年在摩泽尔军团指挥某国卫师。——译注

⑤ 西吉斯蒙-弗里德里克·贝克海姆，师将、帝国男爵。——译注

⑥ 艾蒂安·莫里斯·热拉尔（1773—1852），伯爵，帝国的后起之秀。和拉马克、克洛泽尔与富瓦一起，被拿破仑誉为"四颗元帅种子"。滑铁卢战役期间负责指挥北方军团第四军（原摩泽尔军团）。——译注

⑦ 多米尼克·旺达姆（1770—1830），伯爵、革命战争的老将，优秀的军师级指挥官。为人暴躁粗鲁，喜欢纵兵劫掠，因而颇为不受同僚和上司的欢迎。拿破仑曾说："若我同魔鬼开战，旺达姆必为先锋大将。"滑铁卢战役期间负责指挥北方军团第三军。——译注

计划，将这些退伍官兵整编成老兵营，负责戍守要塞。“这将会给国民自卫军树立榜样，”致皇帝的信中他如是阐述，“并且能激发起后者的尚武精神。”拿破仑没有放弃这个机会，在5月18日颁布的一项新法令中，他邀请所有的退役官兵暂返现役，他们将会被编入步兵、炮兵部队负责卫戍要塞。退役士兵的总数达到9.4万人，其中只有半数能够再次服役，而他们很快便表达了积极的意愿。尚可一战的退伍士兵们被编成了56个步兵营和25个炮兵连，总计2.5万人。

在巴黎，国民自卫军守备部队扩充至36518人；近郊的工人们主动要求保卫城市，于是他们被编成了24个联盟狙击兵营（bataillon de tirailleurs fédérés）①——这一武装总计1.8万人，由领半饷的军官指挥，主要负责占据前线的关键据点。再来看看里昂的情况，该城于6月12日之前，就已经动员起了4000人的守备部队，穆顿-迪韦内正忙于将其编成15个联射营。如果事态恶化，甚至国家遭到侵略，那么像埃纳省、阿登省以及其他东部省份，是可以凭借经动员的民众抵御外敌。其他的一切武装力量，如林业员、宪兵、海关人员、国民卫队守备部队，都会根据当局的警报而集结，并占据制高处与要道。

眼下，似乎每一处要塞、每一座大城、每一个隘口、每一处桥头都配置了防御力量。这其中，包含了15万机动国民自卫军、2.5万名复员兵、2.6万名联盟射击兵（来自于巴黎、里昂、图卢兹以及南希）以及大量的动员兵。尽管现下大量志愿兵群起响应，尽管三分之二的休假军人已重返行伍——然而可机动兵力依旧相当薄弱。几经踌躇，皇帝最终拿定主意，征召1815年兵役。波旁复辟时，颁布了王家特许令，其中的第七条款已经废除了征兵制；而据元老院的报告，1815年的应征人群早在1813年10月9日便已入伍。但第七条款经过一番解释后，其效应仍覆盖这一人群。倘若这时贸然将其征召入伍，难免会被认为是权力的僭越。向来以刚毅果断著称的达武，此时也不免有些退缩了。为稳妥起见，他建议皇帝：出于安抚民心的考虑，公告中可以避而不用“征兵”的字

---

① 联盟狙击兵，拿破仑于1815年建立的民兵组织。下文如有联盟狙击兵的具体编制，例如团、营，将简称为联狙团、营，以此类推。——译注

眼，“我们最好换个说法，凡是1月1日之前年满20岁的青年，都将加入国民自卫军，同时送入军队兵站——并向他们保证，战争结束后即可复员”。5月23日，1815年的征兵议案被提交至国民公会讨论，然而后者的结论却是否定的：征兵属于立法范畴。

这一议案的通过与否，取决于议会深入讨论的结果，只能静其变了！然而，面对正在集结的法军，敌人会作壁上观、静待事毕方才入侵吗？如果征召1815年兵役，军力将会增加12万人——而其中有2万人曾在1814年战局中得到锻炼。议会的疑虑，最终还是被皇帝打消了。他指出，征召1815年兵员的举措，同召回休假士兵相比较，从法理角度来看两者是毫无区别的[①]。因而征召1815年兵员，没有必要发布一道新的法令，仅仅通过简单的行政手段便能予以实施。议会对此表示认同。于是6月初，达武签署下发了1815年征召令。既然战争不可避，那么国家便会全力以赴。早前召回休假士兵、动员国民自卫军的举措，虽然在许多省份遇到了阻力、反抗，不过现在的征兵则展开得较为顺利。法令颁布一周后，截至6月11日时，各省份共集结了46419名应征者。对于征兵工作，诸如阿尔萨斯、洛林、香槟、弗朗什-孔泰和勃艮第这些省份的民众予以了相当积极的回应——甚至一些中部省份的反响亦然。塞纳-瓦兹省的省长如是写道：“仅仅3天之内，征募工作便以一种惊人的效率完成。”勃朗峰省省长注意到，该省所召集的兵员数量，比起革命战争中历年所提供的都要多。在埃纳省，自4月1日至6月12日这段时间内，他们贡献了共计18200人的部队，其中包含了志愿兵、归队士兵、应征兵员、动员国民自卫军、联盟射击兵及退伍老兵——其中，甚至有73岁的老翁。对此，拿破仑评论道：“在这个省份，有多少条枪，就拉起多少支队伍。”

---

① 1813年10月9日的元老院决议决定，允许拿破仑提前征召1815年兵员。这部分兵员，由于时间上的仓促及逃兵现象的存在，只有很少一部分得到编训，但仍参加了1813、1814年的作战，，并在第一次波旁复辟后复员。虽然如此，但1815年征兵法令并没有被撤销、废除，因而这个群体等同于现役的休假军人。——译注

第二节 武器装备，后勤补给，防御工事，战争预算

然而，武器、弹药、粮草、马匹及服鞋等物资严重匮乏，同时原材料也很稀缺。炮兵部队共有13947门火炮，然而缺少驮马、马具，必要的60万枚炮弹亦未到位。鉴于实际兵力远低于满编数字，正规军队中的步兵、骑兵部队得到了很好的装备配备。然而另外某些部队的分发情况却不容乐观，诸如志愿兵、陆战队、动员国卫军、志愿兵及1815年应征兵——而根据预计，至9月中旬，这些部队的军力将直逼50万人。军械库中共有19.5万支步枪，其中还有约7.4万把需要修理方能操持。[①]

皇帝曾留下这样的文字："能否拯救国家，取决于我们的肩头能起扛多少支枪。"根据某一新法令，[②]除去免役者，所有共和八年及之后就职的军械师都将重新回到工厂；同时，该法令也制定了23.5万支步枪及短管步枪、15万对手枪的生产目标。刺刀制造交由朗格勒、穆兰刀具厂负责。1万支猎枪、4000支短步枪的指标，已被分发给了阿尔萨斯、洛林、香槟、勃艮第的农民，而这部分人群将随时响应兵役征召。至于枪械的修复工作，则不得不求助于私人厂商完成。这样的作坊在巴黎共有6个，受雇的工人总计有2000名。政府同时尝试从英国方面购买枪支，他们在比利时和莱茵兰已经购回了几千支，由煤炭驳船携藏带回。还有一部分枪支，一方面是农民协助购得的，政府给予他们每把12法郎的津贴；另一方面则向商人、船主们征用，后者被告知需上交一份清单，写明受征者的能力范围内能提供的所有武器。

尽管用尽种种办法，然而武器的生产、征集进度仍大大落后于士兵的募集

---

① 有关枪械储备的情况：各军部兵站，27000支步枪；炮兵储备，157000支步枪，当中有70000把需要修理；陆战队兵工厂，10990支步枪，当中有3600支需要修理；总计194990支步枪（见德鲁奥在3月27日致拿破仑的信件，达武4月4日致拿破仑的信件，德克雷在3月29日、5月10日致皇帝的信件。出自Arch. nat. AF. IV，1940. et AF. IV. 1941）。

② 见3月29日的《法令公报》（Bulletin des Lois）。

情况。工厂、作坊每月至多制造2万支步枪以及提供同量的翻新枪械。[1]6月初，国卫军中只有半数得以武装。而刀具——刺刀、马刀——的制造一样紧迫。马刀被认为在前线只能装备给掷弹兵，因而它的制造被叫停了，生产顺序让位给了刺刀。胸甲供给也同样紧缺，但皇帝批示道："不用操心胸甲，腾出人力派往别处。胸甲不是战争必需品。"得益于加急的弹药生产，每个士兵都得到支持100发弹药，其中50发随身携带，其余保管在弹药车上。两个月内，文森斯（Vincennes）方面共生产了1200万发子弹。截至6月1日，北方军团的弹药储备为550万发，除极个别情况，所有的一线部队均实现了每人50发弹药的配给。

因为1812、1813年的战事，军服库存始终紧缺。复辟王党不仅没有弥补这一亏空，就连现役军队的制服都未分发齐全。1814年5月至1815年2月之间，战争部虽说计划拨款400万法郎，以解决军服问题，但实际上只支出了预算的四分之一，而军队则依旧衣衫褴褛。[2]超过20个团存在缺乏鞋履的问题，即便像王家猎骑兵团这样的精锐部队，骑士们不仅缺鞋，还没有衬衣。第十四战列步兵团的士兵们腿上的亚麻长裤，历经夏去冬来，在两年多的时间里都未得更换。第二十七战列步兵团有3万法郎的制服费用，却悉数拿来遣返俘虏，因而只能顶着警帽上战场。面对如此情况，皇帝只能先筹集3000万法郎用以置办；经战争部估计，仅年内此类开支便会高达5100万法郎。生产方面，巴黎的某些作坊每天能缝制1250件大衣。于是空寂的库房再次热闹起来。制造商们得到当地政府所付押金后，被要求先行交付衣料。不过，蓝布料依旧紧缺，部分大衣由不同的衣料拼缝而成。

再来看看马匹的情况。截至3月20日，骑兵部队只备有27864匹马，炮兵

---

① 见达武在4月4日、4月14日、4月29日致皇帝的信件（出自Nat Arch. AF. iv. 1940）。对于那些状况很差以致无法使用的步枪，皇帝起初计划将它们回收拆散成零件（见拿破在4月8日致达武的信件，出自Arch. Guerre， carton de la Corresp. de Napoléon）。

② 见Rapport de Davout à l'empereur， 5 avri (Arch. nat. AF. IV， 1940)在1815年一名常规部队的战列步兵或猎兵，购置一套全新的全套行头需要122法郎，这其中包括内衣、鞋履；而对于骑兵来说花销则是197法郎。除此之外，还有一笔17法郎的费用，用以制服的修补。

及其后勤部队则是7765匹。出于节约开支的目的，这些总计为35629匹的军马中，有5000匹被外借给农民——当然可以随时收回。某些省份制定了8000匹马的征用指标，相关费用将在征用之后支付。与此同时，凡尔赛的最高军马厩也从有意愿的牧马人、农民处直接购买马匹。波旁王家卫队、王家志愿军遗留下的马匹，则被调拨给近卫军。各个军部的军需兵站获得准许，都能够直接进行马匹采购。此外，皇帝还给出了一个绝妙的方案，他将从半数的宪兵部队中征集马匹，而那些应征的宪兵每人可获得600法郎的津贴，不过又被命令在15天之内找到新的坐骑——鉴于宪兵的社会地位，这并不是桩难事。多亏这一权宜之计，4250匹强壮雄健、训练有素的战马，很快便被补充到胸甲骑兵、龙骑兵部队中去。各省的征召工作相当成功，结果远超预期；与之相反，凡尔赛最高军马司的进度却差强人意。本来，最高军马司的事务，应当是由普雷瓦尔将军操持——鉴于他在1814年的出色表现，理应如此。然而普雷瓦尔有王党嫌疑，因而皇帝将其派往——不如说是发配——到博韦地方的军需兵站工作。继任者是布尔西耶将军，此人注重形式、死搬教条，拘泥琐碎之事，置大局于脑后。他拒绝征收8岁以上的马匹，那些比条例规定仅矮半尺的坐骑，也不入他的法眼。回顾1814年的战局，仅在3月份内，普雷瓦尔就贡献了7000匹马；而布尔西耶花了2个月，才征集到2579匹。结果令人失望，不过好说歹说，布氏也为即将作战的军队提供了健壮的马匹。最终，骑兵部队的坐骑与后备战马，总计4万匹，炮兵及其后勤部队则可调动16500匹马。

拿破仑清楚威胁来自整个欧洲，而自己无法抵御四面八方的入侵。他很有可能重蹈覆辙，像1814年战争爆发后的那样，被迫在瓦兹、埃纳和马恩省一带疲于奔命。面对即将到来的新战役，拿破仑就算持最乐观的想法，也只能用攻守结合的战略统筹大局。是的，军队亟须重组，不过整个国家防御工事的营造巩固也是很重要的。早在3月27日，皇帝就下达了相关的指令。由于必要的预备事项——例如进行要塞状况的评估报告，听取工程委员会的意见指示，募集工程款项还有搭建工地作坊——直到4月15日，防御工程才整体开工。各处工程规模大小不一，而雇工人数如下：梅斯，7000人；罗克鲁瓦，500人；图勒，700人；朗德勒西，400人；敦刻尔克，1000人；南格，500人；格勒诺布尔（Grenoble），400人；瑟堡，500人；巴约纳，400人；波尔多，200人；佩皮尼昂，150人；还有1000人是在莫泊日的加固营地中工作。6月15日，孚日、阿戈讷两地的要道隘口，皆业已布置了多面堡、鹿砦和伏击点以加强防御；工事也铺满了北方各省的每一寸土地，超过80座城镇要么已经完成了修筑，要么即将完成。对于大多数要塞来说，墙体本身牢靠无虞，所需工作是增陡外护墙的斜面，添修炮台，修复枪眼、踏跺，堆筑工事前斜堤，以及其他的配套设施及外围工事。

里昂、巴黎两城的城防巩固仍是重中之重。里昂方面为了城防雇用了4000名工人。富维耶的老旧城墙得到了很好的修缮，那段从罗纳河绵延至索恩河的城墙也是如此。拉吉永蒂耶尔、布特斯的桥头增修了堡垒，皮埃尔-西塞、圣让以及克鲁瓦-鲁斯三地都修筑了棱堡。视线转向巴黎。拿破仑清楚在此修筑工事的重要性，但他为防止民众过早意识到形势危险，进而孤立自己，于是直至5月1日才签署有关行政条令。宝贵的时间就这么被浪费了，更何况当前拿破仑亟须一个庞大而又连贯的要塞体系——这个体系将由角堡、王冠堡、多面堡、炮台构成，彼此能够交叉火力。阿克索、罗尼亚将军制订了工程计划，实际建造到5月中旬才开始。起初有1500名工人被雇用从事这项工作，其后数目逐步增加到2000乃至4000人，这个数字还不包括来自近卫军、野战部队、国民自卫军和联射部队的志愿者。当拿破仑前往军中时，塞纳河右岸工事已经部分竣工——该处可能成为首要的防御阵地——然而左岸工事的修筑才刚开始。工事的建筑过程中，增强据点火力的工作也在进行。火炮不足的城镇得到了大炮与火药，这些物资由梅斯、杜埃、里尔（Lille）、格勒诺布尔和图卢兹的军火库提供。

为节约时间，达武做出了决定：军团指挥官可在省长及其他官员的协助下，自行为防御据点屯贮粮草。这一方案收效前景可观，不过也可能受到敲诈、勒索、诈骗的威胁。此前，路易十八政府与杜梅克（某骑兵将军的兄弟）曾有协议，而该协议依然有效。后者只不过是乌夫拉尔的代理人，而乌夫拉尔被控挪用协议资金，在交易所进行投机活动。此事一出，怨声四起。但现在的重点是跟进后勤补给，解决军队的人饿马饥。省长们得到达武的授权，购买必需品时可不计价目。如此一来，倘若此举普遍实施，那么乌夫拉尔将会破产。于是杜梅克又成了乌夫拉尔的委托人，他拟交了一份新合约；该合约要求承诺，物资将会在30日内补给到位，前提是一笔400万法郎的预支款项；5月24日，达武、达吕两人审批通过了它。至6月中旬，一线、二线要塞的储备物资，平均可满足4个月的供给需求，北方军团的辎重部队也得到了可维持一周的后备口粮。

这些措施成功的先决条件，是宽裕的时间、充足的资金。1815年4月，经议会审核而定，原王室军费预算为2.98亿法郎。其中的2500万法郎，主要调拨给了王家近卫团、瑞士团，也用作支付旺代王党军、流亡军团的养老金。皇帝取消了养老金，但他意识到必须从其他方面入手，进一步增加军费预算以达10亿法郎；这还是保守数字，如果战争持续，数目将会不断翻增。至于贷款，他并不赞同，用他的话说便是“不想花明天的钱”。论及税收方面，拿破仑也不想增税。在1815年，如此做法会丧失民心。于是他不仅没有新增税目以广进财源，还废除了酒类税、家庭消费税；而在人口少于4000人的城镇，水源税也被叫停。历史记载了重大事件，但面对这一税制改革时，却保持了缄默。曾几何时，波旁政府郑重承诺削除苛捐杂税，但终究落为空谈；皇帝未曾开海口，便废除了那些最不合理的税目。这一举措在农民、小业主、房产商中的既得利益者及酒商中获得积极反响，为他赢来不少支持者。虽然补充案引来了知识分子、政客的抨击，但拿破仑仍是民心所向，支持者远远压过反对者。

之前，曾有一笔横财砸到了皇帝头上。3月20日，他在财政部发现了5000万法郎的储备货币，这是完全出乎意料的。前政府的财政大臣路易男爵，曾用该款项中的一部分进行过证券投机；顾虑之下，他出逃根特时并没有卷款而走。除了这笔款子，财政方面上，帝国政府还是相当幸运的。新旧政府交替之际，正值一个恰当的征税时期。早在（3月）20日之前，征税工作已进行了3个月，不过纳税人只支付了税款中很小的一部分；到了4月、5月，主体税款才持续流入国库，而征税工作也进行得颇为顺畅。尽管如此，面对种种巨额开销，帝国财政还是有些许入不敷出的。于是，皇帝最终授意戈丹进行贷款，后者从偿贷基金人处获得了360万法郎，这部分款项由国家提供担保。除却乌夫拉尔合同的支出，此次贷款结算而得现金共4000万法郎。

战争预算中，并没有将国民自卫军的武装费用计算在内，此项预计有2400万法郎的支出。各个省份将分摊支付它，以每人120法郎的标准，先从税收中预支；同时，城镇收入的十分之一，以及国有林地产出的四分之一也会用来偿付。捐款与储备金共计600万法郎，由偿债基金支付，此为国民自卫军的专门款目。

得益于资金运作、政令实施，法国总算进入了战争轨道。但，情况仍不容乐观。仍有要塞因资金中断而停止修缮，仍有士兵衣不蔽体，仍有空手的志愿兵盼望装备的配发——此刻，因为仍缺乏装备，他们士气低迷、心生抱怨。另一方面，薪饷的发放历经重重困难，5月时，终于有一部分将士领饷了。大体看来，这不过是杯水车薪。6月12日，整个北方军团只有1000双备用军靴，大多数士兵还没领取军饷，便踏上了战场。光是理论上的军饷支出，每月便高到500万法郎，但国库对此的专款仅有670万。

特别财源（例如那笔横财与国家担保贷款）已经枯竭了，财政收入也开始下滑。皇帝与议会都反对“花明天的钱”。达武预测，单是7月份的财政支出，便将高达7200万法郎。毕竟局势紧张，是时候采取特别措施了。6月19日，议会在得到预算草案后，通过了1.5亿的国家贷款议案，贷款担保交由国有林地负责；所有纳税人根据个人税、土地税之和进行分摊购贷。因而事实上，这是一次强制性国债的发行。

第三节 两次陆军大整编，1815年的一线、辅助部队的兵力

较之动员工作，皇帝更早着手对野战部队的重组。刚一回到杜伊勒里，他发现自己拥有重组强军的一切必要条件：其一，军队已被路易十八集结，驻扎于巴黎一带；其二，自格勒诺布尔北上以来，前来归顺“厄尔巴营”的诸多部队；当然，北疆东境上的坚固要塞作用也是很大的。出于应急考虑，3月26日，拿破仑下达急令，组建8个观察军：第一军在里尔集结；第二军则在瓦朗谢讷（Valenciennes）；还有梅济耶尔（Mézières）的第三军，蒂永维尔（Thionville）的第四军，斯特拉斯堡（Strasburg）的第五军；第六军将集结在尚布里（Chambéry）；比利牛斯山山麓是第七军的集结点；第八军，或曰预备军，则在巴黎集合。[①]这些军部所下辖的团部，以每团两营的临时编制组建；第三营及兵站等后勤单位的军官，则先在巴黎或其他内地城镇集结，等待动员的开始；剩余营部得以组建之时，他们才会率部与本军汇合。至于要塞卫戍的工作，则由国民自卫军代劳。

各个军部也都配属了1个轻骑兵师。至于剩下的轻骑兵，与龙骑兵、胸甲骑兵以及卡宾骑兵部队一道构成了8个预备骑兵师，每个师也都配属了1个骑炮连。

在3月20日，近卫军的编制只有2个老近卫掷弹兵团、2个老近卫猎兵团，

---

① 见Napoléon，Corresp. 21723，21734，21747，21765；亦见Davout，Corresp. 1514，1315；亦见洛博于3月24日致达武的信件，亦见达武于3月31日、4月11日致皇帝的信件(Arch. Guerre.) 第一军由第十六（里尔）军区的卫戍部队组成。第二军的兵员构成，一部分来自于贝里公爵遗留的部队，另一部分则是自格勒诺布尔以来追随皇帝的部队。第三军由第二（梅齐耶勒）军区的卫戍部队组成；第四军则是由第三（梅斯）、第四（南希）军区的卫戍部队组成；第五军由第五（斯特拉斯堡）军区的卫戍部队组成；第六军由第七（格勒诺布尔）、第八（土伦）军区的卫戍部队组成；第七军由第九（蒙彼利埃）、第十（图卢兹）、第十一（波尔多）军区的卫戍部队组成；第八军的兵员构成，一部分是来自于贝里公爵遗留的部队，另一部分则是皇帝带来的。

以及4个骑兵团。[①]皇帝扩充了骑兵部队的有生力量，并且为近卫掷弹兵、近卫猎兵分别增立了各自的第三、第四团（中近卫军）。除此之外，近卫军又分别建立了8个狙击兵团（作为轻步兵）与8个腾跃兵团（作为青年近卫军），以及第二近卫猎骑兵团。重建的近卫部队包括：老近卫军的步、骑炮兵部队，后勤运输团，宪兵中队，海军陆战队和工兵连。[②]青年近卫军也进行了征召工作，兵源来自于受过教育的志愿兵，还有此前隶属这一单位的退伍者，他们可以有特别的薪饷待遇：每日一苏[③]。宪兵（gendarmerie）与野战部队，是中近卫军骑兵、炮兵部队的主要兵源。最终，共有500名宪兵转入上述两个编制；而每个战列步兵团，也为之提供了30名身高体壮的士兵。加入中近卫军也是有要求的，应征者需要有4年（步兵）或8年（骑兵、炮兵）的兵龄。

到了5月底，因为归队士兵、动员国卫军和志愿兵的加入，部队规模得以扩充。据此，皇帝重组了军队。拿破仑本人亲率的北方军团，由第一军（指挥官：戴尔隆伯爵）、第二军（雷耶）、第三军（旺达姆）、摩泽尔军团（热拉尔，此单位后更为第四军）、第八军（洛博伯爵，后更为第六军）、后备骑兵（格鲁希）和近卫军组成，兵力为124139人。第五军扩充为莱茵军团，由拉普指挥，兵力为23097人，其中有3000人的国民自卫军；[④]原第六军则改编为阿尔

---

① 3月20日，近卫军的军官、士兵一共只有7390人（见达武3月21日的报告，Nat. Arch. AF. iv. 1940）。皇帝将这一数字扩充至28328人。于德里奥（d'Hériot）在6月16日的评估（出自战争档案，卷宗：评估）。

② 见拿破仑在3月26日致达武的信函（战争档案，卷宗项：拿破仑信件）；亦见于Napoléon. Corresp. 21737，21896，21994；亦见于达武在4月22日、5月9日、5月13日致拿破仑的信件；亦见于德里奥（d'Hériot）在6月16日的评估（出自战争档案，卷宗：评估）。除此之外建立的部队有：1个青年近卫步炮连，1支近卫炮兵辅助部队（包括了骑炮兵、步炮兵和辎重队）。

③ 苏是法国的旧辅币单位，相当于二十分之一法郎。

④ 莱茵军团编制：第十五步兵师（厄德莱，后由罗滕博尔接替指挥），第十六步兵师（阿尔贝），第八骑兵师（梅尔兰），一个精英国卫师（贝克海姆），以及炮兵与工兵部队。

阜斯军团，由絮歇节制，兵力为23617人，其中有13000人的国民自卫军；[①]第七军被一分为二，其一的基础上建立了西比利牛斯军团（克洛泽尔指挥，兵力6280人，国民自卫军占3000人），[②]另一部分则改编为东比利牛斯军团（德康指挥，兵力7633人，其中3300人为国民自卫军）。[③]最后，皇帝又扩建了三个军团-军级单位：西部军团，拉马克指挥，兵力约10000人，负责弹压旺代王党叛乱；[④]瓦尔军（布吕内指挥，5944人）[⑤]与汝拉军（勒古布指挥，8420人，国民自卫军占5500人）[⑥]将配合絮歇，协防阿尔卑斯地区。

同时有4个精英国卫师得以组建，它们被分别派往阿韦讷（Avesnes）、圣梅内乌尔德、科尔马、南希和瓦朗斯，总计19111人；[⑦]军队也进驻了各个要塞、兵站，这些地点的防务由动员国卫军、退伍老兵负责，前者总计有95000人，后者则有25000人；各个防御据点也需要火力支持，因而调配来了11233名野战炮手[⑧]与6000余名陆战队炮兵，[⑨]他们也将得到2071名退伍炮兵、6000名要塞炮兵的支持；最后，各野战部队兵站中，仍有可立即服役、与非立即服役

---

① 阿尔卑斯军团编制：第二十二步兵师（帕克托），第二十三步兵师（德赛），第十五骑兵师（凯内尔），以及4个应选国卫师（指挥官为沙贝尔，帕内捷，迪夫雷瑟，莫朗廷），以及炮兵与工兵部队。

② 西比利牛斯军团编制：第二十六步兵师（阿里斯普），第五猎骑兵团，6个应选国卫营（来自沙伦特），以及炮兵与工兵部队。

③ 东比利牛斯军团编制：第二十七步兵师（弗雷辛内），第十五猎骑兵团，7个"比利牛斯猎兵"营（动员兵），以及炮兵与工兵部队。

④ 西部军团由特拉沃、巴拉耶尔师组成。6月1日的总体评估（Arch. nat. AF. IV，1936）称，西部军团只有7553人的战列步兵部队。这种说法遗漏了青年近卫军的第二狙击团、第二腾跃团，两者至少是2014人的兵力。

⑤ 瓦尔军编制：第二十四步兵师（梅尔勒），第二十五步兵师（达尔东），第十四猎骑兵团，以及炮兵与工兵部队。

⑥ 汝拉军编制：第十八步兵师（阿布贝），第九骑兵师（卡斯泰），2个动员国卫师，以及炮兵与工兵部队。

⑦ 阿韦讷预备军有5000人，阿尔贡讷军（在圣梅内乌尔德）有3063人，科尔马预备军有3603人，南希的摩泽尔预备军有5800人，瓦朗斯师由1645人，另有9个动员国卫师，总计28437人，分布在拉普、絮歇、克洛泽尔、德康、勒古布的部队中，前已提及。

⑧ 此一数字包含了工程兵、舟桥工程师以及炮兵劳工。

⑨ 前文曾提及有500名陆战队士兵被配置到西部机动纵队去，他们也包含在这6000人中。

的兵员，总计59559人；近卫军的兵站中，也有5559人正在接受编训。此外，还有一些零散的数据。驻厄尔巴岛、殖民地的部队有4700人；就医疗养的士兵有8162人；还有10000名陆战队步枪兵，以及5129人的退伍步枪兵；宪兵队伍中，徒步、骑乘单位总计有14521人；最后，另有以海关职员组建的武装部队，以及游击队，先后分别有12000人与6000人。至此，经皇帝操作，原20万人的野战部队被扩充到了28.4万人，此外还辅以一支22.2万人的辅助部队。[①]

一个月后，两种编制的兵力都将得到扩充。兵源则是来自4个渠道：首先，还有6月10日归队命令中召回的士兵，人数为1.9万人，但是仍未上岗；其次，截至15日，仍有数千名归队士兵仍未抵达各省兵站报道；其三便是1815年入伍的应征士兵，届时他们将在各省省会集结，总计达4.65万人；其四，动员国卫军，6月中旬以前，这一部分兵员业已在前往集结点的途中了，总计1.5

---

①　武装部队以及辅助部队统计：

一、武装部队（总计：284090人）

1.帝国近卫军（总计：28328人）

　下辖于北方军团（20755人）

　下辖于卢瓦尔军团（2014人）

　兵站兵员（无论适合或不适服役，5559人）

2.战斗部队（总计：158174人）

　野战部队（158174人）

　卫戍部队（诸如炮兵部队、工程兵、炮手等，11233人）

　正在前往所部途中的兵员（13934人）

　兵站兵员（无论适合或不适服役，59559人）

　留（医）院兵员（8162人）

　派往厄尔巴岛或在殖民地的作战营部（4700人）

二、辅助部队（总计：222624人）

1.动员国卫预备师（45903人）

2.在前线、本土城镇的动员国卫部队（约90000人）

3.在前线、本土城镇的退役老兵（25000人）

4.海军陆战队炮兵（6000人）

5.海军陆战队步枪兵（约1万人）

6.退伍步枪兵（5129人）

7.退伍炮兵（2071人）

8.卫戍炮兵（约6000人）

9.宪兵（14521人）

10.在前线要塞的海关警察（12000人）

11.爱国志愿兵与自由军（约6000人）

万人。除却这些，从7月15日到9月25日为止，1815年期的应征士兵共计有74万人，而动员国卫军的兵力将高达8.4万人。尽管在西部省份的国卫军动员被推迟了，但是征兵依旧可行；同时，通过出台新的征兵令，在全国范围内还可以动员出更多的国卫军——双管齐下，如此一来便能再拉起6万至7万多的国卫部队。根据拿破仑的说法，在10月1日前他能搞到80万的大军，如此看来，这并非是信口开河。

第四节　人事变动

里昂敕令的颁布，意味着一些军官可能将被革除军籍。大革命期间，此类军官要么逃逸，要么退伍；而1814年4月后，他们被波旁再次起用，出任军职。不过，该类人群大多任职于王室卫队或参谋部；因而，对他们的大规模肃清，事实上并不会给野战部队造成较大影响——通过提拔其他军官的手段，很快便能填补空缺。关于半饷军官的人事，相应的处理办法是将此类人调拨到青年近卫军，或联狙兵中新立的步兵、骑兵、炮兵部队。至5月中旬，这类军官中赋闲者仍有2500人。拿破仑给予了他们全饷待遇，并将其派往国境要地，指挥当地的国民自卫军。

至于军中宿将，对于某些身居高位者，拿破仑仍有理由不予信任。1814年战役中，一些高级军官表现疲软，甚至忤逆；而在1815年，他们又显得摇摆不定，或者干脆表现出敌对态度。鉴于此，军务高层的大规模洗牌不可避免，然而这并不是基于皇帝的个人喜好，而是根据军队利益从而决定人事任免。在法兰西战役中无所作为的将官，如奥热罗、乌迪诺，拿破仑没有必要给他们面子；更不用说像马尔蒙、苏昂[①]此类的叛徒了。但是，皇帝也清楚，

---

① 约瑟夫·苏昂（1760—1837），师将、帝国伯爵、革命战争老将，曾随马尔蒙参加过半岛战争（萨拉曼卡会战），随内伊参加过1813年德意志战役（卢岑、包岑、卡兹巴赫、莱比锡会战）。伤愈后在1814年3月出任巴黎某卫戍师部师长；后率部向联军投降。1815年百日王朝期间并未归顺拿破仑。——译注

还有某些人应当予以宽恕——3月1日至20日期间，这些人曾挡在了他的回归之路中，并试图挫败后者。屈内奥·多尔纳诺上校（Cuneo d'Ornano）在昂蒂布（Antibes）城堡拘留了25名近卫掷弹兵，现在他被授予了将官军衔；米奥利斯将军（Miollis）曾经指挥马赛驻军，追击孱弱的皇帝一行，而他则被任命为梅斯的守备司令；第五团团长鲁西耶上校（Roussile），尽管之前他下令紧闭格勒诺布尔城门，但被允许继续担任原职；第六十四团团长迪巴朗上校（Dubalen），他曾公开在隆勒索涅的大军广场向内伊请辞，他也被召回到了原先的岗位；马尔尚将军（Marchand）尽管重获青睐，但仍拒绝了皇帝的好意，正如他所言，他并不想“出现在叛徒的名单上”。再如富瓦将军[①]，这位帝政下的共和主义者，波旁复辟期间转而支持君主立宪；在南特，他无力镇压挺拿派的运动，之后竟也向其倒戈。尽管如此，他仍成了北方军团中一个精锐师部的指挥官。还有阿里斯普（Harispe）和厄德莱（Heudelet），虽然两人保王倾向严重，但也都被授予了指挥权。拉普（Rapp）[②]、贝利亚尔（Belliard）、吕蒂(Ruty)、阿克索(Haxo)、小克勒曼(Kellermann)[③]和古尔戈(Gourgaud)[④]，这些将军曾前往维勒瑞夫，云集贝里公爵[⑤]麾下。拿破仑似乎忘

① 马克西米利安-塞巴斯蒂安·富瓦（1775—1825），师将、帝国伯爵。炮兵出身。活跃于半岛战争，参加过布萨科、托里什韦德拉什、萨拉曼卡战役。——译注

② 让·拉普（1771—1821），师将、帝国伯爵，拿破仑手下的得力副官、干将。参加过埃及战役、马伦戈会战、1805年德意志战役（奥斯特里茨会战）、1806年普鲁士战役、1809年奥地利战役（阿斯彭-埃斯林会战，瓦格拉姆会战），1812年俄罗斯战役，1813年德意志战役、1814年法兰西战役。1815年百日王朝期间归顺拿破仑，后归隐自家庄园。1821年死于胃癌。——译注

③ 弗朗索瓦-艾蒂安·克勒曼（1770—1835），师将、法军著名骑兵将领。他是元帅弗朗索瓦-艾蒂安-克里斯托夫·克勒曼，因而也被称之为小克勒曼。自第一次意大利战役（1796—1797）便在拿破仑麾下指挥骑兵。后参加了马伦戈会战，1805年德意志战役，半岛战争，1813年德意志战役。百日王朝期间归顺拿破仑。——译注

④ 加斯帕尔·古尔戈（1783—1852），帝国男爵、拿破仑近臣。古尔戈炮兵出身，并追随拿破仑直到圣赫勒拿岛。不过1818年，因为个人原因他提前离开了被流放的皇帝。著有著名的《圣赫勒拿岛日记》，记述了拿破仑在岛上的生活。——译注

⑤ 即夏尔·费迪南·达图瓦（1778—1820），波旁国王夏尔十世的第三子。叛乱中他无法维持住自己的部队，后随国王远遁根特。——译注

却了这一事实，并重新起用他们。拉普曾遭到拿破仑的质询："你胆敢朝我射击？""陛下，这是我的职责，因而也是毋庸置疑的。"随后，拉普被任命为莱茵军团的总指挥。

与此同时，各军阶军官中，皇帝用直接除名或勒令退役的办法，清理掉了一百余人：例如，蒙受路易十八信任的杜邦[①]，现在仍不能抹杀当年的拜伦之耻；德索勒（Dessolles），1814年4月时与塔列朗往来密切；伯农维尔（Beurnonville）、多纳迪厄（Donnadieu）、博德苏勒（Bourdessoule），三人均已流亡比利时；迈松（Maison）也是个流亡者，帝国政府曾邀他归国，但他回应会带着50万军队打回来；恶语中伤拿破仑的屈尔托（Curto），其所作所为导致了蒂永维尔卫戍部队的兵变。除此之外，当国内三分之二的地区认可帝政恢复时，当古莱姆公爵在南方发动了叛乱。有数位军官参与其中，自然也受到上述办法的处置。他们是：多塔纳（d'Aultanne）、莫尼耶（Monnier）、埃尔努夫（Ernouf）、洛韦尔多（Loverdo）、布里什（Briche）等将军以及第十战列步兵团和第十四猎兵团的团长。

在达武和军级指挥官的要求下，许多校、尉官也从花名册中被除名，理由是他们依旧对帝国政权持以敌对态度。然而，蒙塞（Moncey）、乌迪诺（Oudinot）和佐普费尔（Zoppfell）三人的贬黜，就有些难以理解了。虽然，3月13日后，蒙塞上校及其第三骠骑兵团便不再效忠于国王，但仍被除名——而拿破仑却宽容了其他的类似情况；至于乌迪诺上校的罢黜，则是出于其父的缘故；而佐普费尔则倒霉在他是费尔特雷公爵（Duke of Feltre，即克拉克）

① 皮埃尔·杜邦·迪艾唐（1765—1840），师将、帝国伯爵、革命战争老将。后参加过马伦戈会战、1805年德意志战役（哈斯拉赫、阿尔贝克战斗）、1806年普鲁士战役、1807年普鲁士-波兰战役。之后前往西班牙，参与了半岛战争。后文所谓的"拜伦之耻"指1808年7月的拜伦会战（法语：Bataille de Bailén；西班牙语：Batalla de Bailén）。此战中，杜邦所率部队孤军深入、寡不敌众，不敌西班牙军队，最后投降。此战振奋了西班牙人民抗击法国入侵者的爱国热情，同时也鼓舞了欧洲反法国家；拿破仑对此震怒不已。杜邦后来被遣返法国，接着被剥夺了军职军衔。他因为军事法庭的审判被拘禁起来，直到1814年拿破仑退位。第一次波旁复辟期间，他先后出任战争部长、第二十二军区司令。百日王朝期间远遁他处。拿破仑再次战败后，他回到巴黎出任内政部长。——译注

的座上宾。比若上校（Bugeaud）因被控为王党，达武4月份时将其列入除役名单——不过絮歇、格鲁希、热拉尔和贝特朗等人先后出面替其求情，皆认为他是“军中最强团长”。其后，比若被重新启用，成为第十四战列步兵团的上校；他也被授予了指挥官级荣誉军团勋章，以弥补先前蒙受的屈辱。

布尔蒙将军（Bourmont）长期处于赋闲状态。内伊归顺后，他立刻从隆勒索涅起身，火速前往巴黎，试图与路易十八会合。应内伊请求，皇帝将其逮捕。然而莫斯科瓦亲王反复思忖之后，却又头个谏言皇帝、赦免布尔蒙。1812至1814年战争期间，布尔蒙曾在热拉尔麾下服役，而后者也希望他能够再次成为自己的师长。拿破仑几经踌躇后，最后还是让步了。然而，他仍需要把想法告知达武——后者只认正式谕令，这样才能做出行政安排。皇帝对达武说：“热拉尔愿用项上人头为布尔蒙担保。”“他没必要这么做，”埃克米尔亲王回复道，“我只为自己担保，而从不替他人。”

显而易见，皇帝对那些归顺的政敌显出宅心仁厚的一面；同时在用人问题上，他也没有偏向那些较早归顺者。虽然说，拉贝杜瓦耶（La Bédoyère）上校被授予了旅将的军衔，但是早在1814年法兰西战役期间，这则人事任免便已下达；担任“厄尔巴营”指挥官的马莱（Mallet）也是如此。诚然，在里昂率两营来降的西梅（Simmer）被晋升为师将（Général de division）[①]；皇帝还让布雷耶（Brayer）跻身于元老院之中——但是诸如德赛（Dessaix）、吉拉尔（Girard）、阿利克斯（Allix）、阿梅伊（Ameil）、穆顿-迪韦内（Mouton-Duvernet）、吉利（Gilly）、皮雷（Piré）、普罗托(Protean)以及沙特朗(Chartran)等人，却没有受到特殊待遇，他们仍旧依照军衔军职在军中服役。皇帝抵达杜伊勒里的一周前，德赛被指派为里昂总督；而吉拉尔自从阿瓦隆起，便在指挥帝国军的前锋部队；阿利克斯则是在讷韦尔宣布效忠皇

---

① 师将，法国革命战争与拿破仑战争中的法国将官军衔。一般而言，法军中被授予此衔的将官，便有资格指挥师部、军部乃至军团单位。相当于其他国家的中将及少将军衔。——译注

帝；阿米耶尔由于是皇帝的使者，在欧塞尔被捕；沙特朗为皇帝牺牲了；南方战役中，穆顿-迪韦内、皮雷、普罗托则是格鲁希的得力助手，最终他们扑灭了当古莱姆的叛乱。此前率老近卫猎兵抵达桑斯（Sens）的波雷·莫尔万（Porret de Morvan）将军，在屈里亚尔将军（Curial）遭免职后，他希望能取而代之，成为近卫猎兵的总指挥；但未如愿以偿，这一职位被授予了莫朗将军（Morand）。再来看看热罗姆亲王[①]，虽然身为帝国贵胄，但他也只担任了步兵师长一职。梅兰迫使文森斯总督归降，事后被授予三颗星；同为哗变逼宫，促成贝里公爵易帜的塞巴斯蒂亚尼，却被调往编训第十六军区的国民自卫军——在他看来，这是在辱没自己的功劳苦劳。在3月20日首入杜伊勒里的埃克塞尔曼斯（Exelmans）[②]，成了一个骑兵军军长；反观小克勒曼，虽说此君此前任职于波旁的维勒瑞夫（Villejuif）军团，却也获得了一样的军职。北方起义的三位共事者——大拉勒芒、勒弗费尔-德努埃特[③]、小拉勒芒——头一位荣膺师将，后两位被分别任命为近卫猎骑兵、老近卫炮兵的指挥官。贡比涅前哨战失利后，马兰急忙前往欧塞尔谒见拿破仑；鉴于他曾是近卫骑炮兵的少校，他无疑垂涎该部指挥一职——最终，该职务还是被授予常规炮兵部队的迪尚上校。

---

① 热罗姆·波拿巴（1784—1860），拿破仑最小的兄弟。1807至1813年任威斯特法利亚国王。——译注

② 雷米-约瑟夫-伊西多尔·埃克塞尔曼斯（1775—1852），师将、帝国伯爵，法军著名骑兵将领，缪拉的亲密部下。参加过奥斯特里茨会战、埃劳会战、弗里德兰会战，后随军参加1812年俄罗斯战役，也活跃于1813、1814年战役。——译注

③ 夏尔·勒弗费尔-德努埃特（1773—1822），师将，帝国伯爵，骑兵将领。革命战争中是一名龙骑兵，后参加过马伦戈会战、埃尔欣根会战、奥斯特里茨会战。半岛战争中沦为俘虏，被送去英国，后潜逃回国，并参加了1812年俄罗斯战役、1813年德意志战役。百日王朝期间受命指挥近卫轻骑兵。1822年在船难中失踪。——译注

第五节　军职任免：法兰西的元帅们

帝国册封了二十余名元帅，其中有三位——贝尔蒂埃[①]、马尔蒙、维克托——要么随国王流亡比利时，要么远遁该处与之汇合。所以，皇帝收回了他们的元帅荣勋。佩里尼翁与奥热罗也未能幸免。前者被罢的原因，是与维特罗勒在图卢茨的糟糕表现；后者尽管已宣誓效忠于拿破仑，然而鉴于其1814年时在里昂军团的所作所为，也遭到罢免。皇帝原本也想解除古维翁-圣西尔、老克勒曼的职位，前者是因为忤逆了3月20日敕令，他放任第二十二军区的部队继续佩戴象征波旁的白色帽徽；而瓦尔米公爵则是在1814年4月1日投票赞成退位的。之后，由于圣西尔夫人致达武信件的关系，皇帝平息了对圣西尔的怒火；而他逃过了进一步的惩罚，最后的处理办法是将他软禁在勒韦索城堡。老克勒曼后来也避过了风头。赛律里埃当年身为议员，对退位也投了赞成票；皇帝保留了他荣军院院长的职务，但是革除了他议员的资格。这个教训也是应该的。

乌迪诺和古维翁-圣西尔一样，敕令公布之后，他们都拒绝归顺拿破仑。前者在梅斯禁止、取缔对拿破仑的正面宣传；但卫戍部队与民众效忠于皇帝，他们揭竿而起后，乌氏只能放弃这一做法。被解职后，乌迪诺尝试一切办法去重获皇帝信任。给皇帝写信，请求达武、絮歇、雅克米诺为自己说情。“请您速速面见皇帝，”致絮歇的信中他如是说，“请告诉他，您对我的看法；请告诉他，内伊与您27日之前都没有通知我；请告诉他，乌迪诺从未忘却皇帝恩泽。即便乌迪诺犯下了错误，他会及时反思并竭尽一切去弥补他。看在与我共同受难的妻儿的份上，求您替我说情！”之后，皇帝撤销将其流放到洛林的决定，甚至同意在杜伊勒里接见他；但是乌迪诺最终也再没得到任用。尽管皇帝

---

① 路易-亚历山大·贝尔蒂埃（1753—1815），法军总参谋长、瓦格拉姆亲王，拿破仑的左膀右臂。早年作为罗尚博元帅的参谋参加了美国独立战争，并见证了约克镇攻防战。1796年作为军团参谋长被配置给拿破仑，从此开始了两人的漫长合作。1815年，两人却因故未能再次联手。——译注

对他不再心怀芥蒂，这是毋庸置疑的——但是，皇帝也没有忘却去年的奥布河畔巴尔战役：战前，里沃杰公爵对部队的调动幼稚拙劣；而会战之中，他又优柔寡断，以至于断送了胜利。

至于麦克唐纳，尽管他表现热忱一如王党，尽管他煞费苦心组织了里昂、维勒瑞夫地方的反拿运动，但是皇帝仍旧希望能够召回他。麦克唐纳在护送国王至边境线后，便回到了巴黎，下定决心不与新政府共事。他曾经的参谋长，莫里斯·马蒂厄将军——两人曾在格劳宾登军团互为上下级——恳请他前往杜伊勒里，面见正在等候的皇帝；不过，最终参谋长只能无功而返。达武也曾亲自登门造访，招募游说，他还以职务相许诺，但也吃到了闭门羹。面对这些，麦克唐纳不为所动。他已然厌倦了战争，而唯一的诉求，就是请皇帝恩开一面，允其解甲归田，他希望闲居于日安（Gien）附近的库尔瑟莱（Courcelle），坐拥名下房产，就像中产阶级那样度日子。皇帝予以了准许。

蒙塞在3月20日曾发布了措辞激烈的反拿宣言，同日他离开了巴黎；两天后，他致信皇帝，请求退休还乡。他此前的职务是宪兵总监，而拿破仑已经任命罗维戈公爵[1]代替了他。但是，蒙塞在1814年指挥巴黎国民自卫军的一幕，拿破仑怎会忘记，又怎会冷落他。于是，蒙塞还是被任命为元老院一员，就像处置勒弗费尔那样，不过除此之外，也无额外的人事安排。谈到勒弗费尔，1814年法兰西战役期间，他便不再是指挥官；路易十八复辟后，他仍不得委任。我们应当注意到，勒弗费尔已67岁，而拿破仑希望军队所吸收的，自然是新鲜的血液。

当古莱姆公爵在罗纳河畔的短暂叛乱，曾得到马塞纳的部分协助。不过，当拉帕吕苏韦尔东被收复后，老元帅立刻公布自己的挺拿意向。4月14日的一份报告中，马塞纳向皇帝辩护自己的所作所为，报告如是收尾：“陛下，我意图呈现的，是对回归的渴求。再次为您效劳是我的荣誉。我也迫不及待地想表

① 指安内-让-马里耶-雷内·萨瓦里，曾参加过1805、1806、1807、1808年战役。曾取代絮歇成为警务大臣。——译注

明我仍对您爱戴无贰。”拿破仑回复了埃斯林亲王的来信，并将他召回巴黎，以相当友好的态度与之会面。波旁复辟期间，马塞纳是第九军区指挥官；拿破仑尽管有所承诺，然而出于遏制王党的考虑，有必要用一个波旁复辟时的赋闲人代替马塞纳——至于后者，由于年老体衰无法亲临前线，皇帝授予其第四、第五军区的指挥权，辖区涵盖摩泽尔、莫尔特、孚日三省。不过老元帅谢绝了这一任命，转而选择留在巴黎，参加政治活动。在那里，他相当积极地现身参议院会议，且从未缺席。

敕令发布后三四天时间里，莫尔捷、絮歇、儒尔当依旧效忠于国王。他们分别是里尔、斯特拉斯堡、鲁昂三地的总督。不过，这三人并不像乌迪诺、圣西尔那般过激，因而皇帝也仍对其抱有好感。不过，对于拿破仑而言，颠覆波旁的人事安排是个原则问题。所以，莫尔捷先是被任命为东北地区要塞总监，尔后又调任指挥骑兵部队，最终被委任以青年近卫军司令一职。而絮歇，则接受了阿尔卑斯军团指挥的职务；至于儒尔当，则成了贝桑松的总督——此地位于国防第一线，同时也是个要塞城镇，达武认为有必要由一名元帅坐镇该处。

布吕内自1807年以来赋闲至今，据说事出有因——他曾纵容了布列纳的勒索行为，还侵吞了汉萨同盟的公款。1814年战役期间，他曾想复出，然而无果而终；复辟期间，他仍遭到了冷落；皇帝归来后，布吕内再次上谒请愿。由于他的行政能力久经考验，在一些对帝国政府怀有敌意的地区，诸如比利时、吉伦特、旺代、托斯卡纳等，他能够进行有效的管理。因而，他被派往马赛担任第九军区司令，同时负责组织指挥瓦尔军团。

3月23日，内伊[①]率军抵达巴黎；同日，他得到了指令：前往北部、东部

① 米歇尔·内伊（1769—1815），帝国元帅、埃尔欣根亲王，被称之为“勇士中的勇士”。拿破仑帝国以来参加过乌尔姆战役、耶拿会战、埃劳会战、弗里德兰会战，后前往半岛作战。内伊后来被调动参加1812年俄罗斯战役，并在撤退期间为保全法军立下汗马功劳。接着活跃于1813、1814年战役。他在1814年与麦克唐纳等元帅一道逼迫拿破仑退位。1815年归顺拿破仑，并参加比利时战役。在第二次波旁复辟期间，他被作为战犯缉拿，但他并没逃避，反而主动返回巴黎；埃克塞尔曼斯原本想对他施以援手，但被内伊拒绝了。最终，军事法庭判处他以死刑，尔后内伊被枪毙而死，徒留壮士扼腕。——译注

省份，检视各地要塞，私底下还得考察民情。内伊以极大的热情展开了工作。这一期间，他以前所未有的态度攻击波旁。官僚会议中，他极力抨击国王及其臣属。某次，他甚至直言道："这（波旁）是一个堕落的家族。"然而，此番言论不仅未能赢得人心，反而树敌颇多；另一方面，所有的波拿巴党人，以至于皇帝扈从，都在批评内伊在隆勒索涅的言行。巴黎的大街小巷，流传着一句意味深长的话："'乃'生来如此！"[1]同时，内伊对帝国干脆利落的倒戈，也令人心疑。"要是内伊上了战场，"致皇帝的某匿名信中说，"那必须得在他身边安插一个亲信参谋。"许多人提醒拿破仑回想枫丹白露的那一幕；也有人给皇帝打报告，称内伊途经第戎时曾说："我并不后悔逼宫，但现在又得为他服务。"整个事件的高潮，是4月15日的一番尴尬对话。彼时内伊已经结束巡视，回到巴黎。其间，他向皇帝解释了"铁笼子"的言论。"那句话字字属实，"他说，"因为当时我已经下定决心。我不想粉饰什么，唯有承认。"皇帝沉默了，尔后瞳眸中浮光一闪，元帅从中察觉到了些许不详。

内伊手足无措、绝望迷茫。他不仅自责甚多，也迁怒于人。"铁笼子"事件之后，他回到了库德霍，赋闲家中；此后的整整6个礼拜里，自绝于外界。流言四起，有人说内伊已经失宠，更有人说他已经遭到逮捕。不过，5月集会时，他再次现身于公众视野。6月2日，内伊加入了参议院。4天后，他为了领取薪饷、报销巡视开支，便前往了爱丽舍宫。这笔款子价值3.7万法郎。在那里，他与皇帝相遇了。"啊，你也来了，"皇帝说，"我原以为你已经跑了。""要逃的话早该逃了。"内伊悻悻而答。6月11日，他再次受命谒访杜伊勒里；连同上次，这一次也是无果而终——北方军团的人事任免与他毫无关系。内伊心里肯定清楚，拿破仑已经将自己视为眼中钉、肉中刺，因而也就不去争取什么了。但皇帝这边则是踌躇的，直至率军离开首都前，在如何处置内

---

① 这句话的原文是"Il fallait être né pour cela！"意为"他生来便是这样"。其中"né"意为"出生、诞生"，但是同时这个词也与内伊（Ney）其名谐音。倘若将"né"替换成"Ney"，也就是"Il fallait être Ney pour cela！"其含义也就是："内伊就是这样的！"——译注

伊的问题上，他仍拿捏不定：雪藏一个战斗英雄是没有道理的，如此处理也是对后者的侮辱；迫使一个军人离开行伍、放弃职责，最后作壁上观，坐看法兰西自生自灭——这也是不可能的。于是，在启程的那天，皇帝致信战争部长云："让内伊归队！告诉他，如果不想错失第一战，就必须在14日前抵达阿韦讷，我的指挥部会设置在那里。"从拿破仑的角度来看，召回内伊对军队是有裨益的；不过最根本的出发点，却是对后者的怜悯。这封信的措辞亦有弦外之音：这条归队命令，并不是强制性的，实际上是一个"邀请"；元帅有选择的余地，倘若愿意那就重返行伍——而对于内伊而言，倘若只求马革裹尸以了却生前身后事，那么接受"邀请"，便是唯一的选择。6月12日，内伊离开了巴黎；他在13日抵达阿韦讷，并伴皇帝一道用餐。但是他的军职安排直到15日下午才被确定。在拿破仑已经完成战略部署后，内伊收到了命令：指挥第一军与第二军。

缪拉早已加冕为王，根据军中习惯，他的头衔也不再是元帅了。不过开战的3周之前，他却丢掉了王位，不得不避难于土伦一带，他的佩剑也佚失难寻。缪拉恳求皇帝的援助，他如是写道："我渴望为您流血至死。"拿破仑拒绝了，在他看来，缪拉这种人是不可能委以军职的，回想12个月前，他还是法兰西的敌人。此外，他也为妹夫的冒失冲动而恼火——因为缪拉过早同奥地利宣战了。"倘若缪拉在滑铁卢，他很可能为我们带来胜利。他重要在什么地方？打穿英军三四个方阵——而这家伙恰恰能做到这点。"缪拉现身战场，既能鼓舞己方，又能震慑对方，他真能战胜英军吗？这是很有可能的。

滑铁卢的梦魇挥之不散，而格鲁希[①]这个名字，也始终与之难脱干系。而他早年的辉煌阅历，及其指挥骑兵的杰出技艺，也因此随之被人忽视。尽管没有缪拉一骑当千的锐气，但论及集群骑兵指挥，格鲁希亦是一把好手。而他的

---

① 埃马纽埃尔·格鲁希（1766—1847），元帅、帝国伯爵，革命战争老将。参加过霍恩林登战役、乌尔姆战役、埃劳会战、弗里兰德会战、瓦格拉姆会战、1812年俄罗斯战役、1814年法兰西战役。百日王朝期间归顺拿破仑；第二次波旁复辟期间曾到美国避难，后被特赦回国。——译注

资历也确实可圈可点：共和五年，出任爱尔兰远征军的副总指挥；1808年时，担任马德里总督；1809年起，近卫猎骑兵、轻骑兵的兵种上将一职，便一直由他担当；1812年俄罗斯战役的撤退期间，他也是御前中队的首长。格鲁希也活跃于大小会战之中，诸如霍恩林登、埃劳、弗里德兰、瓦格拉姆、莫斯科瓦，并且为这些胜仗做出了难以忽视的贡献。1814年沃尚普会战①后，皇帝就有封帅格鲁希的念头。然而波旁复辟后，后者便被雪藏了。皇帝归来之后，他再次得到启用。4月30日，他奉命出发，镇压当古莱姆叛乱。这次战役轻松简单，胜利归来后，拿破仑将元帅节杖赐给了他，并授以阿尔卑斯军团指挥官一职。5月8日，皇帝又将他召回巴黎，点名后者指挥北方军团的4个骑兵军。法军于6月15日开进比利时，格鲁希也正式就任北方军团骑兵总指挥。不过，格鲁希的时来运转也到此为止；两日后，一项相当艰巨的挑战将会落在他的肩上。

第六节　军职任免：总参谋长

还有个棘手的问题，亟待皇帝解决，那便是总参谋长的人选。贝尔蒂埃的空位，谁人胜任？瓦格拉姆亲王，此人虽不能在万军之中探囊取物，也不能运筹帷幄决胜千里，为人更非翩翩君子——但是他拥有丰富的专业知识，以及身为皇帝首席代理人的才能。他不知疲倦、兢兢业业、勤勤恳恳，最繁复的命令，在他这里也能得到迅速利落的分析；命令的每一处细节，在他这里仍能获得细致清晰的诠释；而命令本身，在他手上也将会准时传达到位。贝尔蒂埃的参谋工作，总能使皇帝安然自得；贝尔蒂埃的军令处理，措辞明了，执行者理解起来毫不费劲；贝尔蒂埃的指令周转，也总能被妥帖地贯彻——如有必要，他可以安排同一道命令，经由8个军官之手，沿着8条迥异路线投递。许多人认为，贝尔蒂埃此时已身心俱惫、虚弱不堪。然而1815年的信件忠实地向我们证

---

① 沃尚普会战（Bataille de Vauchamps），1814年2月14日，拿破仑以一敌二，打退了俄普联军。格鲁希在此战中发挥出色。——译注

明，他仍能够活跃笔头于字里行间，而措辞又不失当年水平。贝尔蒂埃的出走，不免让皇帝黯然神伤，他难以忘却亲王过往的贡献，他也没有放弃总参谋长归队的希望。他对拉普倾诉道："贝尔蒂埃，这个笨蛋会回来的，只要他穿着近卫军服现身，我就会原谅所有的事情……"

实际上，贝尔蒂埃也很想回国，他的妻儿仍滞留于斯。瓦格拉姆王妃孑然一人，辛苦养育着两女一子。在根特待了一段时间后，他起身前往班贝格的城堡，那里是其妻叔父——巴伐利亚国王——的领地。5月初，他又赶向巴法边境的巴塞尔，但到了施托卡赫便不能继续旅程了。霍亨索伦亲王已经在那里设立了司令部。很明显，联军更希望贝尔蒂埃处于半监禁的状态，而不是归顺法国皇帝。此后，贝尔蒂埃万分沮丧，回到了班贝格。6月1日下午，他坠楼而亡。当时，俄军一个龙骑兵团经过城堡，朝法国前进。据目击者称，贝尔蒂埃本在一楼的窗边，倏忽消失不见，转眼现身于三楼的窗口，并一跃而出。他摔在了人行道上。人们急忙上前搀扶，结果发现贝尔蒂埃颅骨破裂，并咽下了最后一口气。

贝尔蒂埃逝世的3周前，皇帝已经任命苏尔特为总参谋长。据说，后者是主动请缨的。

此前，苏尔特的日子也不好过，可谓两面不是人。一方面，波旁宠臣对其满腹狐疑；另一方面，他又被亲皇派与自由主义者所厌恶；还有，他还被整个军队所憎恨。于是，他回到了维勒纳沃-莱塞唐，赋闲家中。所幸，该地近抵巴黎。3月26日，苏尔特便前往杜伊勒里觐见皇帝。显然，他并没有提及某件往事。当苏尔特仍是波旁陆军大臣时，其所下发最后几道条令中，评价拿破仑是个投机主义者、疯子。不过，这次重逢的具体经过，也不为人知了。达武一直同苏尔特保持书信联系，两者关系颇为融洽。然而，即便是埃克米尔亲王夸下海口，会促成参谋长委任一事，皇帝仍是迟迟不做决定。苏尔特于4月11日致达武信中说："关于两天前的那个问题，我希望能够荣幸地得到阁下友善的回复，以便我准备好接受皇帝给予的最终安排。"苏尔特曾致以皇帝书面宣誓，几日后，后者召见前者，并要求他亲口再次宣誓。达尔马提亚公爵的前景终于时来运转，5月9日，他被任命为总参谋长。

从思维、能力两方面看来，苏尔特确实有潜质成为贝尔蒂埃式的总参谋长。然而，他从未接触过大军团级别的参谋工作，因而也就缺乏经验。同时，他也缺乏作为优秀参谋长的勤勉与严谨。实际上，总参谋长的人选繁多。比如巴伊·德蒙蒂永，贝尔蒂埃的左膀右臂。1812至1814年间，他一直担任参谋部主管；贝尔蒂埃的两次缺勤里，参谋长的担子则是由他承担的。再如：德鲁奥，帝国近卫军的副指挥，对拿破仑忠心不二；贝利亚尔，于1805至1808年间担任缪拉的参谋长，并于两次撒克逊战役与法兰西战役时，担任法国陆军的副参谋长；吕蒂，1813年法军炮兵部队的参谋长。还有其他一些将领未及提及，不过比起苏尔特，他们都更适合去填补瓦格拉姆亲王留下的空位。皇帝则是从军衔、惯例来考虑这个问题的，他需要一个元帅参谋长。如此一看，除了达武、絮歇，苏尔特便是最佳人选了。彼时，法军正忙于编训；而从北境到旺代再到比利牛斯山的广袤土地上，随时可能爆发政治危机。因而，由达武出任战争大臣、巴黎总督，是再合适不过的了。至于絮歇，他曾是茹贝尔、马塞纳的参谋长。考虑到舆论影响，皇帝也理应选择絮歇，而非苏尔特——前者的忠诚无人质疑，后者也可以被安排指挥阿尔卑斯军团。比起总参谋长，这个职务没有噱头，公众也不会在意——既然说到舆论影响了，那也不得不提到一个事实：苏尔特，这个皇帝、战争大臣之下的军队第一人，竟是自波旁复辟以来军队最为厌恶之人。①

苏尔特在获得正式委任状之前，曾向旺达姆下达了一道命令。旺达姆为

---

① 面对军队对其的观感，苏尔特并没有自欺欺人，他试图凭借每日命令赢回舆论口碑。他将之呈递给了皇帝，皇帝回复道："为了让军队对你不再存有微词，我认为你可以这么说：鉴于波旁落跑出国，鉴于他们乞求外国势力帮助他们抢班夺权，同时也出于与整个国家同仇敌忾的立场，他们和你已经没有任何瓜葛了。你最好如此声明一下，否则我恐怕你会被那些激进分子记恨。"（出自拿破仑在6月3日致苏尔特的信件，见Nat.Arch.AF.iv.907）苏尔特确实也这么做了，不过他做得有点儿过火了；他在其中也痛骂了波旁及其党羽，而拿破仑从未给出过这样建议。这份声明刊载在了6月4日的《箴言报》上。]

人倨傲，如此背景下，我们也就不难理解他后来在致达武信中的此番揶揄了："我收到了一封达尔马提亚公爵发来的信件，他自称是陆军总参谋长。私以为回复他之前，应当先将此信件转发给您；再者，拉古萨公爵也可能以相同身份致信我处。除非获悉阁下的任免决定，抑或者帝国政府的正式通知，否则我只能把这封信当作笑话了。"①

第七节　军职任免：将军们

比起对元帅事宜的处理，皇帝早先展开了起用将官的工作。众多将军当中，那些功勋足以封帅者，或皇帝意欲赐杖者，都已经得到了任命。正如皇帝所言，将领人选要从那些"正在投身事业"的热情、无私者中选用；不过，此时的情况，并不合适召回荣誉满身的老战友。基于这种思路，选将工作由此开始。第一军的指挥官，被确定为戴尔隆伯爵德鲁埃，他1805年起便以师长身份作战，参加了耶拿、弗里德兰会战，而在半岛战争中则是苏尔特、马塞纳的左膀右臂。第二军军长则被授予了雷耶，这个意大利战役中杀出来的老兵，在1807年升任师将；瓦格拉姆会战中是某近卫师师长，1812年他被调任葡萄牙军团指挥官。第四军则交给了热拉尔，奥斯特里茨战役期间，热拉尔作为少校服役，耶拿战后授衔旅将（Général de brigade）②，莫斯科瓦会战中他被提升为师将；俄罗斯战役的撤退阶段中，他与内伊一道进行了无畏的后卫战斗；本土战役期间，他是唯一一个师将军长。拉普，那个曾负伤22次的猛将，被委托指挥第五军——也就是稍后的莱茵军团；此人是但泽保卫战的英雄，1805年便被授

---

① 旺达姆致达武的信件，发自梅齐耶勒（Mézieres），发于5月12日（见战争档案北方军团部分）。苏尔特的任命是于5月9日签署的（见战争档案拿破仑信件部分）；但这一任命直到5月14日才由官方宣布（见5月13日的达武通知函件，战争档案北方军团部分）。

② 旅将，革命战争、拿破仑战争中的法国将官军衔。一般而言，授予此衔的将官就能够指挥旅级单位。其上级军衔为师将，下级军衔为上校（团级）。相当于其他国家的少将及准将军衔。——译注

予师将；长达12年间，他一直担任拿破仑的副官。洛博伯爵穆东，彼时军中的战术翘楚，负责接管在巴黎组编的第六军。第三军的指挥官暂时由夏尔·勒布伦代领，此君是皮雅琴察公爵的儿子，也是一个受敬的骑兵将领。不过皇帝打算伺机另寻干将，以接替勒布伦。于是到了4月中旬，第三军军长被更换为旺达姆。虽说此公不仅不招皇帝待见，军中他人对其观感亦是如此。但是，旺达姆的军衔、资历（在1799年，也就是他27岁时，就被授予了师将军衔），却使之成为这个位置上的最佳人选。事实证明，他履职尽心尽力，展现出无比的自觉自律、坚定信念和如火热情。他投身于部队编训，事无巨细躬亲处理；他能够及时敏锐地揪出懦夫与阴谋者；他的热情，极大鼓舞了官兵，这种激励乃至影响了国卫军，甚至于默兹-阿登地方的群众。达武对旺达姆不吝溢美之词，却也字字属实："你简直是火力全开，全心全意地献身国家。"

帝国政权回归的消息，由克洛泽尔带到了波尔多；同时同地，作为第十一军区的新司令员，他也就走马上任了。克氏同时也兼任了西比利牛斯军团的总指挥，他曾在意大利、西班牙留下优异战绩。东比利牛斯军团则交由德康将军负责，他是从莱茵、旺代战场打出来的老兵，曾任法兰西岛总督长达6年，也曾出任波旁岛总督。皇帝回归后，他曾设法阻止波尔多地方的倒戈。迫于形势，他最后也不得不做出妥协，就像当古莱姆公爵夫人那样。回到巴黎之后，他接到了委任状，皇帝派其指挥第八、第十军及东比利牛斯军团，于是德氏在5月底又动身前往图卢茨。不过，无论从军事还是政治方面考虑，德康更希望在北方军团中指挥一个军或师。但是此前的所作所为，注定了他左右难堪：倘若表露不出足够的忠诚，那么他肯定会招致皇帝的猜疑；但倘若他顺应形势，表现又太过火的话，那又会引来王党的仇恨。德康决定坚定地追随皇帝，不出意外，整个朗格多克地区随之对之加以咒骂。

皇帝将汝拉军团交给了勒古布，此人是革命战争中锻炼出来的将领。不过1804年时，他在审判战友莫罗时，表达了强烈的不满，扰乱了法庭的秩序，因而被革除军籍。波旁复辟期间，路易十八提拔了他。内伊在隆勒索涅时，他也在场，并且极力阻止前者倒戈。内伊事后提交了一份报告，拿破仑由此下令逮捕他。不过，勒古布在杜伊勒里宫谒见了皇帝，并且成功表明了一片忠心。皇帝很乐意起用他，毕竟勒古布的名字，在桑布尔-默兹、莱茵、瑞士军团出身的老兵当中，仍然大受欢迎。

巴黎卫戍司令员一职，由于拉马克主动请缨，本来在3月20日已授予了他。不过，两天之后，他就被于兰将军所接替；后者于1807至14年间一直担任该职。至于拉马克后来的下落，他先是调往雷耶所部第二军，接手一个师；之后，他又被调剂到旺代地方负责西部军团。拉马克具备游击战争的经验，半岛战争中他曾与阿布鲁齐的部队，以及阿拉贡山脉的游击队作战。因此，他也是对付旺代王党的不二人选。

名义上，巴黎国民自卫军的总指挥是拿破仑；而他将副职授予了他的前副官迪罗内尔将军。他作为骑兵将领，有值得夸耀的履历；不过1814年法兰西战役期间，他已沦为阶下囚拘禁于德累斯顿，遥望巴黎——在那里，蒙塞、奥尔纳诺、于兰、德里奥、莱斯皮纳斯等正奋力保卫城市。战争结束后，他才得以回国。然而，对于巴黎城防战中国民自卫军的经历以及更重要的作用，迪罗内尔对此一无所知。客观来看，他其实是并不称职的。虽然他本可以投入热情、投入精力，以弥补经验的匮乏。然而，他手下的参谋部里鱼龙混杂，有地下王党，有极端自由派。他的工作也因此而受阻。他不但没有在部队中宣扬爱国献身的精神，反而很快便与国卫军高层的明哲保身原则相妥协。他的工作粗心大意，大多过于仰仗参谋的事后补救，只做做表面功夫，好似仅是为了取悦皇帝一般。迪罗内尔肃清部队时，将那些明显反骨的给坚决剔除了，例如德卡兹和雷米萨。然而，他却留下了诸如比林少校、阿克洛克上校这类人。前者是《检察官报》编辑孔德的密友，后者则禁止军乐队演奏曲目《守望帝国》，理由是内容敏感。同时，国民自卫军中的温和挺拿派也被逐一解职。譬如著名的贝克少校，先前他就职于第六军团，也是该部唯一曾在1814年巴茨肖蒙战斗中的优秀军官；再如，阿尔贝上尉，他曾孤身前往厄尔巴岛谒见皇帝；再如奥利维耶

（Olivier）上校，他甚至自掏腰包，出资装备了麾下半个连的士兵。

让迪罗内尔费尽心机的不止于此，他还阻挠联狙兵的征召；而当后者编制确定下来后，前者仍想法设法地拖沓它的组建进度。按照他的说法，“武装这部分人，会给国民自卫军造成困扰，还会引起他们的不满”。原来，由半饷军官指挥的联狙兵，他们的首长是迪罗内尔的死对头——意气风发的达理科将军。达理科将军历经土伦战役、埃及战役、大军团战役、西班牙战争；他所指挥的部队，必然可以加强巴黎城防力量。正如达武、卡尔诺的看法，这支由工人组成的部队只会对敌人、懦夫、怂货构成不利。

人事任免一般是由皇帝手谕传达的。有时，达武会给出建议；也有些时候，战争大臣可以不通过皇帝这一环，直接做出安排。然而不幸的是，达武的判断未必就比皇帝可靠，因而也产生了一些尴尬甚至糟糕的情况。例如，贝克凯姆、米勒两人只在骑兵部队中服役过；再如被委以国卫军职位的莫里托，他1801年便已晋升为师将，显然他的能力更加适合生力军；还有马尔科涅与东泽洛——前者不过是个二流军官，后者在科孚岛上的7年总督生涯中，已然淡忘了他的战争技能——然而两者都被安排到北方军团第一军中去，分别指挥一个师。还有第十四猎兵团的上校，当古莱姆叛乱期间，他曾是公爵的忠实部下之一。米迪战役之后没过几天，他又被重新启用，被安排到一个国卫团担任团长。还有一位上校，早前因为在战场上的懦弱表现，而被解职；如今他又官复原职，只不过换了一个团，而且还是一个常备团。最后不得不提一下莫罗将军，他是1814年苏瓦松之耻的法军指挥官，本是要按照军法处置、判以死刑。恰逢拿破仑退位，他正好逃过一劫。现下，他又成为某个旅的指挥官。皇帝曾做出一个中肯的评价：“就我而言，我在茫茫将官之中所任命的那些人，比起许多年轻将官来似乎要差劲不少。”

皇帝常处于过劳焦虑的状态下，往往不加考量便批准了达武的提议。后来，皇帝将所有的责任都归咎于战争大臣。从达武的角度来看，由于行事方法古板严苛，因而他在杜伊勒里宫颇不受待见，自然朝廷里对他的批评责难未从中断。人事任免问题，皇帝还是留了一手的。除了参谋部的审查外，弗拉奥受命协助陆军大臣审核任免文件。“你要去收集尽可能多的将领军官们的情报，”皇帝曾笔头给弗拉奥交代注意事项，“当我做出不恰当的决定时，你的作用便要体现出来。”作为一个出色的参谋、勇敢的战士，弗拉奥曾在弗里兰德、莫斯科瓦大展身手，证明了自己是一个优秀的骑士。而在诺伊马克（Neumark）和吕西尼（Lusigny），他也显示了相当的外交才干。不过，他的成功还是因为皇帝的垂青。他28岁便晋升为师将，但是此前他只有中队级别的指挥经验，更大规模的部队他从未处理过。这么一个年轻的师将，面对协助达武这一任务，最好的选择可能是加以婉拒——尤其是这一工作需要相当细腻的心思，同时还得同达武合作。总而言之，他本可以在这件工作上，表现出应有的热情与谨慎。战争部的办公室内，弗拉奥每日都会花上不少时候翻阅文件、审查报告，利用自身权限肃清花名册名列，甚至下达一些与达武相左的指示、命令。当然，他的决定未必是更合理的。且不论他忠心几许、智慧几何，他仅是皇帝的副官而已，判断上来说还是达武更为准确。面对这位“判官”，埃克米尔亲王很是头疼，不过他很快就得到了解脱。达武向皇帝要求调走弗拉奥，并提到：如此紧要关头，倘若辞职不会被认为是懦夫行径的话，他不会在战争部滞留一分一秒。

最后审视一下军官队伍：他们当中某些难以胜任，某些无法复出，某些甚至生有反骨。不过，最后的帝国军队，仍拥有优秀团结的高级军官。纵观古今——除了1789至1814年前后相连的革命战争和帝国战争——我们大可以说很难找到如此这般的军官团了。这些军官，独当一面、训练有素、经验老到、正当壮年。他们虽都戎马廿载，但大都正在不惑之年：拿破仑，46岁；达武，45岁；苏尔特，46岁；内伊，46岁；格鲁希，49岁；戴尔隆，也就是德鲁埃，49岁；洛博，45岁；拉马克，45岁；克勒曼（小），45岁；雷耶，44岁；旺达姆，44岁；拉普，43岁；克洛泽尔，43岁；絮歇，43岁；帕若尔，43岁；热拉尔，42岁；德鲁奥，41岁；埃克塞尔曼斯，40岁。以上便是军团、军级指挥官的年龄情况。到了师级单位，不少指挥官还没有40岁，例如阿利克斯、皮雷、弗拉奥、贝克凯姆和泰斯特。最为年轻的旅长是拉贝杜瓦耶，年仅29岁。

第八节　士气

曾为法国赢得胜利的人们，现在却力有余而心不足；尽管他们才干十足，但却没了以往的取胜执念。对于备战当中的列强，他们十分了解——而与此相反的，是法国疲软的国力和军力。战争当中，运气可能是实力的全部。除非运气够好，不然皇帝麾下孱弱的军队，是无法在优势很大的反法同盟面前坚持过久的。时任炮兵指挥官的吕蒂将军，在6月10日通过拉费尔山口时，曾对洛什将军提到："波拿巴如果没有更多资源，那他必然会失败的。届时，国王将会回归。那我们怎么办？——3个月前，这支可怜的军队里可没人想打仗。"在渡过桑布尔河前的一次军官会议上，另有一名将军也对前景也表达了类似的悲观之情。内格里耶当时也在场，他无视纪律径直厉声喝道："你有什么好抱怨的？现在好比床已经架好，而我们必须入寝。不要想着说丧气话动摇我们！"最早声明挺拿的人当中，一些是出于同情，一些则是迫于压力，但他们都对战争缺乏信心，却没有意识到自己应当发挥作用，应该鼓舞激励战友们的斗志。当他们意识到这回是赌上了身家性命时，除了焦虑以外别无想法。

不详的氛围笼罩着整个将官团体。总体来看，将军们普遍希望在波旁治下默默无闻地退役；当然，王党分子并不在其中。对于3月20日的事件，以及之后的险象环生甚至开战，他们是料不到的。这部分群体可谓骑虎难下，还遭受猜疑。碌碌无为的官僚、消极响应的伪爱国者、铁杆狂热的保王党——种种此类的骂名如泼水般袭来。指挥官之间的钩心斗角、猜忌敌视尤甚以往。人们甚至担心，首轮战斗后，皇帝只会青睐亲信，至于其他将军则会被冷落一旁。另一方面，那些第一时间站出来的挺拿派们，看到诸如苏尔特、迪吕特、布鲁尼、布尔蒙、德蒙索等人仍留在军中，不免感到诧异。面对这种暧昧的态度，皮雷将军抗议道："如果处理不好军中的人际关系，那么大局便会崩盘。"马蒂厄宁可退役，也不愿意在后生克洛泽尔手下服役。迪埃姆先是被派往第三军，然而正如达武的说法，"他根本不可能受旺达姆节制"，因此后被调剂到青年近卫军。博纳与奥尔纳诺之间爆发了一场决斗，起因是前者指责后者在御前贬低自己，而结果是博纳被子弹射穿了胸肺。再来看看旺达姆，虽然他被安排了军长的职务，并统兵1.8万人，但他仍向战争大臣抱怨：为何资历浅薄者身居要位。格雷索曾致信向苏尔特反应，拉普就任莱茵军团指挥后，底下的将军们都无法理解为何要受一个"无名小卒"的差遣。可以预见，在今后战事中，倘若不是临时任命，不少将领必然拒绝受命于莫斯科瓦亲王——而旺达姆、热拉尔又怎会对格鲁希服气？达武曾收到某位御前参谋的来信，信中如是坦言："每个人都将自己视为圣战战士，虽皆投身于同一事业中，但彼此间却毫无战友关系。"

康布罗纳在战争议会中的发言，足以反映1815年军官队伍的分裂问题："我拒绝了师将的军衔，因为这会引来相当多的嫉妒者。你们已经见证了这件事在滑铁卢的影响。我们的总司令（指拿破仑）极具声望，但即便是他也无法处理好所有的问题。一些人会说，我是因为皇帝的宠幸才获得晋升的。我还太年轻，倘若接受授衔，那么便会处境尴尬，甚至会威胁到军队的团结——而我并不希望如此。"

与将官的态度相反，行伍之间的士兵，包括绝大部分的团级军官们，他们满腔热血、信心十足。将军们所见的是残酷事实，但是士兵们则重新忆起了荣誉的美梦——尽管因为入侵而打断了，但不妨碍人们相信它还未终结。皇帝不是已经回来了么？关于这一点，过去的一年间，营房当中不时提及的话语与进行曲，已经给出了预示。士兵眼中的拿破仑，便是天神下凡、所向披靡。虽然1812年他失败了，但这是因为严寒风雪；虽然在1814年他遭受了大挫，但这要归咎于叛徒作祟。这种崇拜之情，相当地振奋人心；然而，它也使基层官兵唯皇帝马首是瞻，对其余的将官则予以怀疑和不信任。确实，叛徒导致了1814年的挫折，但是在士兵眼中谁都是叛徒。致皇帝的某封信中建议："这次战役中请不要起用任何元帅。”战争部与杜伊勒里宫不断收到大量的检举揭发信，这些信件大多是针对三类人：贵族出身的军官，拿破仑初次退位后效忠波旁的军官，奥尔良派的军官。

在莱茵军团的前哨阵地上曾发生一桩事故，有人试图渡河，而目标是对岸的德意志土地，哨兵发现后向此人开了火。之后，便有谣言在军中传开：渡河者身上携有字条，而字条的内容竟是炸毁斯特拉斯堡火药库的阴谋。这次事件则与托班上校的自杀联系到了一起。托班是孔代的地方卫戍司令，其负责的要塞补给工作进度拖沓；向上级解释时，他说他的指令得不到贯彻执行。第一军的副参谋长回复道：“既然作为一个军官无法得到下属的服从，那么就不要去指挥别人了。”托班收到这一刺耳的批评后，恼羞成怒，于是便朝自己脑袋开了一枪。卫戍部队相信，托班与渡河者事件是有联系的，前者必然是共谋者，因为惧怕遭到军事法庭审判而畏罪自杀。本来，因为叛徒事件，人们早已草木皆兵。而托班事件后，第一军官兵又发现自己领到了伪劣弹药。不难想象他们是做何感想的——这又是另外一桩相当严重的事了，里尔的地方军械库交付给第十九、第四十二战列步兵团的实弹，填充物当然应该是火药，但当中却由麦麸、黏土、铁屑的混合物所填充了。事发后，戴尔隆控制了相关负责人，并写了一份报告上交达武，其中提到：“长久以来，我一直都在怀疑此人（被控制的负责人）的立场。”达武自然组织了一次调查，但是它和以往一样无疾而终。没有人清楚这批赝品是为何、如何、何时被入库储备的。

即便是在奥斯特里茨与瓦格拉姆，军纪其实没有想象中的那番严苛。尔今由于1814年战争所引发的信任危机，纪律更加涣散。士兵们抵制那些他们内心推定的叛徒，以及——用彼时的流行词汇来说——那些“二五仔”（Ragusade）[①]倾向的指挥官，抑或者那些墙头草——3个月前，这些见风使舵

① 所谓“Ragusade”，源于马尔蒙元帅的“拉古萨公爵”（Duc de Ragusa）封号。由于在1814年的巴黎战役中，马尔蒙的部队向反法盟军投降了，因而当时的人们根据马氏的封号，发明出了一个新词“raguser”，与背叛同义。——译注

的人还在指挥着部队抵抗拿破仑，现在又转而向后者大表忠心。至于在3月5至20日间，某些游说、煽动、指示行伍反抗波旁的军官，一开始虽能够暂时保住威望，但并不长久。第一胸甲骑兵团所属的6个军官，替皇帝成功策反了这支部队，因而官升一级。按照惯例，晋升仪式是在全团面前进行的。胸甲骑兵则冷眼相看，心中颇为愤懑，径直高呼："大家的贡献都是一样，为何我们就得不到晋升嘉奖？"很多基层官兵希望能够取代绝大部分军官，这种现象出现在不少旅部中。不少团的士兵致信皇帝，请求后者罢免他们的团长。第十二龙骑兵团的骑士们便如此写道："我们请求您，将我们团团长解职，因为他的态度配不上我们的贡献。……我们深信，陛下您是不希望一个叛徒来指挥您的一个团的。"第七十五战列步兵团的来信也表达了类似的内容。

纪律不仅仅是因此崩溃的。皇帝回归杜伊勒里的巨变，在军人们看来完全是他们的功劳——彼时，几乎所有人都被这表象蒙蔽了。士兵们帮拿破仑重掌权柄，后者理所应当地便有所亏欠。自然，在这个群体的设想中，只有他们才有资格高呼"皇帝万岁！"的口号。有这样的想法，也并不奇怪。比如前面提到的团部肃清运动，就得到了达武的肯定，并称之为"效忠皇帝的证明"。还有"军中圣人"德鲁奥，他向皇帝建言，应当召回1814年退位时擅离职守的老近卫军士兵。可见，这些行为，对彼时思潮都具有一定的导向性。

军人对于拿破仑的感情，是非同寻常的。3月26日，当近卫龙骑兵团从图尔赶到巴黎时，得知皇帝正在阅兵；对于近卫龙骑兵们而言，他们最近一次面见皇帝已是一年前的事了。

龙骑兵们不顾军官的劝阻，径直闯过罗浮宫门，策马疾驱来到卡鲁赛尔广场。他们尘土满身，胯下骏马汗气腾腾，即便如此，他们也要嘶吼着"皇帝万岁"。数天之后还有一场检阅仪式，是以松散队形进行的，这回轮到了常规部队的龙骑兵们献礼了：骑士们对了一下暗号，蓦地，马刀纷纷出鞘。第一排的龙骑兵反身过来，将马刀与对面战友的交织一处，架在了拿破仑的头顶，一顶钢铁华盖就此构成。皇帝见状略微低下了头，在骑士们的陪伴下含笑完成了检阅。这种无纪律、无秩序的行为，或许能用对皇帝强烈的个人崇拜来为之辩解，但它造成的恶劣影响是无法抹去的。例如，在收复拉帕吕后，格鲁希所部从蓬圣埃斯普里出发向马赛进军；途经奥尔贡时，该部士兵实施了骇人听闻的报复暴行——缘由要追溯到去年退位之后，皇帝在流放途中路过此地，而该地居民扬言要把他绞死。加莱海峡省的艾尔也出现了类似的事情。一桩新近修成的房屋，正面装饰了波旁百合花；恰巧上前线的第一〇五战列步兵团士兵路过此处，便上前拆除了装饰。当地驻军司令为了平息官兵的怒火，只能将房主送进班房。在艾克斯则发生了一桩类似的冲突事件：一群别着硕大白玫瑰胸针的年轻王党，挑衅了几个炮兵，后者当即拔刀出鞘驱赶了愣头青们。还有，青年近卫军的狙击兵拒绝入驻圣日耳曼的兵营，理由是大门口没有挂上三色旗。剧院里，没有唱《马赛曲》的观众遭到军人的胁迫；咖啡馆里，没有高呼"皇帝万岁"的顾客则被军人殴打。在比利时，士兵到处大肆劫掠。"现在军中的劫掠现象十分严重，"宪兵司令拉代将军于17日致苏尔特的信中写道，"近卫军便起到了带头作用。饲料仓库被洗劫一空，马匹也被盗走。一些积极拥军、自我牺牲的比利时家庭，甚至也遭到了抢劫；有些犯罪行为竟持续了整整一夜之久。这些人无视宪兵权限，我请求辞去我的军团宪兵司令一职！"

一些团甚至拒绝食用比司吉面包。弗里昂抱怨说，近卫军的掷弹兵们竟把无关妇女带到训练中来。第九十六战列步兵团的一个腾跃兵，丢弃了所配装备跑去与父母相见，开了一个礼拜的小差后才归队；而上尉只给他很微小的处分。292名来自第三十九、第五十九战列步兵团的士兵甚至发出威胁，他们要求被编入近卫军，否则就地解散。运输兵中的一些人，他们自格勒诺布尔便一直追随皇帝，后来被编入第一骠骑兵团；而第一骠骑兵团的某些士兵，竟自称编入了近卫军。巴鲁瓦将军奉命新立组建一个青年近卫团，期间竟收到一项无理要求："伯爵大人见信好，我们是来自第一、第二战列步兵团的1374名光荣的现役士兵。我们认为有义务通知您，尽管没有什么怨言，但我们并不打算继续在现下所部服役了。我们这些人曾经是近卫编制的，希望能够回归原部。虽然我们明白这是大过，不过深思熟虑之后，我们决定如此，没有什么可以加以阻拦。如果您想要避免这次错误，请召回我们。但我们不希望等待决定的时间超过4天。另，原部上校已经知晓我们的意向。”

数个团之间长久以来的矛盾，不时会激起斗殴、决斗事件。皇帝曾不得不下达一则指示，5个骑兵团也据此做出相应的着装修正——原来，他们原先是佩戴白色肩章的，这是翘楚的标志，但也引来其他团的嫉妒。从厄尔巴岛归来的士兵们，驻扎于卡鲁塞尔广场的瑞士卫队大厅。当中的一些狂热分子，在门口题上了“勇者营房”的字样。虽然大家都是挺拿派，但其他的军中勇士，见状难免觉得遭到了挑衅——帝国的老兵们，居然被常规部队乃至近卫军的战友同志们揶揄。由于双方剑拔弩张，题字还是被抹除了。

即便大军因为纪律涣散而显得混乱，但它依然对战斗充满渴望，对胜利下定决心，对皇帝满腔赤诚，对侵略施以仇恨。5月中旬，威灵顿曾收到一份来自巴黎的谍报：“如果要准确形容法军士气，那么我发现这简直和1792年别无二致。波拿巴仍大局在握，而军队现在已经不是单纯的热情，而是极端的狂热。士兵们在首长隐退后曾一度迷茫，但现在两者已然紧密绑定一体。所以就这点而言，我不能向阁下隐瞒真实的情况，无论法国王党如何描述形势一片大好，都不要偏信，因为战争打响后必然血潮滚滚，不是你死，就是我亡。”“军队的高昂士气已到达最高点，”于洛将军描述道，“这种热情已经质变为狂热。”富瓦将军于6月15日的日记中评价道：“开战的时机恰到好处。”大军群情激昂，这不是出于对祖国的热爱，或对宗教的虔诚，这种心理，是与皇帝同在的同仇敌忾，他们将以此对敌人施以无以复加的怒火。作为一个逃兵、叛徒，参谋尉官戈尔东给克拉克描述了准确无误的事实：“国王陛下复辟后，必须解散所有现役部队，并另行重建军队。现在的这支军队，精神亢奋、情绪骇人。”

“情绪骇人”，那么究竟骇人几何？行伍之间上上下下，都极力要求皇帝亲自检阅他们。对于新颁发的鹰旗，士兵们报以欢呼。他们高呼“皇帝万岁”，以回应“大军万岁”的口号。他们朝枪管里插入了小三色旗；他们持剑并跨过燃火的大酒瓮，并表宣誓；他们指着皇帝的半身像说，“他与我们同在”；他们自费在儒昂港竖起了纪念碑；他们铸造了纪念章，以庆祝皇帝再临；他们将自己1天份、2天份、5天份的军饷，都贡献出来以充军费；他们将波旁白旗撕个稀巴烂，并以最恶毒的方式亵渎；他们自发拘捕叛徒，并用枪托攻击这些人；他们从宪兵手上抢来逃兵，越过司法程序，直接施以刑罚；他们加快行军速度，希望赶上第一场战斗；他们声称不需要弹药，凭刺刀就能冲向敌人；按照他们话，那便是：“只要皇帝大败敌盟，即使粉身碎骨也浑然不怕。”

敏感、疯狂、混乱，对指挥官满腹狐疑，因背叛而困扰恐慌——这就是1815年的军队；生来为战、渴望雪耻、无所畏惧、冲动鲁莽、倨傲狂热，战斗欲望远胜从前任何一支共和或帝国军队——这就是彼时拿破仑的军队，从来没有如此可怕，而又未曾如此脆弱。

第二章

战役谋划

第一节　4月初的比利时入侵计划

1815年3月25日的维也纳，各国君主正汇集于此匆忙组建第七次反法同盟。彼时同盟已在比利时部署了军队，以防拿破仑的突袭。同盟于此的兵力最多：有3万至8万人的普鲁士军队，1.4万人的撒克逊军队，2.3万人的盎格鲁-汉诺威联军，以及约1万人的荷兰-比利时军队。之所以说最多有这些兵力，是因为撒克逊人有哗变的倾向；至于尼德兰军队，他们的倒戈也是可以预见到的。布鲁塞尔、瓦隆地区（尤其是那慕尔、列日两个省份）的亲法势力相当庞大，而这些地区也在普军占领期间大受困扰，苦不堪言。

早在3月15日，反法盟军便开始集中兵力，集结范围超过240公里，跨度从特里尔、科布伦茨直到科特赖克、安特卫普。不过，如果拿破仑在4月1日举兵5万人，越过比利时边境——盟军现下的兵力不过杯水车薪——3天之后，法军兵不血刃便可进驻布鲁塞尔。当时，威灵顿仍在维也纳，而布吕歇尔则在柏林；而为了应对可能的挑战，奥伦治亲王与普军莱茵兰方面指挥克莱斯特将军已经决定，他们将在布鲁塞尔以东44公里的蒂嫩集中军队。

倘若这一胜利被轻巧拿下，那么果真将如皇帝所愿，比利时地区会爆发亲法起义吗？不过，在没有征调有经验的士兵的情况下，攻下布鲁塞尔都会在法国、欧洲引起重大影响。无论普军的将军们，还是奥兰治亲王，还是威灵顿都忌惮这一可能的突然袭击。“必须守住布鲁塞尔，”米夫林致尼德兰国王的信中分析道，“否则这座城市将会成为革命的风眼。”而威灵顿致格奈泽瑙的信中则说：“这对波拿巴至关重要，如果他能够迫使我们放弃布鲁塞尔，逼迫法兰西国王继续流亡，推翻尼德兰国王的当地政府，这些必然将对公众舆论造成可怕的影响。”拿破仑也曾提出过这一大胆计划，不过之后被人说服放弃了，尽管他清楚此一计划一经实施必然成功。另一方面，他也很清楚，那里的盟军兵力只有其总数的十分之一；即便击败之，同盟也只会认为这是双方前锋部队的小摩擦——就算是成功点燃比利时的起义，战争也不会因此结束。如果在4月1日渡过桑布尔河，即便取得了战斗胜利，也可能会因小失大，战争的胜利会因此受到影响。波旁留下来的军队，虽然能够当即改编成5万人的精锐部队，但却不具备持久战的能力。人力、武器、马匹、补给，这些统统匮乏告急。此外，如果要组织上述的5万人军队，那么必然将抽调北方省份的卫戍部队，而那片地方又是相当敌视拿破仑的；至于旺代方面，还要征召巴黎的预备役部队应付之；而在南方，诸如波尔多、图卢茨、马赛都效忠于当古莱姆公爵，而公爵本人正准备进军里昂。

即便从法国当时的军事状况来分析，统帅拿破仑也并不具备入侵比利时的条件，那么从作为皇帝的角度来看，此计划也必然受到国内政局的牵制。彼时皇帝回归未久，方才一周，他是不可能置政局稳定于不顾，转而投身战争的——除非形势所迫。相比之下，重组政府、充实国库、安抚国民，这些才是头等要事。况且国内民意反战，入侵比利时也是不合时宜的。很明显，纵使法军收复布鲁塞尔，其意义也掩盖不了甫一复辟、再起战端的恶劣影响。皇帝之所以放弃了这一计划，更在于他打算尽可能用外交手段避免战争、维持和平，这个理由更加具有说法理。正如臣民们想的一样，皇帝希冀于和平，就算是暂时的。

皇帝在相当一段时间内坚信，战争是可以避免的。不过，皇帝于4月30日致达武的信中还是说："如果我们开战了……"对达武，皇帝是无可隐瞒的。即便他仍沉浸于和平幻想，但仍务实地采取了各种措施加强防御。他征召了预备役，他动员了国民自卫军，他组织了战争物资的筹备。直至6月中旬，当认识到战争不可避后，他才开始谋划战斗。

第二节　同盟的战役计划

4月以来，盟军一直在筹备战争。他们业已商讨了数套方案。克内泽贝克[①]甚至建议，同盟应向拿破仑泄露一个虚假计划，由此使个障眼法。按照他的说法："我们应使敌人相信我军将从巴塞尔进军。这样，敌军便无暇顾及围攻敦刻尔克的英军，以及保持守势的普军。我们应引诱波拿巴朝马恩河、上莱茵地区之间进军，奥军、巴伐利亚军、俄军将在那里与之作战——而英军普军便可以毫不费劲地直取巴黎。"

施瓦岑贝格[②]强调了一项原则，盟军"不应该过于分散，避免因此而削弱己方；也不能过于集中，杜防后勤补给短缺的情况"。他计划盟军兵分三路，这三支强大纵队均直指巴黎，"指挥官可以便宜行事，根据自己的经验知识决定行动细节"。

格奈泽瑙[③]则利用了同盟的巨大优势——兵力——并以此制定了一个决战方案："我方将组织四个大军团。其中有三支前线军团，它们将同时进入法

① 卡尔·弗里德里希·冯·邓·克内泽贝克（1768—1848），后被封为普鲁士陆军元帅，普王的重要参谋人员。——译注

② 卡尔·菲利普·施瓦岑贝格（1771—1820），奥地利陆军元帅。活跃于1813年德意志战役中。——译注

③ 奥古斯特·威廉·安东·奈德哈特·冯·格奈泽瑙（1760—1831），普鲁士陆军元帅、普军军团参谋长。曾积极参与普鲁士军改，并为日后的普鲁士总参制度奠定基础。——译注

国、直指巴黎；而由俄军组成的第四军团，也就是后备军团，则承担预备队的任务。如若前线军团中有某部遭到了攻击——无论是否吃了败仗——其余两个军团应当继续执行任务，只需注意稍许分兵保护后方要塞。此时，俄军军团的任务，便是支援前线受困的军团。为了达成这个目标，预备军团应一方面直接援助受助部队，另一方面袭扰敌军侧翼。如果拿破仑在追击败军中，转而迂回侧击其他前线军团，那么预备军团立即向遇袭单位靠拢，如此法军的处境将会颇为不妙。与此同时，相对安全的军团继续推进；而此前的后撤部队也已恢复完毕，可再启攻势。”

威灵顿[①]认为兵贵神速，他主张应当尽快主动出击，时间应早于俄军进入战区的时间，甚至还应早于上述拟定的三军团集结。他写于4月10日的文字中分析道：“只需要将6万英荷联军、6万普军、14万奥地利-巴伐利亚联军部署在桑布尔河、默兹河的中间地带。如此一来，兵力便已远胜敌军，还能够朝巴黎进军。”威灵顿偏向维护路易十八的利益。他意识到时不可待，拿破仑的元气正逐日复原，如果拖延战机，将来可能难以撼动法国皇帝。他也认识到了法国南方王党活动的重要性，因而主张联军在北方实施牵制，借此支援南方。

不过在维也纳的衮衮诸公看来，时局还没到如此急迫的地步。诚然，同盟是要打上一仗，但要打万全之仗。他们希望每场会战的兵力比都是3：1，如此是为了“遵循力学定理、万有引力而赢得胜利”。由沙皇主持的4月19日战争会议决定，将给予各国充足时间以集结军队；确定的是，6月以前是不会开战的。从威灵顿、布吕歇尔的角度看来，这就白白浪费了一个月；不过，对于克内泽贝克、施瓦岑贝格而言，他们则赢得了一个月的宝贵时间——施瓦岑贝格甚至还希望再花上一个月，用来讨论战略问题。另一方面，即便目前布吕歇尔的注意力还在撒克逊叛乱上，但由于对法国的按兵不动，他的脾气正不断变

① 威灵顿公爵阿瑟·韦尔斯利（1769—1852），英国陆军元帅。曾在印度、尼德兰服役。1809年，他临危受命，指挥英国远征军加入半岛战争。半岛战争中，他名声大振，多次击败法国元帅（如维克多、马塞纳、儒尔当、苏尔特等）。1814年将法国侵略军逐出西班牙，并率联军打入法国南部。他在反法同盟战争中起到了非常重要的角色。——译注

糟。6月10日，布翁曾对士兵们说，他已迫不及待地想要返回巴黎，为了拿回落在彼处的烟斗。与此同时，列强最终接受了施瓦岑贝格的方案，后者将在6月27日至7月1日之间执行。

根据最新部署，将有6支军团同时跨过国境、开入法国：尼德兰军团①将集结于莫泊日、博蒙之间的地带（由威灵顿指挥，兵力9.3万人，兵源构成：英国、汉诺威、不伦瑞克、荷兰-比利时）；而普鲁士军团则部署于菲利普维尔（Philippeville）、吉维特当间（由布吕歇尔指挥，兵力11700人）；萨尔路易斯、萨尔布吕肯之间将会是俄军军团的集结点（由巴克莱·德·托利指挥，兵力15万人）；上莱茵军团兵分两路，它的右翼部署在萨尔格米纳，而其主力部队则云集于巴塞尔（由施瓦岑贝格指挥，兵力21万人，兵源构成：奥地利、巴伐利亚、符腾贝格、黑森）。这4支大军团分布在一段弧线上，而弧心处便是同盟剑指的巴黎。至于行军路线，尼德兰军团将取道皮隆尼，普军则会通过拉昂，俄军、奥巴联军的路线则会分别途经南希和朗格勒。

同盟在极左翼还部署了两个奥地利军团：其一为北意大利军团，由弗里蒙特指挥（兵力构成：奥地利3.8万人，皮埃蒙特1.2万人）；另一则为阿尔卑斯军团，由比安吉指挥（兵力2.5万人）。他们都将越过阿尔卑斯山脉，前者的目标是里昂，后者则是普罗旺斯。地中海的英国舰队将会协助他们。

第三节　拿破仑的战役计划

凭借发自维也纳、布鲁塞尔的谍报，以及外国报纸（新闻界是当时最不靠谱的行当）的报道，拿破仑多少还是了解了对手的实力和想法。他的脑海之中，浮现出两套败敌之策。

第一套作战方案的第一步，集中兵力：巴黎将会是第一、第二、第三、

① 威灵顿所指挥的联合军队，是由英国、尼德兰王国、德意志邦国出兵组建起来的（详见附录）。下文如无特殊情况，以联军相称。——译注

第四、第五、第六军，以及近卫军和莱茵军团（前第五军）的集结点；阿尔卑斯军团和汝拉军团则在里昂集中；补给充足的要塞防御体系也将迎来卫戍部队的进驻——这其中有机动国卫军、复员兵、野战炮兵、老兵、海关武装、宪兵以及各城市的国民自卫军——战局允许的话，便可以实施诱敌深入的策略。从行军进度来看，同盟不会在7月1日前入境，15日或18日前也不可能兵临里昂附近，抵达巴黎一带也不会早于25日——而到了25日，巴黎的防御工事将整体竣工，并且会在当中部署1.8万联射兵、3.6万国民自卫军。届时，巴黎周遭将集中20万大军。除此之外，兵站中还有8万人，编训兵力达15.8万人。

入境作战的同联军队将有64.5万人之众，其中有7.5万人的部队将会朝里昂、普罗旺斯施压；同时，由于兵分多路，同盟将在后方不得不匀出15万人，用以保护交通线、围攻要塞。因而，敌军在瓦兹、塞纳河之间的战斗部队会削减至42万人——而拿破仑的野战部队、巴黎工事中的兵力总计有20万人。1814年战役大可以再次上演，不过今非昔比，彼时他手上只有9万人，如今则是20万；况且坐镇巴黎的，是奥尔施塔特、埃克米尔的功臣，是汉堡的守护者——达武，还有他麾下的8万人。

第二套方案则更为大胆，更加契合拿破仑的天才和法兰西的精神，乃至于符合大战略的原则，但也是相当冒险的——在敌军集结完毕之前主动进攻。至6月15日时，皇帝应该可以在北境集中举兵12.5万人。他将进入比利时，先后打败彼处的联军、普军；从兵站得到新兵兵员补充后，他将与拉普的2.3万人汇合，击败俄奥军队。

倘若只考虑到军事层面，皇帝毋庸置疑会选择第一个方案，毕竟胜算更大。然而，他现在约束重重，并不如1805乃至于1812年那样随心所欲。他是一个军事统帅，但同样也不能忽视舆论的影响。方案一的实施，意味着将三分之一的国土拱手相让——如此后果在那些最为爱国、最为忠心的省份中会掀起怎样的波澜？这未必不会引起大范围的失望、不满情绪？帝国难道不会因此而背离民心吗？可以预见，消极的舆论风向可能会朝西部、南部省份扩去，并且重燃叛乱之火。皇帝认为，很有必要在战争伊始便赢下一场辉煌胜利，借此振奋国民信心，也可以安抚国内不满、质疑的情绪。而他向来是乐观主义的，甚至已想到如此胜利也能够一举瓦解反法同盟；根据他的观点，比利时人会因此拜倒于法兰西的旗帜之下，威灵顿的军队亦会因此覆灭，而托利党内阁也会随之垮台——取而代之的会是主和派。就算人算不如天算，法军战胜了普军、英军后，也势必能够大败入侵国土的俄奥军队。即便在最糟的情况下，在比利时边境碰了钉子，拿破仑仍可以撤回巴黎，转入防御态势。不过，皇帝并没有过于乐观以致丧失理性判断。他清楚，如果比利时战局失利，返回巴黎并采取前文的方案一，那么胜利便遥遥无期了。届时，不仅是皇帝实力将大为受挫，军队、公众的士气与情绪也会急转直下；此番战事，还会刺激同盟提前两周实施入侵；另外，由于力不从心，皇帝无法兼顾野战与要塞城防，因而在一定程度上后者可能会被忽视。

在相当长的一段时间里，皇帝反复思忖这些战略问题。而当他决心先下手为强后，却又在决定战役的首要目标时犹豫数天。比利时境内盘踞着威灵顿、布吕歇尔的军队，而拿破仑计划先后将两者分而击破，这就要求他得在联军、普军合流之前先行打击其中的一个。基于这样的出发点，便有两种设想：其一，他从孔代、里尔一带开始进军，途经阿特转而直指布鲁塞尔，并攻击威灵顿的右翼——但这只能促使联普军队在两天后汇合；第二种设想与第一种是殊途同归的，如果沿日韦-默兹河谷一线进军，并攻击布鲁歇尔的左翼，到头来也只会让普军加速与英军汇合。皇帝根据其卓越的战略思想，决定展开一次英勇的行动，挥师直插敌人要害，即打击联普军队的接合部。这两支军队的啮合线，恰好是沙勒罗瓦至布鲁塞尔段的公路。拿破仑计划途经博蒙、菲利普维尔，沿着这条道路以迅雷之势奇袭敌人。

第四节　法军的集结（6月8至14日），皇帝抵达博蒙，6月14日的军力与部署

6月初，军队下达了集结令：第一军从瓦朗谢讷前往阿韦讷；第二军自阿韦讷朝莫泊日进军；第三军则从罗克鲁瓦向希迈挺进；第四军从苏瓦松行军到阿韦讷；帝国近卫军则从巴黎开拔，取道苏瓦松最终抵达阿韦讷。莱茵河畔的省份与比利时的联系已被切断，所有港口不得有船只出航，包括渔船。各常规部队正朝不同的集结点运动，为了避免打草惊蛇，致使敌军觉察动向，国民自卫军代替这些单位先前的位置，被部署在北方、东部的边境上。拿破仑趁着夜色离开了巴黎，并于6月12日抵达拉昂；此时，部队大多仍在行军途中。格鲁希所部是个例外，他们还未开拔，其指挥部恰好设在拉昂。皇帝召见了格鲁希，后者称其还未收到军令。事实上。与皇帝汇合后，格鲁希当机立断，命令麾下4个骑兵军朝边境急行军；而他本人也没有拖沓分秒，随即动身前往阿韦讷。集结行动本身准时到位，因为预备骑兵全部于13日夜间通过了阿韦讷。然而，当中有很多未曾得到充足的休息，马不停蹄疾驰了80公里的行程——战役伊始，马匹条件便处境堪忧。倘使拿破仑以小见大，通过此次事件发现参谋部工作的疏忽，日后便会省去不必要的麻烦。

6月13日晚，皇帝在阿韦讷过了夜；14日夜间，他将总指挥部迁往了博蒙，也就是军队的中心处。当时虽然天气糟糕，不过军队为了保持集中，已有序地安营扎寨了。破晓时分，士兵们在营地前收到了当日的谕令：

> ……士兵们，今日是马伦戈与弗里德兰的纪念日，历史上的今天，曾两次决定了欧洲的命运。但正如奥斯特里茨、瓦格拉姆之后的宽宏大量，我们那时也太过慷慨了。那些君主，也正因我们的怜悯，至今还在宝座上。然而眼下他们联合起来了，满腹阴谋，要

打倒我们。他们企图将法兰西独立、无上的权利踩在脚下。这种最为邪恶的侵略已然萌发，现在，就让我们迎面痛击他们。让他们知道，大军从未消亡！

当时军队的部署如下：法军的极左翼由第一军（20731人，由戴尔隆指挥）担当，其被布置在阿韦讷至莫泊日、索勒雷苏桑布尔（Solre-sur-Sambre）的公路上；第二军（25179人，由雷耶指挥）则处在索勒尔苏桑布尔至莱尔之间；第三军（18105人，由旺达姆指挥）、第六军（10821人）一同分布在博蒙与边境之间；第四军（15404人，由热拉尔指挥）则是处在菲利普维尔至弗洛雷讷一带；预备骑兵（13144人，由格鲁希指挥）集结于瓦尔库尔、博絮、盖约勒三点；帝国近卫军驻扎于博蒙一带。军中共有370门火炮。至于营地范围，纵深不到32公里，宽度则有10公里。

10天之内，12.4万人的军队完成了行军，其中行程短的仅有40公里，长的可达280公里。在联军没有采取措施制止的情况下，在其前锋部队的火炮射程之中，法军在国境线上集结完毕。这次集结计划之周密、完成之成功，恐怕绝无仅有。虽然当中有些许闪失，不过得到了及时修正。

当法军业已团结一处、铆足气力的同时，英普军队的部署仍然分散。他们分布在一个宽度150公里、纵深48公里的区域内。14日，布吕歇尔的总指挥部设在了那慕尔。普军右翼是齐滕率领的第一军（30800人），所部占据了蒂安、方丹-勒韦克、马尔谢讷、沙勒罗瓦、穆斯捷、弗勒吕斯、松布雷夫和让布卢；第二军由皮尔希壹（31000人）指挥，控制着那慕尔、埃龙和阿尼；蒂尔曼的第三军（23900人）占据了锡奈、迪南和于伊；比洛的第四军（30300人）则占据了列日、通格尔。

威灵顿麾下的英荷联军，司令部定在了布鲁塞尔；军队本身分布在利斯、埃斯科、埃恩河一带。联军第二军（27321人，由希尔勋爵指挥）部署在勒兹、阿特、欧当阿尔德、根特和阿尔斯特一线上；第一军（30246人，由奥兰治亲王指挥）则是布置在了蒙斯、勒尔勒、弗拉讷、瑟内夫、尼韦勒、热纳普、苏瓦涅、昂吉安和布赖讷勒孔特；骑兵军（9913人，由阿克斯布里奇勋爵指挥）集中在本德；预备军（25597，由威灵顿直接指挥）会集在布鲁塞尔及其一带。

以当时的状况来看，英普军队各需3天方能于啮合线处合流；如果集结点改为联军右翼或普军左翼，那么所需时间会翻倍。联军在比利时的部署，甚为分散，不合常理。而当对手是拿破仑时，当局势如此危险时，如此布置，简直是正中拿破仑大胆计划的下怀，简直是将胜利拱手相让。对此，几乎所有的军事作家都予以了批评。威灵顿指出了粮草补给的困难，防御幅度的辽阔，试图借此辩解。事实上，尽管他们承认了拿破仑可能突袭，尽管他们甚至为此已做了防御的准备，但根本上盟军军仍不相信突袭的可能性。6月15日，威灵顿正在书写致沙皇的长信，其中他冷静地阐述了对月底攻势的设想；与此同时，拿破仑已跨过边线、挺进比利时。几天之前，布吕歇尔还在致其夫人信中预言道：“波拿巴不可能主动进攻的，因而我们不久将进入法国，可能会在那里耗上一年。”

第三章

首轮交锋

第一节　越过法比边境（6月15日），布尔蒙将军的叛逃

6月15日，凌晨3时30分，法军前锋自莱尔、库尔苏厄尔、蒂出发，越过了法比边界。根据头天晚上总指挥部的行军令，整个军团以纵队队形朝沙勒罗瓦挺进。军团共兵分三路：左翼纵队将取道蒂安、马尔谢讷；中路纵队的路线途经库尔苏厄尔、雅米乌、马西内勒；右翼纵队将经由弗洛雷讷、热尔皮讷以抵达目的地。

战略层面上，皇帝妥善协调了行动中的每件事，以便部队干脆利落地运动，好节约官兵的体力，避免徒劳的无用往返；而从战术角度出发，他为了应对一切可能的激烈抵抗，因而在军队部署、联系配合上做出了相应调整。他以此准备了进军计划。各部开拔的时间都将错开，相互之间差了半个钟头。离边境最近的单位最先开始行动，也就是凌晨3时开拔；以此类推，驻扎最为靠后的单位要等到上午9时。前方开路的骑兵单位只有12个团，其余骑兵的行军位置，都被布置在了步兵左翼。各军部将所部工兵悉数集中列队，后者将尾随所属军部的首席轻步兵团前进。另外还有3个舟桥作业连，他们也运送着15艘大

小船只，紧跟旺达姆军。战地医院则随御前指挥部行动。任何混入行军纵队的载具，都将被直接烧毁；而至于弹药、辎重车队，除非指令得到更新，它们不得进入纵队方圆12公里之内。前锋将领们根据指示，会适当调整行进速度，这样是为了保证各前锋部队都在一条直线上。他们也派出了所有的侦察部队，深入当地群众，打听敌军位置，甚至去邮局中截获信件。归纳得出的信息，不间断地被传回，送达中央纵队处，皇帝正亲自坐镇于彼。军团的主力部队必须在午前渡过桑布尔河。

公允而论，行军方案是完美的。即便是在奥斯特里茨、弗里德兰的辉煌时刻，拿破仑在组织军队运动时，也未曾如此深思熟虑。他在这次战役中，终于将旷世天赋发挥得淋漓尽致，所作所为也未曾如此完美。他明察秋毫、通观全局、思路清晰，牢牢掌握着制胜科学。

然而，将领们并没有忠诚地贯彻谕令。原本，戴尔隆部应该3时30分就开拔了，但却拖沓到了4时30分。旺达姆也原本该在3时开始行动，结果到了5时他还在等总指挥的命令。原来在前天晚上，传令军官不慎坠马，摔断了腿，但开阔野地之中四下无人，他只能躺着到天亮。旺达姆直到洛博军上前，抵达其营地后方时，才得知了行军命令。最后谈谈热拉尔，其部按道理3时就开拔了，但到了7时还没抵达集结点弗洛雷讷高地。

布尔蒙将军，第四军的前卫师师长，他临阵叛逃了。因此，热拉尔所部蒙上了不安的阴影——最关键的时候居然有人叛逃了。3个月以来，对背叛的恐惧，对将领的狐疑，让士兵们身心俱惫。行伍之间不时窃语着、咒骂着。于洛将军是布尔蒙师的一个旅长，他“断定此时正是紧要关头”。于是他满腔赤诚、持剑在手，向麾下的两个团庄严起誓，“他将与士兵们同仇敌忾、奋战至死”。此种情况下，热拉尔认为很必要同部队讲几句话，士兵们则对谈话报以喝彩。但手下爱将布尔蒙的背弃，还是让他很是困扰。对此，后来，于洛详细回忆了当时情景。

时间回到5时；地点，弗洛雷讷——布尔蒙及其随从便是在此时此地纵马出发的。随行者是他的全体参谋官：克洛埃特上校、维卢特雷少校、达迪涅上尉、德特勒朗和苏尔达。除此之外，一行人还有5个猎骑兵护卫。脱离法军前锋哨所后，他托某猎骑兵下士，将一封信转交给热拉尔，这封信是在弗洛雷讷提前写好的。之后，他解散了猎骑兵，与随从朝敌军绝尘而去。那封信中，布尔蒙挥毫而道："我拒绝帮助一个血腥的专制政权在法兰西立足，而后者将会毁灭我的国家……如果有选择的话，我会请辞隐退回家。然而这是不可能的，我必须通过其他渠道获取自由……我永远不会协助外军作战……我也决不会向他们透露，一丝一毫有损法军的信息，因为这支军队由我所热爱的人民组成，而这种热爱也将永在心头。"

到此为止，布尔蒙还只是个逃兵。不过，搁笔未久的两个钟头后，他便多了一个头衔：叛徒。他找到了舒特上校，后者是普军在桑布尔河畔的前锋指挥，并透露了法军当天下午对沙勒罗瓦的攻势；之后没多久，他又向齐滕副官赖歇上校泄露情报，称有法军12万人的兵力。下午3时，布吕歇尔在松布雷夫附近召见了布尔蒙。面对前者抛来的所有问题，后者悉数解答。布吕歇尔作为一个勇敢正直的长者，自然是愤怒不屑于此种高级将领的临阵叛变。因而，他也不愿难为自己，不愿与布尔蒙再费口舌。某普军参谋谏言元帅，考虑到布尔蒙的白色帽徽，是不是应该礼待他一番。也不顾布尔蒙懂德语与否，布吕歇尔便大声反驳："帽徽是什么玩意儿？叛徒就是叛徒！"

第二节　攻占沙勒罗瓦

倘使盟军足够警惕，布尔蒙伯爵的泄密也不过是多此一举。早在6月9日，齐滕与德恩贝格将军（蒙斯前方的轻骑兵分遣旅指挥）就收到了清楚的消息：法军正在边境上进行大规模调动。10万法军于阿韦讷、菲利普维尔之间集结的情报，德恩贝格于12日将此抄送给了威灵顿，威灵顿也转发给了布吕歇尔。德恩贝格在边境布置了众多特务。13日，他又写信通知布吕歇尔说，法军即将展开攻势。14日，在马尔谢讷的皮尔希贰[①]宣称，法军会于翌日进攻。当天晚上，普军前哨已经获悉确认了帝国军的挺进。他们在洼地升起了不知多少营火，火光汇映，穹苍之间缥缈着白色光芒。前哨试图借此预警，即便如此，但终究是徒劳之举。

威灵顿与布吕歇尔，并不相信拿破仑会主动进攻。不过，5月3日的蒂嫩会谈中，他们还是同意防患于未然要留上一手。大部分史学家声称，他们敲定在松布雷夫至四臂村一线集结。但事实如此？这还有待商榷，因为盟军不清楚拿破仑的动向。菲利普维尔、莫泊日、孔代还是里尔，他们也不知法军会取道其中何处。相较之下，更有可能的是，两位指挥官将集结点设在布鲁塞尔前沿的某个路口，具体地点视情况而定。布吕歇尔相当热衷于共同大计，蒂嫩会谈翌日，他便开始行动。普军奉命整体向右翼运动，以便更加接近英军。各军集结点如下：第一军，弗勒吕斯；第二军，那慕尔；第三军（自特里尔开拔），阿尔隆；第四军（自科布伦茨开拔），马尔默迪，后改为列日。同时，布吕歇尔的指挥部也从列日迁到了那慕尔。齐滕的第一军最为靠近英军驻地，因而也奉命与威灵顿部密切联系。布吕歇尔于5月5日致齐滕信中说："你应在弗勒吕斯观察敌情动向，并将所有情况，尽可能、尽早地告知威灵顿公爵与我。"布吕歇尔履行了蒂嫩的承诺，即掩护联军右翼。因此，威灵顿做出了相应调整，以梯队形式重新进行部署，着重防御阿特-蒙斯-尼韦勒一带的公路。普军则负责防守沙勒罗瓦方向。得益于德恩贝格、皮尔希贰的报告，普鲁士元帅终于有所察觉，并开始在弗勒吕斯集中整个普军军团。

在14日晚间，皮尔希贰的前哨部队预测认为将于隔天破晓接敌。第二天，他们果然迎来了法军散兵的枪弹。由于担心寡不敌众，该部且退且战，一直撤到了桑布尔河。两军在多处交战，蒂安、哈姆、蒙蒂涅森林、"墓地"农场皆

---

① 当时普军军中有两位"皮尔希"：年长者叫乔治·杜比斯拉夫·路德维格·冯·皮尔希（当时的普军第二军军长），年轻者叫奥托·卡尔·洛伦兹·冯·皮尔希。普军为了区分两个皮尔希，便根据长幼在其姓氏后面添加罗马数字，故翻译作皮尔希壹与皮尔希贰。——译注

有战斗。普军伤亡被俘数近500人。法军纵队一路高歌猛进，连续击退前来阻击的敌军。9时至10时之间，前锋业已抵达了桑布尔河畔；雷耶军的巴舍吕师抵达了马尔谢讷；帕若尔的骑兵业已到了沙勒罗瓦附近。普军在马尔谢讷的桥梁上设置了障碍，并且以步兵、炮兵防守。桥头攻坚的准备费时较长，法军准备了两个钟头。直到12时，第二轻步兵团的一轮刺刀突击打通了道路。虽然雷耶立即下令全军通过，不过桥梁过于狭窄、不利交通。4个步兵师外加骑兵部队花了半个下午才完全通过。第一军紧随其后，不过也是直到下午4时30分才开始过桥。

在沙勒罗瓦的桥头，帕若尔部耽搁了很久。在9时与10时之间，第一骠骑兵团一波攻击未能拿下，被桥头堡和路障后头的持续火力打退了。眼下，只能靠步兵攻克这个阵地。帕若尔无奈，只能等待后方旺达姆军的跟进，前者认为后者就在不远处。但我们清楚，旺达姆在营地浪费了4个钟头。11时左右，出乎帕若尔的预想，抵达的不是旺达姆，却是皇帝本尊。他带来了陆战队、近卫工兵，还有迪埃姆的青年近卫军。原来，皇帝了解到旺达姆的无心贻误后，便立即命令迪埃姆师离开中央纵队，并要求迪师在通过一个交岔路口后，朝沙勒罗瓦加速行军。工兵与陆战队员们立即攻占了桥头堡，为帕若尔的中队们开辟了通道。此时，普军已经开始后撤。沿着沙勒罗瓦南北走向、崎岖坎坷的街道，骑兵们策马狂奔追击敌军。出了沙勒罗瓦，公路一分为二，其一通向布鲁塞尔，另一则通向弗勒吕斯。根据帕若尔的安排，第一骠骑兵团布置在了布鲁塞尔路上；他则带着主力，沿着沙勒罗瓦至弗勒吕斯的公路，继续追击撤退的普军。

第三节 拿破仑与内伊的会面，右翼的日利战斗

时方午后，在民众的欢呼声中，皇帝通过了沙勒罗瓦。沙勒罗瓦至布鲁塞尔、弗勒吕斯的公路在一个岔口分道扬镳。而在这个岔口的几百米外，有个

叫作拉贝维埃的旅馆，这个旅馆附近有处陡坡。皇帝在这里止住了脚步，自此可以俯视整个桑布尔河谷。他翻身下马，从旅馆要了一张椅子，就地坐在了公路边上，行军纵队正从他眼皮底下通过。步兵、骑兵看到皇帝时，都报以最热烈的喝彩，声浪阵阵，以至于掩盖了鼓号声。士兵们几近狂热，某些人甚至离队，过去“拥抱皇帝的坐骑”。据目击者称，拿破仑很快陷入了酣睡，喧闹的欢呼也不足以吵醒他。这一离奇情景不无可能。让我们回忆一下，4月至5月间，也就是皇帝还在巴黎那会儿，睡意便会频频向他袭来；而在作战的当天，他已经连续骑行、坐于鞍上长达七八个钟头了。

古尔戈此前跟随第一骠骑兵团，朝布鲁塞尔公路方向行进。他于下午2时带来了一则消息——大批普军出现在戈斯利。皇帝立马派他去了马尔谢讷，告知雷耶即刻朝戈斯林急行军。皇帝并不放心左翼的态势，于是雷耶部运动开始之前，他下令迪埃姆的青近师调出一个团、一个骑炮连；部署的地点是布鲁塞尔公路，距离沙勒罗瓦2公里。不久，他又给勒弗费尔-德努埃特下了命令，后者率近卫轻骑兵部队（近卫枪骑兵、近卫猎骑兵）前去支援第一骠骑兵团。接着，他又向苏尔特口述了另一命令，吩咐戴尔隆前往戈斯利协助雷耶。命令刚刚发出，也就是3时刚过未久，内伊来了。

6月14日，内伊乘驿站马车抵达了阿韦讷。此时，他身边只有一个副官，也没有坐骑。若非借用了一户农家的马车，他是不可能在第二天前往博蒙的。15日，他从莫尔捷元帅那里买了两匹马；后者突发坐骨神经痛，无法继续参战。内伊避开行军纵队，朝沙勒罗瓦骑行疾驰而去。士兵们认出了他，他们似乎见到内伊很开心。“一切都要重回正轨了，”士兵们欢叫道，“红脸子[①]也回来咯！”

不仅是官兵，渴望“重归正轨”的还有皇帝。他给内伊布置了任务：“内伊！能见到你太棒了。第一军、第二军的指挥权归你了，近卫轻骑兵也归你调

① 红脸子（Le Rougeaud），内伊在军中的绰号，顾名思义。——译注

遣。不过，万不得已最好不要派遣他们。明天，克勒曼的胸甲骑兵也会归你管了。现在，就去驱逐布鲁塞尔大道上的敌人，并去四臂村建立你的阵地吧！”

此时，在广袤的比利时土地上，在盟军眼皮底下，皇帝在巴黎酝酿的宏伟战略浮现出了冰山一角。原本，皇帝对首日行动的想法，仅是切断敌军的联系；为此，他仅需要进军到推定而得的联军结合部处。眼下，既然行动比预想得顺利、迅捷，那么何不动作更大些，彻底分割联军两部，以绝再次合流之后患。联军主力从布鲁塞尔开来，普军则会从那慕尔方向而来。如此一来，那慕尔至尼韦勒且穿过松布雷夫的公路，势必是两军实施汇合的渠道。同时，这条路又与沙勒罗瓦至布鲁塞尔的公路交叉，而交点正是四臂村。综上，皇帝会将法军左翼推进到四臂村，右翼则部署在松布雷夫，总指挥部就定在弗勒吕斯。如若将此三地相连便是一个三角，而弗勒吕斯正是三角的顶点。第二天的计划是，皇帝将率预备队蹲守敌军，一俟冒头，他们便会猛扑过去。倘若盟军两部都撤退了，那么他就能兵不血刃拿下布鲁塞尔。

接旨后，内伊旋即动身赴任。这时，格鲁希前来觐见皇帝。他与埃克塞尔曼斯的龙骑兵部队，一个小时前便已抵达了沙勒罗瓦的桥头。当时，青年近卫军还在过桥。格鲁希判断第一骑兵军正与敌人交战，便急于与之汇合，远甩行军纵队于马后，朝日利疾驰而去。他在侦察彼处阵地后，便回到皇帝那里，接收新的命令。皇帝想亲自观察战局、判断形势，因而翻身上马说走就走。此时已过3时。埃克塞尔曼斯跟着青年近卫军，已渡河完毕，旺达姆的前锋也抵达了沙勒罗瓦。

皮尔希贰在日利部署了部队，依凭格朗里约（Grand-Rieux）的浑浊溪流，所部前锋取得了掩护。皮尔希贰在某个树木丛生的高地，于其坡坂处布置了4个步兵营和1个炮连。从这里可俯瞰整个索莱伊尔蒙（Soleillemont），并可远眺沙特利诺（Chatelineau）。其余3个营作为预备队，被布置在了朗布萨尔（Lambusart）附近。此外，从沙特莱（Chatelet）到法尔谢讷（Farciennes）一线的法军动向，是由1个龙骑营负责监视的。这支部队的战线很宽，以至于欺骗了法军。格鲁希粗估敌兵力于2万上下，皇帝看了一眼，声称对面不会超过1万人。他口头委任格鲁希以法军右翼的指挥权，两者一起筹划了进攻方案。旺达姆的一个师将发起正面的攻势，帕若尔的骑兵将予以协助。格鲁希则亲率埃克塞尔曼斯的骑兵，在德尔哈特（Delhatte）的磨坊附近越过溪流，并攻击敌军侧翼。普军被击退，并放弃松布雷夫继续后撤。格鲁希应追击至松布雷夫便停下，并在那里建立阵地，站稳了脚跟。

皇帝发令完毕后，便返回沙勒罗瓦，督促旺达姆军余部加速前进；而在日利，旺达姆、格鲁希花了两个小时去布置进攻。看来，皇帝还是留在日利比较明智。5时30分左右，前线还未传来炮声，他疑惑于此并折返回了战场，敦促旺达姆立即进攻。

一轮短暂炮击后，皮尔希贰就被打哑火了。随即，3个法军纵队上刺刀冲锋，每个纵队由两个营组成。还未及与最前排的普军搏斗，齐滕便让皮尔希贰后撤了。敌军竟全身而退，皇帝为此颇为恼火。他的副官勒托将军奉命出击，率御前中队[1]追击。勒托还没有等预计的4个中队结合完毕，便开始行动——"冲锋！干掉普鲁士步兵！"他相信剩余部队就绪便会跟上，于是只带着一个近卫龙骑中队就上前线了。冲开重重硝烟，他们向道路北侧挺进，这段也是洼地中最为平缓的路段。之后他们赶到了旺达姆纵队前头，越过萨尔阿莱（Sart-Allet）路后，径直扑向撤退中的普军。普军的4个营中，已经有2个营成功遁入了索莱伊尔蒙的树林，而断后的两个不得不列方阵抵御，但最终被骑兵击溃。生还者也逃入林子，而在另一头，西普鲁士第一步兵团已经建立了阵地。追击过程中，一枚子弹打中了勒托的胃部。勒托身负重伤，最终坠于马下。他作为一个指挥官，为人善良、英勇无畏，并深得麾下龙骑兵拥护。龙骑兵们见状，一心只想为给勒托报仇，但凡长刀所及之处，敌人无不倒下。

至于埃克塞尔曼斯方面，比尔特、樊尚旅部打头阵攻入了沙特利诺，并击

---

① 指皇帝的贴身卫队。——译注

败了沃伊斯基上校的龙骑兵团；他们还在皮龙尚（Pironchamp）的树林中驱逐了一个步兵营，将之赶回了朗布萨尔。而皮尔希贰正好在那里重整了旗鼓，重新上前迎击法军。不过，法军这时已经汇合了。埃克塞尔曼斯的龙骑兵、帕若尔的轻骑兵、旺达姆的步兵纵队，三者同时合力当头一棒下去，普军难免招架不住，再次后撤直到弗勒吕斯的后方。这次攻势中，格鲁希负责指挥右翼。他知道弗勒吕斯现只有两个营把守。尽管天色渐晚，他仍急于攻下它，并把普鲁士人一直赶到松布雷夫一带，从而完成谕令要求。

然而，旺达姆已经开始安顿营盘了，营地在维那日至索莱伊尔蒙林地之间。很明显，他已经不想继续进攻了。他声称所部已疲惫不堪，还说无论如何也“不会让一个骑兵将领来指挥他”。自然，格鲁希不可能没有步兵，就去攻打弗勒吕斯。于是，在距弗勒吕斯两倍炮程开外的一个村子里，他只得停了下来。埃克塞尔曼斯、帕若尔军部，则驻扎在朗布萨尔与皮奈尔之间的第一线，掩护旺达姆部营地休息。

第四节　内伊的行动，戈斯利的战斗，弗拉讷的战斗，四臂村

法军左翼的进度，实际并不如拿破仑所愿。第一骠骑兵团自沙勒罗瓦向布鲁塞尔大道进发。1时30分许，路过瑞默后，他们遭遇了吕措的骑兵与第二十九步兵团的燧发营。后者正在掩护施泰因梅茨（Steinmetz）旅在戈斯利的集结。双方彼此相望了一会儿，随后骑兵战便打响了。起初，普军枪骑兵击退了骠骑兵。但之后，雷耶军前锋皮雷部的枪骑兵上前反击，打退了吕措部。此时，雷耶率步兵驰援而来，大约3时进入了戈斯利的火炮射程内。法军纵队正要攻击时，内伊元帅来了。他率近卫轻骑兵赶在行军纵队前头，抵达了战场。当时，普军第二十九步兵团正把守着戈斯利村，不过双方交火未久，法军便夺取了此地。战斗远未结束，施泰因梅茨旅的主力仍在途中，他们自西而来。施

泰因梅茨没有犹豫，率数个营迎击出击的法军，并把他们赶回了村中。同时，一个实力强劲的分遣队进驻了村庄北侧的屋舍。借由这些据点的掩护，施泰因梅茨继续朝埃皮尼后撤。

如此一来，布鲁塞尔方向的道路便畅通了。眼下，还有4个小时才入夜。但是，内伊元帅却停止了前进。按道理，皇帝命令他应紧咬敌军，不过相较于右翼，他可能满足于目前的进度。富瓦、吉拉尔、热罗姆师就此打下营盘，驻扎在戈斯利周围；梅莱方向则派去了巴舍吕师与皮雷的轻骑兵；至于四臂村方向的部署，内伊只安排了近卫枪骑兵团、近卫猎骑兵团前往彼处。

下午5时30分，近卫枪骑兵前进到了弗拉讷附近，后者已进入前者的视野中。随之而来的，则是一轮炮火。这个村庄正由拿骚的1个步兵营、1个骑炮连所把守，他们由诺曼少校指挥。虽然他没有收到布防的命令，但是听到戈斯利方向传来的枪炮声后，旋即大胆地准备了防御。德努埃特也当即向友军求援，应援的是第二步兵团的1个营。这个营原本是巴舍吕师前锋的一部分，之前已经占领了梅莱的制高点，得令后便向弗拉讷加速行军。正在这个当口，法军散兵已经同拿骚部队交上火了。德努埃特一方面正等着步兵来援，另一方面将一部分枪骑兵派往了弗拉讷东侧，以便侧击敌军。近卫枪骑兵团的波兰中队是同皇帝一道归来的，此时他们在爱德华·德·科尔贝将军的率领下，一直推进到了无人设防的四臂村。不过，科尔贝发现己部孤立无援，离所属师部主力也过于遥远，于是便掉头向弗拉讷退却。与此同时，诺曼的营部正沿着道路后撤，他将与法军之间的距离控制在了火炮射程之下。最终，他在四臂村前2公里的阵地站稳了脚跟。这时诺曼也迎来了援军，来者是撒克逊-魏玛的伯恩哈德亲王，他率领着4个拿骚营来援。这位年轻的亲王本是驻扎在热纳普的，他偶然间获悉了法军已越过桑布尔河的情报，于是便自作主张率军上前，并在当时的位置布防，占据了这一战略要地。

内伊听到炮声后，于是便赶往了前锋部队处。他侦察了一番：拿骚部队兵力仅有4500人，只有6门炮；考虑到对手是德努埃特的1700名轻骑兵，他们守住四臂村还是绰绰有余。内伊对拿骚步兵展开了几轮有气无力的骑兵冲锋，之后他朝东边的萨尔达姆阿沃利纳（Sart-Dame-Aveline）方向派去了一支侦察部队。这部分法军根本没有前进到敌军火炮射程内，接近8时，便偃旗息鼓。德努埃特在弗拉讷扎了营，而内伊则返回戈斯利过夜。

埃姆上校是本次战役中内伊的副官，他解释了元帅的所作所为，他声称“10时是没有机会”去夺取四臂村的。事实上，内伊抵达四臂村前线的时间，并不是10时而是靠近7时；正如上文所叙，他根本不可能指望两个骑兵团去拿下此地。然而，到了5时，也就是内伊仍在戈斯利那会儿，他如果沿着布鲁塞尔大道挥师挺进——皇帝将全军的四分之一托付给了他，其中含2个步兵师、2个骑兵师以及4个炮连——凭借麾下的1.4万人，恐怕早已横扫守军，遑论伯恩哈德那支4500人的军队，其中每人仅有10发子弹。非常奇怪的是，内伊有生以来从未如此谨慎过，他将雷耶军部留在了戈斯利，他放弃了所有有关攻克四臂村的想法，除非彼处是一个形同虚设的骑兵前哨。在他看来，所部与右翼相距16公里，所处位置有被威灵顿全军打击的危险。一些战略家声称，内伊的举止，是严格遵循了战争艺术的原则。或许这是对的。不过，伯恩哈德其实也面临着同样的情况，如若他也恪守原则，那么在没有命令的情况下，他就不会冒着被法军全歼的危险，率领4个营前往四臂村。

第二部分　利尼与四臂村

第一章

6月16日晨间

第一节　拿破仑的计划与命令（晨5时至8时间）

拿破仑的宏伟设想中，对于四臂村、松布雷夫的攻取是必然的，只不过是时间问题。由于各种阴差阳错，内伊、格鲁希未能于15日夺取它们。不过，战争首日的头要目标，仅是进抵英普军队的结合部，而法军已经完成了这一点。虽说在行动细节上，各路纵队都有些许拖沓、差池，不过，皇帝仍兵不血刃地渡过桑布尔河，并深入敌境28公里，在敌占区中立住了脚跟。在他的部署下，12.4万人的法军占据了一个腰线为12公里的三角形区域。

看来，敌军已经惊慌失措，开始后撤退却了。6月15日这一天内，英军没有露面，普军的主力也未出现。敌军把守桑布尔河的渡口时有心无力，防御日利与戈斯利时也是欲罢还休，尽管他们在其中战斗娴熟、表现英勇，但其行动更像是殿后阻击，而不是掩护主力集结。

当夜，皇帝回到了沙勒罗瓦，并过阅了格鲁希、内伊发来的报告。他认为：盟军被打了个措手不及，开始阵脚大乱，并已决心向作战基地后撤了；普军将撤向列日及马斯特里赫特，而英国人、比利时人则向奥斯滕德、安特卫普退却。再来看看普军前哨部队的撤退路线，他们先从蒂安到马尔谢讷，再从方丹-勒韦克、马尔谢讷一带至戈斯利，最后自沙勒罗瓦、戈斯利一带出发，撤往弗勒吕斯。这一迹象也印证了皇帝的设想。如果普军试图展开机动与英军汇合，那么他们应当往北去；但现在他们业已朝西北方向退却了，因而导致布鲁塞尔大道无人设防。表面上，威灵顿和布吕歇尔似乎将胜利拱手相让了——联军部队愈是分散，便愈是好对付。在普军力能所及之处攻击英军，这是一码事；然而当英普军队相隔40或60公里时，攻击其中的一方，那又是完全不同的另一码事。

6月16日晨间，皇帝确定了下一步的计划。靠近6时或更早时候，格鲁希及法军右翼将朝松布雷夫和让布卢行军；如若有普军驻守两地或其中之一，格鲁希便会发起攻击。向东的道路一经侦察、清理后，皇帝便会集结驻扎在弗勒吕斯的预备队，亲率此部与左翼的内伊在四臂村合流。届时，法军将趁着夜色，向布鲁塞尔进军。经拿破仑估计，17日晨间7时，前锋部队就能抵达布鲁塞尔了。

这套双管齐下的方案，稍后于早晨7时至8时之间下达给了各位将领：克勒曼将继续向戈斯利前进，同时他所部已被调剂给了内伊指挥；近卫军将在德鲁奥的指挥下，将向弗勒吕斯推进；而洛博的第六军，应前进到沙勒罗瓦与弗勒吕斯的当间；旺达姆的第三军、热拉尔的第四军则向松布雷夫进军，完成这一动作后应听从格鲁希的命令行动。苏尔特致信内伊，通知了战略安排：内伊将以6个步兵师（外加克勒曼胸甲骑兵）的兵力控制四臂村的阵地；所余的2个步兵师将兵分两路，其中的一个师部与皮雷的骑兵前往热纳普（距离四臂村4.5公里），另一个则同德努埃特的骑兵部队赶向马尔拜，以此支援右翼的行动；临末，内伊还需向尼韦勒、布鲁塞尔大道方向侦察战况。至于格鲁希，他接到了攻占松布雷夫的命令，在此处立住脚跟后，所部前锋应进军让布卢，同时做好各个方向的侦察工作。

第二节　拿破仑动身前往弗勒吕斯（9时30分）

御前指挥部正忙得不可开交，所有人都在为周转军令而奔走着。这时，皇帝收到了一份报告，是格鲁希发来的。格鲁希称，所部正向布里（Brye）、圣阿芒（Saint-Amand）前进时，发现了敌情：数支实力强劲的敌军纵队，正沿着那慕尔路摸上前来。此前，拿破仑原以为普军已经撤退了；眼下他意识到，双方可能将在松布雷夫干上一仗。但出乎其所料，普军竟上前控制了通向弗勒吕斯的关键阵地。根据普军前哨的后撤轨迹，拿破仑头天晚上据此得出的判断，现在被这一战况推翻了。原来，布吕歇尔根本没有抛弃盟军进行撤军的打算，相反，他正在调动军队，准备同威灵顿并肩而战。因而，在弗勒吕斯的北边，法军将遭遇整个普军军团，而不是被分割于松布雷夫、让布卢一带外的后卫部队或单个普军军部。毫无疑问，威灵顿也将协同布吕歇尔的作战，届时联军主力也会现身于布鲁塞尔大道方向。

至此，皇帝的计划便完全落空了。白天在右翼击败布鲁歇尔，夜间旋即在左翼打退威灵顿，接着趁着夜色挥师布鲁塞尔——就算用兵神速，一天之间完成这些事，显然是不可能的。不过，拿破仑并未慌张。对他而言，自己的预言业已灵验了。他向来固执己见，认定了就绝不反悔。而他的判断，又有多少能经受住命运的印证呢？在这天的早些时候，皇帝认为普军正在撤退，因而布鲁塞尔大道会是通畅的；反过来说，如若布吕歇尔没在撤退，那么布鲁塞尔大道又怎会通畅呢？格鲁希所报告的敌情，无非是夸大其词了。那一撮普军，不过些许零星团部罢了，其也不过是掩护主力撤退，解决他们易如反掌。此外，格鲁希在报告中提到敌军是向圣阿芒去的；同时他也汇报了自己的动向，按照他的说法，所部正根据昨晚的命令朝松布雷夫加速行军。

如果格鲁希确实心存怀疑，即布吕歇尔在松布雷夫村以西集结了整个普军，那么5时，他怎会冒着被侧击的风险，继续朝这个村子挺进呢？

到此为止，皇帝仍未做出改变；不仅如此，他还在8时致信格鲁希、内伊，重申此前的安排，并让两人尽快办妥。为了尽快将指示送达，皇帝将两封信件分别交予了拉贝杜瓦耶与弗拉奥，他清楚御前副官跑得比参谋部军官要快。借此，他希望两员大将能提前收到上述指令，时间上来看，这会早于经苏尔特们派送的命令。除此之外，皇帝还在信中强调了具体的细节，并阐述了参谋部命令未曾提及的一点：朝松布雷夫、四臂村双管齐下的目的，便是为了能够在夜间进军布鲁塞尔。

拿破仑正要动身前往弗勒吕斯时，一个从左翼赶来的枪骑兵军官前来觐见，这是9时至10时间的事了。这个军官报告说四臂村方向出现了大量敌人。如此情况下，皇帝担心内伊会如昨晚般再次逡巡不前，因而他认为有必要打消后者疑虑，重复目前指令。于是，他唤来参谋长，又给内伊下达了指示："布吕歇尔昨天还在那慕尔，他不太可能朝四臂村进军。因此，你只需要注意布鲁塞尔方向的敌情；集结雷耶、戴尔隆两军以及瓦尔密伯爵的骑兵，以这些兵力你可以击垮眼前的任何敌人。"之后，皇帝出于谨慎，命令洛博继续驻守沙勒罗瓦，以便必要时第六军能够驰援内伊部。他又命令洛博的副参谋长亚南上校，前往弗拉讷观察战况。

皇帝抵达弗勒吕斯时，已接近11时了。格鲁希并未能给他一个惊喜，所部也没有他所设想的那样去进军松布雷夫。元帅的理由很简单——敌军业已集结在弗勒吕斯以北的某处阵地上，数量众多且虎视眈眈；普鲁士人拂晓时撤出了弗勒吕斯，而他也只能上前占领这个据点。随后，拿破仑视察了前哨阵地。弗勒吕斯的外围，有一座砖砌塔状磨坊，上面能够俯瞰整个平原。他命令工兵在圆形房顶上打开一个缺口，以便构筑一个瞭望台，借此观察战况。

第三节　普军在利尼北方集结—英军在15日的无所作为，里士满公爵夫人的宴会（6月15日至16日的夜间）

收到法军入侵的第一份报告后，原在那慕尔的布吕歇尔旋即动身，赶往了松布雷夫。他于15日下午4时抵达了目的地。两个月前，他在格罗本少校的提醒下，注意到了利尼这块预选阵地。从此，老元帅便打定了主意，如若要应对经沙勒罗瓦渡过桑布尔的法军，就在此地与之一战。在他看来，16日一早，手下的4个军就能集结于利尼小溪一侧。布吕歇尔信心满满，自觉天下无敌。在某封致妻子的信中，他曾夸下海口："要不是地中海，12万普鲁士大军在手，我能一口气拿下的黎波里、突尼斯和阿尔及利亚！"不过，现实给了热情当头一棒，普军各军驻地过于分散，恐怕难以完成集中。16日上午11时，只有齐滕军抵达了阵地——而在头天的战斗中，该部兵力折损至了2.8万人。皮尔希壹的军部，正午时才前进到松布雷夫；在他们后面的是蒂尔曼军，还有好一段行军路程要完成。至于第四军，比洛昨晚致指挥部的报告中坦言，16日午间之前，他无法在阿尼（Hannut，距离松布雷夫42公里）完成集结；也就是说，这3万人无法加入当天的战斗。尽管如此，不过普军并不势单力薄，还有联军，他们多少能提供援助。因此，布吕歇尔仍决心一战。5月3日的蒂嫩会谈中，就拿破仑主动进攻的问题，两军已达成协作应对的约定；还有，威灵顿也曾对布翁联络官普菲（Pfuell）上校承诺过："一旦双方交火，我军将根据具体情况，22小时后在尼韦勒或四臂村集结。"

其实，这番话不过是外交辞令。设想一下，如若普军撤向列日，那么联军将单独面对拿破仑。此种情况下，联军要么以弱搏强，要么放弃布鲁塞尔向作战基地撤退。就此看来，战事取决于普军是否能守住当前阵地；因此，威灵顿只能以援助为担保，稳住布吕歇尔。他也希望能履行诺言。不过，这个英国人毕竟是务实的，他没有把话说死，为自己留了一个台阶下。所谓"根据具体情况"的言下之意是，在保全军队的情况下，他会在他所认为的恰当时机兑现约定。比如，法军朝沙勒罗瓦方向的攻势，是否会是声东击西的佯攻？以此为前提，法国皇帝的主力部队进军布鲁塞尔，路线是否将会是先后经由莫泊日、蒙斯、阿尔或里尔、图尔纳、阿特？威灵顿担忧法军的机动只是幻象，真正的动向仍被掩饰而不得见。因此，在确切掌握拿破仑主攻方向之前，他决心按兵不动。

尽管12日、13日、14日的3天时间里，布鲁塞尔的联军指挥部收到无数份情报，皆揭露了法军云集于边境这一事实——而在15日上午9时，威灵顿通过齐滕的信件，已经得知了法军于当日拂晓攻击了普军前哨的战况——但在15日午后3时之前，威灵顿没有发布任何命令，既没有进行调动，也没有集结部队。后来，齐滕发出了一份私人信件，该封信件证实了先前的敌情报告。收信人是米夫林，他是驻于联军的普军观察员。他立刻将其中内容转达给了公爵。威灵顿如是向米夫林阐述道："如若战况正如齐滕所言，我应该在左翼集中部队，以便与普军接触。但倘使敌军分兵，进军蒙斯的话，那么集结点就应设置于中军。我必须先收到蒙斯前哨的消息，才能做出判断展开行动。虽然目前集结点尚不明确，不过肯定是要调动部队的。我将下令让军队做好行军准备。"

15日傍晚6时至7时之间，联军调动的命令被下发各部。总体上，联军以师为单位，将仅在尼诺弗（Ninove）、阿特、赫拉尔兹贝亨（Grammont）、布鲁塞尔、布赖讷勒孔特和尼韦勒等地集结，同时准备好在第二天开拔行军。看来，拿破仑将从多个方向攻来的假象，似乎确实把威灵顿给难倒了。15日午间，布吕歇尔写信给米夫林，其中称皮尔希贰的旅部正沿桑布尔河撤退；又及，他也透露了自己决心在松布雷夫集中力量，与法军一战。信件临末，布吕歇尔还写道："希望你能够早点发来威灵顿公爵集结部队的消息。"这封信于傍晚7时左右送达，旋即便转送到了威灵顿处。不过，就像此前面对齐滕的两份急件一样，威灵顿仍未做出决断——"元帅的部署相当漂亮，但恕我直言，如若搞不清楚蒙斯一带的情况，我不能贸然行事"。最终，威灵顿得到了朝思暮想的消息。夜间9时至10时之间，德恩贝格将军的信送达了，其中他确认了蒙斯仍无异样。随后，公爵命令一部分部队在尼韦勒集结。很久以后，他曾为此辩解，并声称自己是下令全军进军四臂村的。

命令发布之后，鉴于天色已晚、部队分散，联军要到黎明时分才能展开行动。于是，威灵顿邀请米夫林去参加一个活动："我军准备就绪，就待开拔了。布鲁塞尔的亲拿势力有所抬头，我们必须稳住那里的朋友们。所以，要不我们一起去里士满公爵夫人的舞会上露个面，之后我们将在明早5时上马出发。”

夜复一夜，布鲁塞尔向来是不缺娱乐活动的；但其中，罕有能和迫在眉睫的战争一样，可以站在舆论的风口浪尖——而里士满公爵夫人的舞会，就具备了相当于眼下战争的话题性。据说，公爵夫人为此做了大量的准备，她将住所附近的一个庞大谷仓，改造成一座华丽的宴会厅，以便容纳大量的赴会者能在军乐伴奏下翩翩起舞。赴会者当中，有联军指挥部的精英们，有比利时当地的上层名流们；后者包括了来自俄罗斯、德意志的外交官们，还有英国贵族和法国流亡贵族们。舞会当夜，在宴会厅入口处，公爵夫人与其令爱亲自欢迎来宾。后者是夫人的长女，年方17，即日后的德罗斯夫人（Lady de Ros）。不知有多少人千方百计挤破脑袋，只为获得这次舞会的邀请函，最后居然有200人到场。这些人可以列出一个长长名单：奥兰治亲王和他的弟弟弗雷德里克亲王、不伦瑞克公爵、拿骚亲王、威灵顿公爵、布鲁塞尔市长、达伦贝格的奥古斯特亲王与皮埃尔亲王、博福尔公爵携夫人及女儿、迪塞尔公爵携夫人、梅西·阿让托伯爵携夫人、拉图尔-迪潘伯爵（法兰西王国驻海牙大使）携夫人、达舍侯爵携夫人、拉罗什富科伯爵、杜尔特勒蒙伯爵的遗孀及女儿、菲茨罗伊·萨默塞特女士、凯拉伯爵、查尔斯·斯图尔特爵士、西摩勋爵携夫人及女儿、波佐·迪博尔戈伯爵、文森特男爵、阿拉瓦将军、米夫林将军、阿克斯布里奇勋爵、索尔顿勋爵、萨默塞特勋爵、希尔勋爵、克林顿将军、庞森比、皮克顿、维维安、宾、帕克、库克、肯普特、梅特兰，以及数量众多的各级军官。威灵顿出席舞会时，已是午夜，活动正处于高潮。歌舞升平，音乐与舞步交织一处；郎才女貌，少女与军官们一同沉浸在欢愉之中。此时此景，似乎就如名为《死亡之舞》的古老壁画一般，极乐之下便是死亡。

法军渡过桑布尔河这一事实，仍罕有人知。威灵顿将战事告诉了不伦瑞克公爵——拿破仑已经侵入比利时，当天很有可能会打上一仗。不伦瑞克原本抱着年幼的利涅亲王，而利涅正坐在他的膝头。他听说后似乎感到了死亡的震颤，预感大限将至，忽然脸色煞白一抹，蓦地从座位上跳了起来，而小亲王也不慎摔落。威灵顿也召集了手下将领，口头复述了此前的集结命令。随后联军军官便奔赴岗位了。凌晨1时左右，奥兰治亲王收到了康斯坦-勒贝克发来的加急快报，获悉法军已现身于四臂村。当时舞会方才过半，但他立即告辞，往热纳普绝尘而去。军队即将开拔的消息渐渐传开，不过，年轻军官们仍旧贪恋这番良辰美景。正如拜伦诗云：Upon night so sweet， such awful morn could rise！①直到集结号起，他们才褪下丝绸袜与纽扣鞋，动身与战友汇合。面对此情此景，公爵夫人不免感慨良多。她本想就此结束宴会，不过少女们还是和某些非军人的青年舞到天明。

第四节　威灵顿抵达四臂村（16日上午10时），威灵顿与布吕歇尔在比西磨坊会面（午后1时，利尼附近）

根据米夫林的回忆，威灵顿相当享受这次舞会。但彼时形势下，他本应当专注于战事。15日这一整天，他固执地按兵不动，未予集结；各个部队的营地彼此相距16公里、32公里、40公里、60公里之间不等。至于傍晚的那则命令，他虽意图以此补救这一重大失误，但却收效甚微。按照这则命令，联军等于暴露了沙勒罗瓦至布鲁塞尔的通道，却转而保护蒙斯方向的道路，而后者是毫无威胁的——除此之外，并无作用。如果执行了威灵顿的方案，尼韦勒至迪勒河下游的区域内，联军在此会有一个长达16公里的缺口。内伊可以借由这个缺口向前挺进，如此一来，他不用放一枪一炮，便可以走完往布鲁塞尔的一半路程；而格奈泽瑙更是认为，内伊还可以“迂回至我军后方，并歼灭我军”。

---

① 出自拜伦所作《恰尔德·哈罗尔德游记》中的《滑铁卢前夕》（The Eve of Waterloo， Childe Harold's Pilgrimage），大意为“夜是怎样地醉人，（翌日）拂晓便会这般骇人”。——译注

幸运的是，威灵顿的部下并没有被动行事。早在傍晚指令下达以前，当中的某部分人就展开了行动；还有某些人审时度势，拒绝执行这则不切实际的命令。头天，诺曼少校在弗拉讷实施阻击战时，撒克逊-魏玛亲王伯恩哈德就把麾下旅部从热纳普调往了四臂村，而沙塞将军在费伊集结了自己的师部。不久，在奥兰治亲王本人缺席的情况下，参谋长康斯坦-勒贝克下达了两个指示：一、科莱尔特将以埃纳为依托集结骑兵，二、佩尔蓬谢需做好进军四臂村的准备。勒贝克注意到，如果执行了威灵顿的指令，在尼韦勒集结尼德兰军队，那么从沙勒罗瓦至布鲁塞尔的道路是毫无设防的。于是当天夜间11时，他给部下捎去了口信，要求他们便宜行事，自行判断是否执行威灵顿的命令："布鲁塞尔的指挥部不可能清楚前线的具体情况。"勒贝克当机立断，他没有让比兰特旅留驻尼韦勒，反而让该部支援四臂村的伯恩哈德；也没有遵循威灵顿的命令，因而也没有召回撒克逊-魏玛亲王的旅部。

倘使拿破仑的参谋长如勒贝克一般，倘使拿破仑的下属皆为佩尔蓬谢、伯恩哈德之流，那该会有怎样的光景？不过，反过来看：如果拿破仑同威灵顿一样——拖沓了10个钟头才集结部队，命令部队朝敌人主力位置相反的方向行军，并在舞会上浪费了整整一晚的时间——表现犹豫、迟钝、消极，那只会给沙尔拉之流的战略家掐住死穴、抓住把柄。

不过战争就像打牌，有时运气就是实力的全部。16日早间6时，威灵顿离开了布鲁塞尔，于10时抵达了四臂村的阵地。他发现的不是内伊部的前锋，而是正牢牢把守此地的佩尔蓬谢。公爵似乎忘却了，如此部署与其命令相悖，他反而表扬了佩氏与亲王的明智决定——虽然后者同这次决断毫无关系。之后，威灵顿继续向前线赶去，在一个恰当的距离观察了弗拉讷的法军前哨。接着他给滑铁卢的皮克顿师部、不伦瑞克部队下达了命令，这些部队将继续朝四臂村的行军。他也给布吕歇尔写了一封信，告知后者四臂村正由奥兰治亲王的一个师部把守，而联军正向此地集结。临末，威灵顿如是写道："据我观察，我部前方的敌人规模较小。"

不过此番论断不久就被推翻了。经威灵顿估计，四臂村的战事可能数小时后才打响。且先不论判断对错，与其原地不动空等遥遥无期的战况，倒不如亲自走一趟，去布吕歇尔那里打探个究竟。于是，下午1时左右，威灵顿前往布里高地，与正在此地的布吕歇尔们碰了头。他们一起登上比西磨坊。这座建筑在同名村庄的前沿地带，较之拿破仑的弗勒吕斯磨坊可以提供更好的视野，能够俯瞰整个战场：法军纵队源源不断，向前线进军；联军将领借由望远镜，甚至能够辨认出被参谋团团围住的命破仑。看来，与普军对垒的是法军主力，而占据弗拉讷的不过寥寥。

因为不会德语，威灵顿只能用法语与友军沟通。他略显生硬地问道："我能为阁下做些什么？"格奈泽瑙建议，联军应当全部进军到布里高地后方，并担任普军的预备队。不过，如此考量是建立在对法军兵力部署的错误估计上。米夫林对格奈泽瑙的方案予以了反驳，他认为联军应该机动包抄法军左翼。威灵顿大声说道："确实如此，我会先击溃弗拉讷前沿的所有敌军，然后朝戈斯利进军。"格奈泽瑙对此并不同意——因为违反了合兵原则——质疑如此行动极可能收效甚微；他仍坚持己见，即联军在布里合流，那么一场决定性的胜利便是铁板钉钉的事。双方争执了一段时间。最后，威灵顿打住了对话，并留下口头承诺："那么，如果没有遭到攻击，我部会赶过来的。"之后，他便返回了四臂村；而布吕歇尔则抓紧时间，进行最后的部署。

第二章

利尼会战

第一节　战场情况，布吕歇尔与拿破仑的部署

弗勒吕斯的丘陵，正对着一片略有起伏的平原。平原之上有隆起，以此形成了一道不高的缓坡。将它作为中心，布里在其西侧，往东是通格尔内讷（Tongrinne）；至于松布雷夫，则略微向北，坐落其上。按道理，这三处地方本是交通便利的，但隆坡底部的溪谷却隔离了它们——流经于此的正是利尼溪。利尼溪的水面宽度为4至5米，水深为3至4法尺[①]，岸势陡峭，植被茂盛，长满了柳树、桤木，同时荆棘丛生。溪流与隆坡所构成的幽深溪谷，其右岸坐落着瓦涅莱（Wagnelée）、拉艾村（La Haye）、小圣阿芒村和大圣阿芒；波特里欧村（Potriaux）、通格尔内勒村（Tongrinelle）、通格尔内讷、布瓦涅（Boignée）和巴拉特尔（Balâtre）则是在左岸。利尼村则正好立足于溪谷之间，其附近还有两座大农场，以及一处古老庄园，还有一座被高墙环绕、墓地包围的教堂。构成普军前沿阵地的，正是这条连贯的溪谷，以及10个坐落其畔

---

① 1法尺约等于32.5厘米。——译注

的战术支点。这些战术支点中，某些是位于南（右）岸的，如大小圣阿芒、拉艾、通格尔内勒、布瓦涅和巴拉特尔；某些是在北（左）岸的，如波特里欧、通格尔内讷；而最重要的一个，也就是利尼村，正好骑在溪流上。

不过，从弗勒吕斯磨坊——也就是拿破仑的视角——望去，普军阵地似乎并不如上述牢靠。皇帝不清楚溪谷的深度，而溪谷谷底也被完全不在视野当中。在他面前，似乎只是一片广阔平坦的庄稼地，其腹地处略为低凹，一处缓坡从此处向地平线尽头延伸——这是标准的博斯(Beauce)地貌①。后来，某个叫西蒙的测绘员被带到拿破仑跟前，他来自附近村落。这个西蒙，将自己权限之内所知的一切全盘托出。截至午间12时，普军做好战斗准备的部队，仅有齐滕的4个旅以及勒德（Röder）的骑兵。皮尔希壹和蒂尔曼的军部，正从松布雷夫、通格尔内讷后方赶来，集结于战场。皇帝估计敌军兵力仅有一个军，他的判断是正确的；不过，他也没被布翁骗到："老狐狸是不会出洞的。"皇帝推测，布吕歇尔如此佯装严阵以待，目的是威慑法军，并为普军之集结，乃至于可能的联军合流争取时间。如果老元帅只想掩护己部的交通线，那么他的阵地应该是和弗勒吕斯公路垂直相交的；但事实上，他将右翼朝瓦涅莱方向延伸了，这表明他企图与布鲁塞尔开来的英军汇合。

皇帝本想当即发起攻击，不过热拉尔的第四军远未抵达战场，这就尴尬了。因而他只能按兵不动。皇帝确信对手只是普军的单个军部，而他手上有旺达姆军、第一及第二骑兵军，而在弗勒吕斯后方，还有预备的帝国近卫军。不过，他还是担心正在向松布雷夫云集的普军主力，因为后者可能会在开战后影响战局。

午后未久，热拉尔与几个警卫提前抵达了前哨线，赶在其军部之前。寻找皇帝时，一行人误入敌军骑兵的射程内。之后，普军发起了冲锋；战斗其间，热拉尔不慎坠于马下。某个副官英勇捐躯，他才得以逃脱追击。热拉尔在磨坊

① 博斯是法国卢瓦河、塞纳河中间的一块适宜耕作的区域。——译注

见到了皇帝，就布尔蒙叛逃一事，他觉得有必要说点儿什么——毕竟自己此前为布尔蒙极力说情引荐他任职。不过，拿破仑直截了当地打断了解释："将军，我告诉你：蓝就是蓝，白的永远都是白的！"

1时过后，热拉尔部纵队的前队终于出现了。该部在早8时之前就已经收到了行军命令。从沙特莱到弗勒吕斯，也不过10公里。然而，热拉尔忽视了头天下午的一道谕令——所部将于翌日移至桑布尔左岸——因而收到行军命令后，热拉尔部的多数部队，只能通过驻地唯一的桥梁渡河。这也就是第四军迟到的原因。

皇帝最初打算攻击瓦涅莱、圣阿芒，借此把普军赶回松布雷夫。然而，当他注意到普军暴露的右翼阵地，旋即改变了想法。计划改为迂回包抄敌军，而不是之前的驱逐。于是，皇帝给内伊下达了新的指示：元帅应当率部据守四臂村及其前沿阵地，等待进军布鲁塞尔的命令。苏尔特在下午2时给内伊的新指令中写道："皇帝吩咐我通知阁下目前的战况，目前敌人在松布雷夫、布里之间集中了一个军的兵力。下午2时30分，格鲁希元帅所部，以及第三、第四军将攻击这部分敌人。皇帝同时也希望，你部也要攻击你正面的敌人，并乘胜追击，紧咬敌人。之后请朝我部进军，并协助我部包围敌军。"

在弗勒吕斯的前沿地带，旺达姆、热拉尔的军部以及格鲁希的骑兵，沿着弗勒吕斯路的垂直方向展开。皇帝又下令，以右翼为基准向左转进、调整接敌面，如此一来，右翼便是第一线部队了。于是，旺达姆军靠近了圣阿芒；热拉尔军则与弗勒吕斯路平行，与利尼仅有1000米之遥；而格鲁希对骑兵的部署，是让后者与布瓦涅垂直，形成丁字形状。至于近卫军与胸甲骑兵，他们由米约指挥，2时之前他们都驻扎在弗勒吕斯的后方，现在得令上前，构成了第二道防线。

2时，布吕歇尔还在同威灵顿面谈。他在比西磨坊上看到了指令的执行，同时也急于完成部署。齐滕军开始进入阵地，此前前线阵地仅由该部的部分兵力把守；施泰因梅茨将4个营调到了拉艾、勒阿莫（Le Hameau，即小圣阿芒），剩余的6个营将负责支援；雅戈（Jagow）旅的3个营前往了圣阿芒，其他的7个营则驻扎在比西磨坊周遭；亨克尔（Henckel）旅的主力负责防守利尼，另有2个营作为预备队；皮尔希贰的旅部以梯队形式布置在了布里、比西磨坊之间。至于勒德的骑兵，除却第一西里西亚骠骑兵团外，都被集中在了利尼-松布雷夫公路北侧的洼地里。而第一西里西亚骠骑兵团，连同一个骑炮连，被派往极右翼的罗马古道监视敌军侧翼。炮兵则被布置在各个村庄间的缓坡上。普军在匆忙之间，于圣阿芒、拉艾、利尼加筑了工事。不过，利尼溪上的桥梁却都未被破除，因为布吕歇尔出于方便进攻的考量，保留了这些通道。

皮尔希壹的军部承担了预备队的作用，他们被部署在了普军的第一道阵线之后，具体位于布里北方、尼韦勒公路上。该军下辖了蒂佩尔斯基希旅（Tippelskirch）、克拉夫特旅（Krafft）、布劳泽旅（Brause）、朗根旅（Langen）和祖尔加斯（Jürgass）的骑兵。普军左翼是蒂尔曼军。所部卢克（Luck）旅和肯弗（Kempter）旅被布置在了波特里欧、通格尔内讷、通格尔内勒和巴拉特尔一带；还有博尔克（Borcke）旅、施蒂尔普纳格尔（Stülpnagel）旅和霍贝（Hobe）的骑兵，则作为预备队部署在松布雷夫-通格尔内讷的后方。

如此声势浩大的布阵，警觉的拿破仑自然看在眼里。2时以前，也就是在普军部署呈现全部兵力之前，皇帝认为敌军至多3万人。现在，普军已延展了正面，他也看到移动中的敌军密集纵队——这一迹象表明，对手是一个完整的军团。毋庸置疑，这场会战将打得艰难。但对于拿破仑来说，他仍是幸运的。当日仍有终结战斗、击败布吕歇尔的可能性。如果计划能得到很好的贯彻，几个小时后，布吕歇尔就会被牢牢钳制住。而届时，内伊将从后方猛攻布里，那么，普鲁士人的棺材板就算钉死了。“3小时内，战局将一锤定音，”皇帝对热拉尔说，“如果内伊正确地执行了所接命令，那么，没有一个普鲁士兵能逃出生天。”3时15分，第二道指令发往了内伊处，较于头道指令，它明显更为紧急：“一个小时前，我曾通知阁下，皇帝意图攻击圣阿芒与布里高地之间的敌守军，现在这一计划即将执行。陛下嘱托，阁下必须立即行动，迂回敌军右翼，并且插入、切断其后方。如果这一机动贯彻彻底，那么整个普鲁士军团在劫难逃。法兰西的命运就掌握在你手中，不要犹豫，率部朝圣阿芒、布里高地进军，立即执行，请。”

正当苏尔特处理这道命令时，一份来自洛博的报告来到了皇帝手中。拿破仑得知，根据雅宁上校的情报，内伊在四臂村正与2万敌军对峙。皇帝估计，如果这2万人拼死抵抗，那么莫斯科瓦亲王就不能如期包抄普军。看来，他的天才战略行将崩盘。这种情况下，他的应对并非如某些人诋毁的那般——自欺欺人地在当日赢得两场胜利。皇帝认为，如果不能彻底打败布吕歇尔或威灵顿，那么就是做了无用功；基于此，他希望在牵制联军的同时，歼灭普军。皇帝认为，内伊单凭雷耶军就能拖住英军，而戴尔隆军将继续执行任务，迂回普军右翼。毕竟这一机动可以取得决定性战果，于是他决定委以戴尔隆这一重任。机会稍纵即逝，必须立马抓住。因而拿破仑直接向戴尔隆下令，命令其部攻击普军右翼及后方。皇帝同时嘱咐福尔班-让松上校，传令的通信官，也要将这一计划告知内伊。

这个当口，皇帝只想集中手头全部兵力，他通知暂时驻扎沙勒罗瓦的洛博，命令其立即率军进军弗勒吕斯。

第二节　旺达姆攻击圣阿芒，热拉尔攻击利尼（下午3时至4时）

战斗打响。3时左右，近卫炮连打出3声炮响，每声炮击之间间隔相同，进攻的号角就此吹响。旺达姆不屑于炮击掩护，径直指示勒福尔（Lefol）师突击圣阿芒。第二十三步兵团的军乐兵奏起了《胜利曲》（*La Victoire en chantant*）。鼓点之下，这个师以三个纵队的队形奔赴前线，每个纵队前都有大量散兵提供掩护。摆在他们面前的，是一片没有任何树木、藩篱的田地，但是一片长满了4-5法尺高的谷物的田地。如要接敌，必须穿过它。这使得行动变得缓慢而艰难；不过，高耸的麦穗对于散兵简直是天然掩护，而其后的纵队也隐没于一片谷海之中。普军炮连发现法军的迫近后，便向其开火。首发炮弹横扫而过，霎时撂倒了排头的8个人。普军其他部队掩蔽得当，要么是潜伏在房屋中，要么躲藏于河堤背面，或是遁入了树篱丛围绕的果园中。勒福尔的士兵前进到距村庄50米时，突击而出扑向敌人。就算射程相当的近，普军的火力也未能打退法军，而后者满腔怒火，一刻钟内便赶跑了果园、房屋、墓地、教堂中的敌人。不过，雅戈部很快在左岸重整了旗鼓，施泰因梅茨也支援了4个营过去，准备反攻；同时，施泰因梅茨旅的炮兵轰击了圣阿芒，数幢建筑燃起了大火。普第二十四步兵团也从拉艾渡溪，试图侧击法军。旺达姆见招拆招，随机命令贝尔特泽纳师（Berthezene）在勒福尔左翼展开；不仅如此，根据先前的谕令，他还命令吉拉尔师攻击勒阿莫、拉艾——该师此前驻扎在汪日尼（Wangenies）。

圣阿芒酣战之际，利尼也交上了火。热拉尔军的佩舍师部也摆出了三个纵队，顶着普军炮火展开了攻势。左、中路纵队扫清了村庄入口的树篱栅栏，但随后被驱逐。普军从老庄园、附近屋舍中朝法军开火，后者的队形因此被打得格外稀疏。右翼纵队是第三十步兵团，该部沿着凹路继续推进，并抵达了另一端的拉图尔（La Tour）农场前。这处农场，高墙环绕，犹如堡垒。守军从中倾出了冰雹般的枪弹，火力之猛甚至远及教堂广场。这个法军团部完全置于枪林弹雨之间，建筑、墓地、溪谷树丛，到处都是射击位。交叉火力瞬间收割了纵队的前几排，20名军官及500名左右的士兵非死即伤。幸存者于混乱中逃出了村落，回到了进军前的位置重整阵势。

随后法军对利尼又展开了两次攻势，但依旧没有取得突破。近卫炮兵调拨了数门12磅炮，借此支援热拉尔的炮兵部队。至此，后者终于补强了火力输出，不仅可以压制敌军炮击，还能展开步炮协同。法军旋即轰击了利尼，房屋应声而倒，跳弹闪烁其间；不少农舍屋顶着火坍塌，随着炮击的持续，利尼全村的不同位置共有10处地点燃起了火灾。维舍里师向佩舍部支援了一个旅，佩舍也再次进攻，第四次攻入利尼。经过巷间、屋舍的鏖战后，整个“上街”终于被法军攻占。

如上文述，利尼村被溪流一分为二。村庄本身由两条主干道构成，后者分列于利尼溪两岸，北岸者谓之下街，南岸者谓之上街。街道之间，有零零星星的别墅、教堂、广场，还有一片宽阔的公共绿地，这片绿地面朝利尼溪而倾斜。普军被逐出拉图尔与上街之后，又在墓地、教堂、广场附近的房屋重构了阵地。顶着凶狠的交叉火力，英勇的佩舍部继续推进。一些士兵冲入建筑，一些则爬上了教堂的围墙。另有大批普军，借着教堂据点的掩护，业已重整了队列。他们趁着这个关口，朝法军发起了冲锋，接着便是混战。教堂广场过于狭小，交战双方拥挤一隅。随着白刃战的不断升温，战事最终演化为一场血腥屠杀。敌我不吝杀手，没有丝毫怜悯。咫尺之间，枪弹飞梭、刺刀相交、枪托肉搏、拳拳到肉。“双方彼此杀戮时，似乎是仇恨在驱使他们，”某普军军官回忆道，“任何人都将面对的一切敌军当作死敌死斗，因此一旦杀了对方便欢欣鼓舞。没有人试图逃跑，也没有人乞求饶命。”

法军坚如磐石，最终动摇的还是普军。放弃了民舍、教堂、墓地后，普军的秩序已然崩溃，他们通过利尼溪上的两座桥向后退却。法军乘胜追击，端着刺刀紧跟了上去。因而，不少普军士兵被赶到了泥泞的溪床上。撤到对岸的普军本已溃退，不过亨克尔派出了手上最后的两个生力营，前者得到后者增强后恢复了秩序，企图固守北岸。凭借树篱、岸边柳树的掩护，他们进行了射击；还有些普军士兵利用下街房舍、左岸农场的枪眼，在他们战友的头顶上开火。这一火力十分有层次，即便如此，法军第三十、第九十六步兵团还是突破了桥头。普军射手因而被驱赶进入民舍内。不过，雅戈很快便提供了增援，亨克尔得到了4个营的增强。得益于此，普军将法军逐回了右岸，还是试图过桥追击。眼下轮到法军打桥头阻击战了。溪流两岸硝烟弥漫，在不足4米的距离内，敌我双方枪战不止。长时间的枪炮交火，难免引起了火灾。此时，一场暴风雨正在酝酿当中，加上火灾的作用，因而天气变得十分闷热。战斗充斥着咆哮，当中掺夹着惨烈哭喊，这是那些被遗弃在废墟里的伤员被活活烧死时所发出的。

第三节　布吕歇尔的反击（下午4时至7时30分）；法军侧翼出现的纵队，疑似敌军；格鲁希对普军左翼的攻势；圣阿芒与利尼的鏖战

4时左右，战火继续向西延伸。吉拉尔师对勒阿莫、拉艾实施了突击。这波攻势相当坚决果断、迅猛神速、酣畅淋漓；在此之下，普鲁士犹如惊弓之鸟，未放一枪一弹便夺路而逃。布鲁歇尔自认为阵线中央、左翼较为牢固，眼下只见右翼大有被迂回绕后之势，他决定组织一次强有力的反击，借此扭转不利局势。对于老元帅来说，右翼阵地是必要的，无论多大代价都应保住——因为在这个方向，可能会开来他所观注的联军，他企图在此与联军汇合。因而，布鲁歇尔毫不犹豫投入了预备队。齐滕军目前唯一未参战的部队，皮尔希贰旅部，将从布里向拉艾、圣阿芒进军。与此同时，皮尔希壹军的于尔加斯骑兵部、蒂佩尔斯基旅——总计47个中队、9个营——将进军瓦涅莱，将对法军侧翼施以重拳。

吉拉尔师部已从拉艾突破而出。施泰因梅茨旅重整完毕，业已在圣阿芒又夺下了数个立足点。正当吉拉尔对施泰因梅茨的侧翼展开行动时，皮尔希贰旅部以营纵队队形，对法军发动了刺刀冲锋。生力军压前，吉拉尔部难免有些吃不消，因而撤回了拉艾。经过一场顽强的抵抗后，法军还是不得不放弃了半个村庄。但这支法军的指挥官可是吉拉尔，因而颓势没有持续太久。吉拉尔手持利剑，在村庄街道上重组了部队；随后他身先士卒逆着枪弹，带着之前减员惨重的各个营部进行了反击。其间，吉拉尔受了重伤。法军再次将普军打回利尼溪左岸，他倒下之前有幸见证了这一幕。

于尔加斯、蒂佩尔斯基的迂回攻势，收效还不如皮尔希贰的反击那般成功。在瓦涅莱方向，旺达姆布置了多蒙的骑兵与阿贝尔师作为预备队。阿贝尔又将两个营以散兵部署，隐匿于一片作物之中。蒂佩尔斯基纵队的先锋营没有侦察，便以行军步伐推进；结果埋伏的法军向其打出了精准、持续的火力。这个营慌乱之中渐而溃退，并且影响到了后面的各个营部。这些营部当中有很多新兵。阿贝尔没有迟疑，便率军上刺刀，向这些四分五裂的敌军冲锋而去，并一举将后者赶回了瓦涅莱。至于于尔加斯部，由于被多蒙的骠骑兵机动所蛊惑，竟笨拙地毫无作为。

前线酣战之际，布吕歇尔离开了比西磨坊，他打算亲自指挥进一步的行动，以便达成所期望的辉煌战果。当他抵达拉艾的射程范围内时，正是猛将吉拉尔垂死一击、皮尔希贰败走撤退那会儿。这些败兵还未喘息片刻，布吕歇尔便命令皮尔希贰率领他们重返前线，要不惜一切代价夺回村庄。“前进元帅”现身行伍，普军明显受到了鼓舞，他们欢呼着越过溪流，上好刺刀再次冲入了拉艾。此时，吉拉尔师的兵力已从5000人减员至2500人，指挥官重伤，两个旅长也负伤撤离战场。眼下，这支部队由第八十二步兵团的马蒂斯上校指挥，背水一战。尽管兵力完全处于劣势，不过法军且退且战、持续抵抗。他们缓慢地在建筑间、果园间、树篱间撤退，直至撤回勒阿莫。在此法军整顿了支离破碎的建制，等待着敌人再启攻势。不过，普军也不得不中止了追击，因为蒂佩尔斯基被赶回了瓦涅莱，那条战线上的法军在圣阿芒立住了脚跟，况且半个利尼已被夺走。施泰因梅茨部此时已减员至半，布吕歇尔只能将他们从圣阿芒撤出。此外，他还得支援苦战利尼的亨克尔旅，为瓦涅莱的蒂佩尔斯基希部重整争取时间。为了达到预期战果，布吕歇尔只能压上皮尔希壹的剩余部队。

返回皇帝这边，他从战前就开始策划准备着最后一击。眼下是5时30分，发令给内伊是下午2时左右。如果一切按计划行事，他预计6时左右普军后方会传来低沉炮吼，那应该是发自元帅的；之后，他将出动自己完整无损的预备队，直捣敌军中阵。这支生力军将打穿阵线，切断普军通往松布雷夫的交通线，随之将其逼到旺达姆的刺刀前、内伊的铁蹄下。齐滕与皮尔希壹两军共计6万人，都将无一幸免、全歼至殆。

近卫步兵、骑兵，以及米约的胸甲骑兵部队已经准备就绪。这个当口，旺达姆的副官送来了一份加急消息：距离法军左翼4公里，有一支神秘的敌方纵队出现了，兵力约两三万；该部正朝弗勒吕斯进军，试图迂回法军。旺达姆补充说，发现这支虎视眈眈的纵队后，吉拉尔师已经放弃了拉艾——如果预备队无法及时上前阻击，他本人也将被迫撤出圣阿芒。

拿破仑大吃一惊，和旺达姆一样，他起初也以为内伊根据上午8时的命令，向马尔拜派出了一个师，也就是这个神秘纵队。然而，一个师不可能具备2万至3万人的兵力，而如果他们是从维莱尔-佩尔文（Villers-Perwin）以南开来的话，那他们肯定不是从马尔拜方向来的。那么，是否有此种可能：根据2时发出、3时重申强调的命令，内伊率所部全军赶来了？或是戴尔隆依照3时30分的命令，率领第一军增援而来？但，无论内伊还是戴尔隆，他们收到的命令都是朝圣阿芒高地前进，从而破袭普军后方——但定不是径直前往弗勒吕斯，这种行动只能破坏皇帝的计划，内伊、戴尔隆都不会犯此种低级错误。此外，旺达姆言之确凿，认定出现的是敌军纵队——那么，它要么是从内伊右翼绕道而来的英军，要么是途经罗马古道、维莱尔-佩尔文回旋机动而来的普军。皇帝随即派了一个副官前去一探究竟，同时叫停了近卫军向利尼的进军。近卫军奉命根据早先的部署，返回了弗勒吕斯磨坊前沿。迪埃姆的青年近卫军，以及近卫猎兵的第二、第三、第四团，两者被从中抽调而出，他们以加速步伐前往协助旺达姆。

不过，增援起效还得要些时候。眼下，旺达姆军还未缓过神来，神秘的“敌军”纵队引起了相当的恐慌。为了阻止士兵逃跑，勒福尔甚至被迫调转炮头，对准逃兵。当下他们还得去应付来自几乎整个普军右翼的攻击。快到6时，普军的预备炮连也加入了战斗，为即将进行的进攻清理道路。蒂佩尔斯基希的旅部自瓦涅莱杀出，直奔勒阿莫；在他们右翼，于尔加斯的众多骑兵提供了掩护。波美拉尼亚第一步兵团的散兵打出了凶猛的火力，没过多久随身弹药便被打光了，还得让在左翼掩护他们的骠骑兵慷慨解囊。在布劳泽，皮尔希贰还有生力部队。他们在部分克拉夫特旅的支持下，从3个不同的方向攻击了圣阿芒。现在轮到法军后撤了。吉拉尔部的营部大多已支离破碎，只能放弃了勒阿莫；勒福尔、贝尔特泽纳也放弃了圣阿芒北部的所有阵地；阿贝尔也迅速回撤，回到了村子左侧、战前部署的位置。布吕歇尔已经返回了指挥部，他在比西磨坊上见证了普军官兵的成果，满心欢喜。他大可以放心，弗勒吕斯的公路已尽在掌控。过不了多久，他还可以毫无约束地从侧翼攻击法军预备队。他谋划已久的攻势，将如期展开。

这个节骨眼上，迪埃姆的青年近卫军以冲锋步伐赶到了战场。迎面而来的是正在败退的阿贝尔师，青年近卫军穿过友军后，以满腔热血攻击了蒂佩尔斯基希部。后者在承受了巨大伤亡后，一部分逃回了勒阿莫，另一部分则遁入瓦涅莱。由于多蒙的骠骑兵，以及刚奉命从右翼赶往左翼的枪骑兵——该部由阿方斯·德·科尔贝（Alphonse de Colbert）指挥——的牵制之下，于尔加斯的骑兵仅能掩护蒂佩尔斯基希的撤退，对于青年近卫军束手无策。值得一提的是，百折不挠的吉拉尔师再次反击：第十一、第十二轻步兵团，以及第四、第八十二步兵团，他们再度突击了勒阿莫，第三次拿下了勒阿莫，赶跑了普鲁士人。勒福尔与贝尔特泽纳也把皮尔希贰赶出了圣阿芒。现在，法军控制的阵地远及拉艾边缘的建筑。“这支军队真是可怕。他们早已不是奥布畔阿尔西的颓败之师，这是一支英雄或魔鬼的军团。”

格鲁希的骑兵已经在右翼占据了通格尔内勒；于洛的步兵正在猛攻波特里欧。利尼好似一座大熔炉，双方英勇的官兵一如金水，彼此正慢慢熔为金水。热拉尔已经将维舍里师的第二旅——他最后的预备队——投入到村庄的争夺中。另一方面，克拉夫特旅的大部分部队也撤了下来，布吕歇尔用亨克尔旅取而代之。生力军的加入，使得战斗愈发激烈残酷。为了争夺教堂、墓地、下街、农场、洛茨庄园，双方你来我往，不断蹚过溪流。洛茨城堡虽已燃起熊熊大火，但仍有两个西里西亚射击兵连坚守于此。许多士兵业已筋疲力尽，瘫倒在地。克拉夫特已然绝望，认为根本守不住了。发给格奈泽瑙的信件中，他称，自己和雅戈快要在利尼被法军包围了。格奈泽瑙回复道：“再坚持半个钟头，英军即将抵达战场！”这究竟是自欺欺人，还是弥天大谎？这个时候，米夫林的急件应该已经或快要来到布吕歇尔手上，米夫林通知：威灵顿已经和一个完整的法国军团交上火了，哪怕一个中队都腾不出手支援普军。

布吕歇尔毕竟见得多了，拥有“大心脏”的他并没有气馁。正如格罗尔曼委婉指出的那样，米夫林的信件确实带来了“令人不安的消息”；不过反过来看，这证明了普军并不是和拿破仑的全部军队对垒，因而布吕歇尔也不需要担心背袭——因为威灵顿已经牵制住了布鲁塞尔大道的那个法军军团。布翁同时也收到了皮尔希贰与蒂尔曼的报告，两者都表明了法军似乎放缓了攻势。布翁在比西磨坊也看到了老近卫军的行动：先是前进了一段距离，尔后折返回了初始部署位置。这一折返运动，也反映了拿破仑的犹豫。如果不想错失良机，那么眼下必须展开行动。布吕歇尔依旧自信满满，他认为只要守住中央阵线，击溃法军左翼，那么即便没有联军协助也无妨；而他的将军们只要守住利尼就行了，剩下的由他亲自完成。因而，他在布里与比西磨坊附近留下两个守备营部后，将预备队也投入了战斗。朗根旅的一部分奉命出发，前去支援苦战利尼的雅戈和克拉夫特；蒂尔曼也收到了命令，于是他将施蒂尔普纳格尔旅也派给了利尼方面。布吕歇尔年已73岁，但依旧活力无限。朗根余下的几个营，以及施泰因梅茨的疲惫之旅（5时后撤至第二线），都在布翁亲率之下向圣阿芒杀去。

进军途中，布翁集结了所有溃逃的部队，有的是一个连，有的是一个排，也有成群的散兵游勇。布吕歇尔带着手下的7个（或9个）营，同布劳泽、皮尔希贰、蒂佩尔斯基希等部汇合——这些部队业已疲惫不堪——并下令展开新一轮的攻势。“我的人已经打光了弹药，也扒光了尸体的弹药包，”皮尔希贰报告说，“现在他们连一发弹药都没有了。”“不还有刺刀吗？！”布吕歇尔大吼回应。他挥舞着军刀，骑跨着英国摄政王赠予的白色宝马，马刺一踹、身先士卒，带领着再受鼓舞的士兵冲向敌阵。这群勇敢的士兵用仅存的气力使出了最后一搏，他们成功夺取了勒阿莫。但当面对勒阿莫左侧的第二、第三、第四近卫猎兵团时，他们却乱了阵脚；近卫白刃之下，他们只能夺路而逃。

混乱之中，普军退回了拉艾。布鲁歇尔希望至少能够在当前阵地过夜。他觉得战斗应该结束了，因为黑幕降临。但，夜晚远未到来。时逢夏至日前后，眼下又是7时30分。实际上太阳仍高悬于地平线之上。所谓暮色，其实即将到来的博风雨。黑云压境，整个战场被覆盖其下。雷声低吼而至，倾盆大雨注下。隆隆雷鸣，终究把炮击嘶噪盖过，从天而降的轰炸直指利尼。

第四节　最后的突击（晚7时30分至9时30分），夺取利尼，丘陵间的搏斗，普军撤退

至于那支神秘纵队的情报，则经由相关副官回禀给了皇帝；原来，出没维莱尔-佩尔文一带，又朝旺达姆侧翼前进的，确为戴尔隆部——拿破仑本应该料到的。说来，战争当中是存在某些问题的，如错误的调遣、对指令的误解、与计划相悖的行军方向等。但拿破仑并未考虑这些，神秘纵队实在令他不安；该纵队为戴尔隆部的可能性，他也不曾考虑到。倘使他没乱了思绪，镇定如往，之前的战术安排仍然可行：侦察副官出发前，假使他考虑周全，命其若探明纵队为友军，即通知后者迅速调整方向，以便挺进迂回普军右翼——但拿破仑实际上并没如此安排。而当那个副官回禀时，他便意识到战机已误，预期机动破产了；不能坚持原计划，因为代价是浪费两个钟头的时间。同时，皇帝得知，第一军正在撤离——这样的动作，莫非是因为内伊的召回，而这又暗示了他正处困境？也有可能，戴尔隆发现了路线的差错，继而根据福尔班-让松的指令，转而朝瓦涅莱以西进军，试图切断普军的退路。

无论战术执行者是误解了命令，或是行动不利，还是根本未及展开行动，

拿破仑肯定不能指望左翼的联合作战了；不过，他也解除了疑惑，至少没了潜在威胁，他的侧翼也免于了袭扰。如此一来，他便能放开手脚大干一场。虽说下午的时间已所剩不多，也打不出决定性的战略胜利了，但拿破仑仍有机会、有时间去打赢眼前的会战，并驱逐布吕歇尔，让他与威灵顿不能接触。因而，皇帝当即做出了决定，下达最后突击的命令。预备炮连们开始炮击利尼。此间，老近卫军也列成了纵队，准备就绪只待战斗；御前中队、近卫重骑兵，还有米约的重骑兵，也进入了相同的状态。至于洛博军部，正从弗勒吕斯的街道中蜂捅而出。炮击骤停，霎时，裹挟着“皇帝万岁”喊声的兵阵澎湃而起；军队冒着温热的雨点，开始了对利尼的挺进。近卫军一分为二，是为两个纵队：其一（第二、第三、第四近卫掷弹团）从西侧杀入了利尼，其二（第一近卫掷弹团、第一近卫猎兵团）则是由东向西展开攻势。热拉尔率部身先士卒，其麾下的佩舍、维舍里师蹚过了利尼溪，并赶跑了据守下街农场、左岸建筑的普军。雅戈、克拉夫特旅部的残兵，连同朗根的各个营部，试图在离洼地最近的斜坡上重整队列。但是，在第一近卫纵队的支持之下，佩舍、维舍里师部已经从利尼村中杀了出来；紧接着，第一近卫掷弹兵团、第一近卫猎兵团连同其后方的米约胸甲骑兵部，也从村子的右侧袭来；而在村子左侧，皇帝躬亲临阵，将御前中队、近卫重骑兵投入了战斗。普军此时开始全线崩盘。向达武描述法军疾如雷霆、摧枯拉朽的攻势时，苏尔特如此写道：“就像剧间换幕一般。”

布吕歇尔自拉艾飞驰而来。此时，雨已停、风云散。夕阳的最后一缕余光，照亮了布里高地。布翁从此地望去，只见所部全线溃败。被撕开的战线缺口处，他看到了老近卫军的熊皮帽，他看到了高塔般的近卫掷弹骑兵，他看到了准备冲锋的近卫龙骑兵，他看到了烁烁银光——此乃是米约麾下的3000名胸甲骑兵。

这个老头，根据格罗尔曼少校的说法，“能还手就绝不认输”。为了阻止法军的推进，他寄希望于担任预备队的勒德所部骑兵，后者部署在布里和松布雷夫之间：6时，被从利尼撤出的亨克尔旅残部和由蒂尔曼军分遣出的博尔克旅和施蒂尔普纳格尔旅。不过由于对命令被领会的不到位，亨克尔已经非常接近松布雷夫，而施蒂尔普纳格尔旅和利尼之间还有很长的距离。至于博尔克旅，蒂尔曼不想在正面被格鲁希压制时，失去他最后的预备队：于洛师已经攻占了波特里欧，正在威胁着松布雷夫；埃克塞尔曼斯的龙骑兵（比尔特旅）打败了洛图姆（Lottum）的骑兵，并夺得了他们的火炮后，正在朝那慕尔路进发。勒德的32个骑兵中队是他手中仅有的可用之兵。布吕歇尔骑马来到他们身边，下达了冲锋的命令。吕措，因1813年战役而荣誉满载的原游击队指挥官，率领第六枪骑兵团杀向了一个因服装各异让他认为是由国民自卫军组成的方阵，而他们实际上是第四近卫掷弹兵团。枪骑兵们在近距离遭到了近卫军的排枪射击，总共有83个人中弹落地。吕措本人也翻身坠马，成了法军俘虏。第一龙骑兵团与库尔马克第二民兵骑兵团的冲锋，勃兰登堡枪骑兵团和王后龙骑兵团的冲锋以及勒德所有的中队的联合发难也都无功而返。一些冲锋被接替热拉尔，组成法军第一线的近卫军击退，或是被近卫龙骑兵和米约胸甲骑兵粗暴的反击所瓦解。夜幕降下之前，普军和法军骑兵你来我往地在高地的斜坡上混战，而在他们的后面，继续维持方阵队形的近卫军则缓慢却稳健地朝比西磨坊推进。

（这一期间）布吕歇尔的坐骑中弹身亡，倒下过程中它将七十多岁的老帅重重地压在了身下。和他一同冲锋的副官诺斯蒂茨（Nostitz）见状后翻身下马前往协助他。他们发现自己正在法军第九胸甲骑兵团的重重包围中，后者刚刚击退了普军骑兵，不过由于夜色的掩护，胸甲骑兵在通过时并没有发现受困的两人。几分钟后，胸甲骑兵又被普军骑兵的反击所逐退，再次经过两人时几乎就将他们踩踏，不过依然没有察觉到这两个高级军官。诺斯蒂茨叫来了几个普鲁士龙骑兵，在他们的帮忙下，伤痕累累并处于半昏厥状态的布吕歇尔被从他坐骑的尸体下拖了出来。他被扶上了一个中尉的马匹，随着逃亡者的洪流驶离了战场。逃兵的数量不可胜数，仅仅在第二天被拦在列日和艾克斯拉沙佩勒（Aix-la-Chapelle）的就有8000人。

普军中路被彻底撕开和粉碎了，除了少数几个营英勇地抗击德洛尔（Delort）那没有获得米约军余部支援的胸甲骑兵师外，其余的普军步兵都狼狈地逃离了战场。多亏了勒德孤注一掷的冲锋，从某种程度上来说，他们减缓了法军的进军速度，让克拉夫特、雅戈和朗根得以拯救他们的部分火炮，并将麾下各旅的残部在松布雷夫和罗马古道之间收拢。虽然布吕歇尔的中路被击穿了，但是他的两翼还是被牢牢地攥在手中。齐滕和蒂尔曼直到得知利尼被放弃的消息后才开始撤离。普军（右翼）在拉艾周围集结，缓缓后撤的同时他们一直占据着高地的制高点，并在旺达姆的步兵迫近后时不时地发起冲锋。黎明过后，他们的后卫才从布里撤离。蒂尔曼军则在夜间以一支强大的分遣队占据着松布雷夫，余部向其后方撤离。到了9时30分，布里-松布雷夫一线依然有散兵在交火。

11时，皇帝返回弗勒吕斯，近卫猎兵的第二团、第三团和第四团也被从圣阿芒撤出。除了这3个团和预备炮兵外，法军余部在利尼河的左岸扎营：没有参加战斗的洛博军在比西磨坊附近构成了法军的第一阵；旺达姆军在拉艾之前；热拉尔军、老近卫军和近卫骑兵在利尼的后方；米约的胸甲骑兵则在村庄的右面；于洛师和格鲁希的骑兵在通格尔内讷、波特里欧和松布雷夫之间。面向布里和正对着松布雷夫的法军前哨发现他们完全在普军后卫的步枪射程范围之内。法军发现自己距离敌人是如此之近，以至于处在第二线的近卫掷弹兵都没有生火，继续维持营方阵的队形宿营。

在夜间，运离伤者的工作开始着手实施。不过救护车辆是如此稀少，组织又是那么糟糕，以至于不可能完成这一任务。在战场上的村庄和旷地就像一个真实的停尸场，那里总共躺着12000名普鲁士人和8500名法国人，或死或伤。

第三章
四臂村会战

第一节　内伊元帅的无所作为（6月16晨间），谕令的反复重申

内伊早已收到多封加急谕令，光是16日一天之内，此类急件便达9封。此时，他行事拖沓、小心谨慎，甚至还有些迟钝。正如拿破仑后来在圣赫勒拿岛的点评："内伊已不复当年之勇。"作为皇帝的左膀右臂，内伊是最为满腔热血的一个；好些场战斗中，例如耶拿、克拉奥讷，他未到约定时间便提前发起进攻。现在他却大改了作风。

头天时候，内伊出于战略上的顾虑，仅朝四臂村方向分兵些许。这支部队力量过于薄弱，无法攻占那里的阵地。而前晚所浪费的时机，他也没在16日晨间设法补救。老实说，在发动攻势前，等待皇帝指令的做法或许是对的——但即便如此，也应准备妥帖，以便执行即将下达的首道命令。当时，内伊的部队正以梯队队形，从弗拉讷向蒂安进军，行军队伍连绵达28公里之长。本来在拂晓时分，内伊应当将巴舍吕、热罗姆·波拿巴、富瓦三师部，以及全部骑兵，集结于弗拉讷；同时，他也该将戴尔隆军部召往戈斯利——这些工作，早9时

前便能完成。而未提及的阿利克斯师部，两个小时后也将汇入内伊部。如此一来，接到首道谕令时，即9时，内伊便能进入战斗位置，只待攻克四臂村。此种情况下，他麾下有：19000名步兵、3500名骑兵、64门火炮以及20500人的预备队。然而事实并非如此，元帅并未进行任何的相关安排。他的部队依旧分散，士兵仍在营地之中，行事迟缓，消极地等待谕令。

早6时30分，苏尔特的第一份信件送达了内伊处。虽然，这封信件并未直接说明行军指令，但明确地提醒了指挥官，要让部队做好准备等待出发。苏尔特还知会了胸甲骑兵（克勒曼部）抵达戈斯利的消息，同时还过问了第一军是否朝该地移动的情况。至于内伊是否应当沿着布鲁塞尔大道进军，这一点还未确定。不过，皇帝若打算召回内伊至左翼，那么他显然是不会给后者支援8个重骑兵团的。内伊并未意识至此，他仅一板一眼地回复了苏尔特的疑问。7时，他动身前往弗拉讷，但却没让雷耶部做好行军准备。后者收到了前者的指示："如果我不在场时，谕令到了，你便即刻执行，并要将之转达给戴尔隆伯爵。"

从戈斯利到弗拉讷，内伊仍旧一如既往，行事略为消极、粗心大意，甚至连敌军位置，他也没有试图探明；他也未曾对四臂村进行武力侦察、探探虚实。不仅如此，无论军务、前线情况，内伊也没做好交流和处理报告。德努埃特、阿方斯·德·科尔贝中的一人，已经明确报告道，荷兰部队在晨间正面展开、前移了位置，似乎已经得到了支援。6时，荷兰散兵已把法军散兵赶入了拉于特（Lahutte）的树林中。尽管这次前哨战斗后，双方进入时断时续的射击之中，但如此一来，敌人便明确了其总体部署的意图：固守四臂村。内伊没有往这方面考虑，在他看来，这些不过是负隅顽抗、掩护撤退的行动罢了；法军最多是与"昨日被我们打成稀巴烂的一小撮日耳曼佬"交战。

直到11时，首道谕令由弗拉奥捎来时，内伊才改变了想法。谕令要求他攻占四臂村，因而内伊立即口述了指令："第二军立即动身去夺取阵地。第五师去抢占热纳普后方的高地；第九师留在第二线，部署于博特尔勒兹的左右两侧；第六师、第七师承担攻占四臂村的任务。戴尔隆的3个师要进驻弗拉讷；其右翼师部与第二骑兵师应在马尔拜建立阵地；第一骑兵师掩护行军，同时承担布鲁塞尔方向与我军侧翼的侦察任务。瓦尔密伯爵的2个师应在弗拉讷、里贝希厄建立阵地。近卫轻骑兵留守目前驻地，弗拉讷。”这道命令，仅仅交代了行军要求，而并非意图进行作战准备。内伊的意图很简单——兵不血刃地夺取四臂村，他估计最多只会遭遇短暂的抵抗。内伊仅仅是重复了谕令——而拿破仑也认为布鲁塞尔路是无人设防的——但，两者的区别在于，内伊身在前线。

问题还不止这么严重。雷耶之于内伊，相当于内伊之于拿破仑。雷耶也是个糟糕的副手。本来，在内伊的计算中，谕令一到其将领就应立即付诸行动。而当弗拉奥途经戈斯利，也就是上午10时，雷耶就已收到他所传递的军令。此时，雷耶正困扰于吉拉尔将军的报告；慎重起见，此公决定还是先待顶头上司的命令传来，再准备行动。雷耶致信内伊道：“关于您即将收到的谕令，其内容已由弗拉奥将军告知于我。然而，吉拉尔将军方才报告说，有两支部队正从那慕尔方向开来，他们的前卫已经抵达了圣阿芒，每支部队均配有6个营部。我会让军队做好行军准备，只等您的指示。指示传达我处，并不费时，因而也不会有长时间的延误。”

所谓“并不费时”，实际上要花上两个钟头。而雷耶收到内伊的回复指示时，已是正午，此时所部才动身出发。至于其先锋部队抵达弗拉讷时，已经是下午1时30分了。期间，内伊收到了参谋长发来的新信函，它重申了之前的要求——但并无效果。此时，内伊手上只有1个步兵营，以及近卫猎骑兵、近卫枪骑兵，必须等待雷耶的步兵抵达才能发起攻势。不过，内伊仍认为时间充裕、敌人薄弱，足以轻松地攻打四臂村。

说来，奥兰治亲王手中的牌面，目前确实只有佩尔蓬谢的一个师（7800名士兵，14门火炮）；但他意识到了四臂村的战略重要性，因而决定在英军来援前不惜一切代价守住它。

四臂村这个小村落，易守难攻，由3座大型农场以及2处建筑构成。它坐落在沙（勒罗瓦）布（鲁塞尔）公路、那（慕尔）尼（韦勒）公路的交叉点上，周遭地形复杂、高低起伏。东侧的那尼路上，地势隆起，继而形成了一个天然的堑壕；皮洛蒙农场正坐落于前，宛如棱堡一般。四臂村西南方向的道路，则由皮埃尔蓬农场、博叙的灌木丛掩护着，全程绵延2公里，位于沙布路的左侧。除此之外，还有海米奥库尔（Gemioncourt）农场，它坐落于四臂村南方2公里处，地势近似山谷，靠近大路附近，也是一个防御工事。

一个兵力不足8000人的师部，显然无法控制这个正面宽度为3公里的阵地，但佩尔蓬谢为诈住法军以拖延其进攻时间，大胆地分散了兵力。佩氏沿着那尼路将2个营、3门火炮部署在了四臂村，以此作为预备队。左翼，1个营及5门火炮驻守于海米奥库尔的前方，另有1营进驻了该农场；皮埃尔蓬的前方、博叙林地的东边则是右翼，此处部署着4个营与1骑炮营。

第二节　雷耶军的攻势（下午2时），威灵顿回到四臂村，第一批英军增援抵达（下午3时），不伦瑞克公爵的殒命（下午4时30分）

下午1时30分，雷耶率领着巴舍吕师部的先锋，与内伊汇合。“博叙林地里没有任何敌人，”元帅说道，“我们必须当即夺取它。”然而雷耶却不思进取，如是回复：“眼下战况，英军有可能会与西班牙诸战役般，一直按兵不动、暗中待机，等时机有利时方才现身。在我部全军抵达前，应谨慎按捺住此间兵力。”“胡说八道！”内伊不耐烦地回道，“这里只要两个腾跃兵连就能拿下。”

下午2时左右，其他部队以营纵队队形开始从弗拉讷赶来。巴舍吕部的行军路线居于公路右侧，富瓦则是沿着公路及左侧的路线前进。皮雷的猎骑兵掩护着巴舍吕部侧翼，所部枪骑兵，则位于两个步兵师部的间隙后方。至于二线部队，近卫骑兵以纵队沿大道进军，克勒曼的第一胸甲骑兵旅位于其左方。热罗姆·波拿巴所部，已然在戈斯利与弗拉讷的途中；与此同时，根据内伊命令，克勒曼其他的三个旅占领了里贝希厄的阵地。这时，元帅仍按耐不住意图进攻，但雷耶的先前所言仍让他困扰不已；他反而也认为，目前的兵力是不足以夺取阵地的，因此决定集中火力攻敌左翼（根据内伊的看法，如果皮埃尔蓬、博叙守军看到侧翼被迂回，便可能撤退；但这个时候，伯恩哈德亲王已确保了通往乌坦勒-瓦的道路的安全，因而无后顾之忧，可撤回四臂村）。一轮短暂的炮击后，内伊集结了巴舍吕师部、皮雷部骑兵以及雅曼的（富瓦师）第一旅，将之投入皮洛蒙方向的攻势；戈捷的（富瓦师第二）旅则暂时充当预备队。巴舍吕、皮雷手下的步兵、骑兵，穿梭于拉于特与公路间的灌木丛中，直指皮洛蒙。由于寡不敌众，第一线的荷兰部队无法对抗这次攻势；巴舍吕不费吹灰之力，便驱逐了皮洛蒙的第二十七猎兵营。

当法军抵达莱拉勒（Lairalle）农场附近的高地后，富瓦亲率雅曼旅，带头攻击敌左翼纵队，并迫使第二纳塞营撤退，还击溃了海米奥库尔来援的第五民兵营。这些民兵在道路西侧重整了队形，接着撤入了博叙的灌木丛中。内伊命令皮雷的枪骑兵继续追击直至击溃退兵。因此，奥兰治亲王陷入了胶着的追击战中，性命危在旦夕，只能策马绝尘飞奔，他的一个副官负伤被俘。法军已成为先头阵地的主人，只剩联军右翼伯恩哈德的4个营还未交战。

下午3时左右，威灵顿已经从比西磨坊回来了，只见战况严峻。不用多久，四臂村将为富瓦、巴舍吕收入囊中。在四臂村南方，富瓦已经开始了进攻；至于巴舍吕部，也即将从东面攻来。诚此千钧一发之际，联军等来了援军。默伦的第二轻骑兵旅，沿着尼韦勒路赶来了；还有皮克顿的第五步兵师，该部的路线则是布鲁塞尔大道。

威灵顿感到左翼亟须抢救，此方向的守军几近崩溃。固守皮洛蒙的巴舍吕部自然对之虎视眈眈。皮克顿实施了一次英勇的行动，扫清了那（慕尔）尼（韦勒）路。联军在此的一线阵线，由肯普特、帕克的旅部构成，他们半跪藏匿于谷地之中；汉诺威旅则依凭路堤掩护，构成了第二条战线。

在英军部署的当口，进击的富瓦纵队摸上了前，后者的散兵已近逼四臂村。针对此种战况，奥兰治先下手为强，发起了两次骑兵冲锋。第一次亲王亲率骠骑兵展开行动，第二次则换成了龙骑兵。未及法军步兵动手迎击，皮雷的枪骑兵就抢先摧毁了英军的步兵阵线，英军步兵被赶到了十字路口的对过。如此一来，威灵顿被打压到了大道一带。接着，枪骑兵向右翼直插海米奥库尔，又打败了1个民兵营，缴获了8门火炮。

与此同时，博叙森林南侧的战斗也打响了。下午3时，热罗姆师从弗拉讷方向赶到了阵地，内伊立即将之投入到皮埃尔蓬方向的攻势；同时，戈捷旅也与富瓦的部队合流了。联军被逐出了皮埃尔蓬，转而遁入树林，法军散兵迅速跟进。树林中的推进异常缓慢，一方面联军在此有效设防；另一方面，斜枝横桠、蒙络摇缀，法军需要克服方能前进。

酣战之间，约莫4时前，内伊收到了苏尔特2时的信件。信中要求，内伊需要尽快击败敌人，然后挥师布里，切断普鲁士人的后路，进而合围。终于，内伊洞彻了皇帝的心思，也理解了四臂村在地理上无可比拟的重要性。他马上命令全军出击。巴舍吕进逼联军左翼的皮洛蒙。热罗姆命令苏瓦旅进入博叙森林；博蒂安旅则在公路与森林之间进军，以攻击方才赶来的不伦瑞克军队，后者也是来支援威灵顿的。这波联合攻势，联军的右翼、中部阵线只能畏缩后退；苏瓦旅几乎占领了整个博叙树林，此处的守军已被一路赶回乌坦勒-瓦；至于四臂村方面，联军只有一个营依旧孤守村北一隅。法军左翼，是出击的富瓦师、博蒂安旅，他们击退了不伦瑞克的黑色骑兵。后者由不伦瑞克公爵亲自率领，冲锋撞向法第一轻步兵团的刺刀铁壁。结果混战之中，不伦瑞克的弗里德里希·威廉，也就是公爵本人，腹部中弹，他之后被搀扶进了四臂村内的一间屋子，当晚含恨殒命。他的父亲，便是著名的《1792年宣言》作者，在奥尔施塔特重伤阵亡。父子两代，前赴后继，誓与“法贼”不共戴天。

海米奥库尔高地与俯视那尼路的丘陵之间，有一处洼地，法军右翼的巴舍吕纵队已经穿过了此处。当纵队爬坡之时，他们还不清楚作物之中，藏匿着皮克顿的一线部队；前者遭遇了后者近距平射的火力。法军停止了进军，并开始动摇；皮克顿见机可乘，趁热打铁命令肯普特旅发起了一轮刺刀冲锋。法军被一口气赶回了皮洛蒙附近。然而，巴舍吕在此地部署了预备队，师部炮兵与第一百〇八战列步兵团。炮兵和步枪兵，动身向前进中的英军移动。接着，法军宣泄了屠杀般的枪弹浪潮，英军不得不停止前进，并试图回到初始阵地。英军撤退只是因为，皮雷师的第一、第六猎骑兵团展开了追击，歼灭了不少散兵。不过，英军立马组成了方阵，用齐射招待了追猎者。第二十八步兵团的方阵被左右夹击，似乎行将崩溃；危难之刻，皮克顿的一声大喝振奋了士气："第二十八团，想想你们在埃及的丰功伟业！"

然而，帕克旅右翼的第四十二高地步兵团、第四十四步兵团，就没有这么幸运了。之前飞驰追击不伦瑞克残兵的法军枪骑兵们，瞥见了奋战十字路的红衫军。他们调转马头，径直冲垮了英军，但远未击溃。刺刀与骑枪交织绞杀。英第四十四团的团旗，反复易手敌我。此外，加鲁瓦上校与第六枪骑兵团，成功地穿越了敌阵，抵达了那尼路。在这里，他们砍瓜切菜般把一个汉诺威营打了个稀巴烂。

第三节　戴尔隆伯爵的错误行军

出于支援此番攻势的考虑，内伊必须仰仗戴尔隆所部的2万援军——按道理说，后者应该早早就从弗拉讷赶来了。然而计划赶不上变化，戴尔隆部注定要让内伊失望，正如内伊之于拿破仑一般。原因在于一系列的意外事件；另一方面，拖沓的战前部署、指令的误解误执，以及不同指令的自相矛盾，使得这些意外又在情理之中。

头天晚上，戴尔隆是在瑞默（距戈斯利后方2公里）与迪吕特、东泽洛两个师过的夜，隔天清晨他又在此处集结了5个师。由于雷耶军尚未现身戈斯利，而按理戴尔隆军是要与之合流的，于是后者决定待命再动。接近11时，雷耶通知了戴尔隆，要求后者跟随第二军进军；但前者同时提到，没有收到进一步的命令前，所部不会贸然进军。于是戴尔隆只能效仿雷耶的做法。12时15分，戴尔隆收到了指令，内伊要求他前进到弗拉纳一带。这个指令，可能是内伊直接下达的，也可能是雷耶转达的。但是，戴尔隆还是按兵不动；他认为，还是等第二军全军行进到所部之前，再展开行动——然而，考虑到驻扎在隆布克（Lombuc）森林以南的热罗姆师，其开拔时间是下午1时——戴尔隆部的先锋是不可能于1时30分或2时之前抵达戈斯利的。

与此同时，戴尔隆向沙佩勒莱泽莱蒙（Chapelle-lez-Herlaimont）展开了有力的侦察，想探明情况前先按兵不动。当地农民的诈报，使得戴尔隆确信，沙佩勒厄尔拉伊蒙（Chapelle-Herlaymont）方向有英荷军队会威胁所部左翼。11时传来了内伊的命令，指示他执行8时的谕令。即便如此，戴尔隆仍无动于衷，所部没有任何部队被派往马尔拜。可能，他是想自己抵达弗拉纳后才向马尔拜分兵。不管如何，戴尔隆部直到下午3时才重新开始进军。

下午4时至4时15分之间，总参的福尔班-让松找到了戴尔隆。虽说比起苏尔特派出的军官，让松的出发时间要晚上一刻钟，不过得益于途经梅莱抄近路，他反而比前者快了一个钟头就抵达了。此时，戴尔隆的纵队已有一半部队通过了罗马古道。让松带来了谕令，戴尔隆被要求率第一军进军圣阿芒高地，以便席卷利尼。

戴尔隆急于贯彻谕令，于是立马将整个纵队向右调转。不幸的是，他其实并未领会，甚至误读了皇帝的意思。由于这份命令由铅笔写就，字迹潦草，加之福尔班-让松并无任何战场协调的经验（他能获得这个职位全凭皇帝宠幸），自然也无法去解释命令。谕令原意为“到圣阿芒（后方的）高地上”，戴尔隆却理解为了“朝圣阿芒进军”。如此一来，戴尔隆部便往圣阿芒、弗勒吕斯前进了；此举将拉长皇帝的左翼阵线，更不用说去进军布里-利尼方向，攻击普军预备队了。这次行动，可谓与拿破仑的意思南辕北辙。因而，当皇帝得知神秘纵队迫近左翼时，他料不到这是理应现身别处的戴尔隆军；与旺达姆一样，他将戴尔隆部当作了一支英军或普军部队。

至于皇帝这方面，他将如此重要的指令委托给了福尔班-让松伯爵，后者又是个缺乏经验的参谋员，不得不说是轻率鲁莽之举。让松这个人——除却1814年他在涅夫勒组建游击队时，所参加的几场微不足道的散兵战斗——几乎没有任何实战经验。1815年，皇帝授予其上校军衔，使之加入行伍，进而将其分配到了参谋部——但让松并不具备专业的参谋必备知识。对戴尔隆，他无法解释清楚正确的路线；对拿破仑，他又误解或忘却了皇帝给的次要任务，他知会戴尔隆后却径直折回了总参，而不是去通知内伊。不过，凡事凡人都有两面，让松往返之中拒绝浪费时间的精神，我们还是要予以肯定赞赏的。

此时，第一军正沿着罗马古道行进。而戴尔隆忧郁不安，他派出了军部参谋长德勒康布勒（Delcambre）将军。后者将通知内伊第一军转战他处的事实。莫斯科瓦亲王方才明白了戴尔隆的动向，怒不可遏。几分钟后，也就是3时15分许，总参军官带着苏尔特的命令来了："你（内伊）必须立即行动，以便迂回敌军右翼，并尽可能地袭取敌后方。倘使阁下动作迅速，普鲁士全军势必在劫难逃。法兰西的命运就在你的手上。请勿生疑，按照谕令立即行动，率领你部进军圣阿芒、布里高地。"内伊这下火更大了。眼见联军不断得援，阿尔滕师前锋业已现身四臂村。此时的内伊只有一个想法：押上所有部队，定要夺下四臂村。接到要求他转而摧毁普军的谕令时，内伊就已明了，此番钦定机动肯定是无法完成了。英军炮兵倾泻着雷霆怒火，炮弹四处横飞，地面上增加了地数道弹痕。元帅矗立在火线之中，仍凭跳弹掠过。有人曾听到他的怒吼："啊！英国佬！来啊！拿大炮轰我啊！"

内伊情绪失控，变得疯狂而盲目。他不曾想到，第一军肯定无法按时抵达弗拉讷了，也肯定无法发挥任何作用了；他也忘却了忤逆君上的后果，召回戴尔隆只会破坏拿破仑的计划。内伊遣送回了德勒康布勒，而后者带给戴尔隆的指示，则要求第一军调转方向，回到四臂村方面的左翼——此令不可违。

第四节　克勒曼所部胸甲骑兵的冲锋（6时），威灵顿的机动攻势（7时），法军丢失战前阵地（8时到9时）

“法兰西的命运就在你的手中”，如是措辞的谕令困扰、诱导着内伊。虽说眼下木已成舟，戴尔隆将原路折返回来，不过内伊仍有执行谕令的想法——纵使现在敌我悬殊，不过展开一次破釜沉舟的攻势，说不定能够驱逐联军。此种情况下，如有戴尔隆部的配合，内伊部便能立即转而直扑普军，实现拿破仑的预期战果。现在除了克勒曼胸甲骑兵和近卫轻骑兵，所有的部队都投入了战斗。内伊召来了克勒曼，以激动的口吻地说道：“我亲爱的将军，由于事关法兰西的安危，我们需要全力以赴。领着你的骑兵杀入英军阵中！践踏并碾碎他们！”

克勒曼为人英勇无畏，此类任务自然不在话下。不过，他觉得还是有义务提醒内伊：对面的联军兵力估计有2万人以上，而自己手头上仅有1个胸甲骑兵旅——账面上克勒曼虽有4个胸甲旅，不过当中的3个旅，根据内伊的指示留在了后方。

“没有关系！”内伊喊道，“就用你手上的兵力冲锋！摧毁敌人！我会用手头上所有的骑兵支援你的……出发……”

克勒曼别无二法，只能执行命令。之后，他与吉东（Guiton）旅部会合了，后者下辖着第八、第九胸甲骑兵团。以中队为单位，胸甲骑兵们组成了纵队队形。各个纵队之间的距离，是其正面宽度的两倍。克勒曼部以小跑姿态登上了某个高地的顶端，后者位于海米奥库尔、四臂村之间。“冲锋预备！”“疾驰速！”“前进！”“冲锋！”克勒曼高喝出战术指令，指令很快从队首传递至队尾。后来，致内伊的报告中，克勒曼回忆道：“我加快了冲锋速度，目的是让士兵们高歌猛进，这样的话，他们也反应不过来将面对何等凶险。”

冲锋号响，势若崩雪，只见一众铁骑天上来，冷光道道、蹄声阵阵，绝尘卷起了如雨沙砾。胸甲骑兵们不断加速顺坡而下，其声势之浩，大地为之震颤，尘土为之飞扬。队列排头的骑兵俯身贴马，把整个身子压到了马脖以下；其余骑兵则紧随其后，手中挥舞着凛冽长刀。此时，克勒曼也拔刀出鞘身先士卒奔袭在前，与大部队拉开了20步的距离。

洼谷之中的是科林·霍尔基特旅部，该旅刚刚抵达战场，其4个营以横队或方阵的队形进行了部署。英军阵势坚如磐石、不动不摇，步兵们搭扣扳机、静候敌临。第六十九步兵团的阵地位于博叙林地与大道之间，他们是一线部队，也是首个经受胸甲浪潮的部队。双方相距不足30步时，步兵们洒射了火力；枪快不如刀快，电光火石、弥漫硝烟之间，骑兵们于枪林弹雨中袭步挺进，打穿了69团的方阵，还接管了该部团旗。接着，胸甲骑兵立马杀向了第三十步兵团的方阵，并且一举击溃了后者。马匹未及喘息，他们又跃上了对面的坡地，闯入敌军炮阵、击杀炮兵，一路冲到了四臂村。途中还顺带击破了一个不伦瑞克人的方阵。

联军一线、二线防线均被撕开，法军眼前是一道血潮汩汩的缺口。然而，胸甲骑兵们却未能得到应有的支援。对于克勒曼而言，内伊此前对其决心的怀疑冒犯了他，结果刺激之下却过早展开了冲锋。而对于内伊而言，他仍纠结气恼于戴尔隆的行踪，结果顾彼失此，没能及时升华眼前此番卓越的冲锋。内伊的动作有点儿迟缓了，组织跟进运动时，却又忘却了弗拉讷附近的近卫轻骑兵部队，后者仍在担任预备队。前线，两个胸甲骑兵团已减员至仅有500人；而后方，步兵纵队和皮雷部（枪骑兵、猎骑兵）才开始行动。这次果敢的冲锋，使得胸甲骑兵们支离破碎、队形分散，马匹也因此疲怠不堪；他们身陷图圄，尽在威灵顿的股掌之间。四面八方，博叙林地、那尼路的路堤、四臂村的屋舍、布鲁塞尔大道，分别有荷兰部队、英军、不伦瑞克轻步兵、库尔曼少校的炮连，他们朝孤军倾泻了火力，撒开了一张火力交叉的网。瓦尔密伯爵因马匹中弹而坠于马下。这是溃败的信号。他爬了起来，试图集结各自为战的部队时，却发现徒劳无功，因为骑兵们已不再听令。他们纪律涣散、溃不成军，调转马头夺路而逃；不过，骑士们仍马刀在手，联军也不敢麻痹大意。克勒曼残部顶着枪弹，穿过了联军的两道防线，返回了本阵。说来，他们还带回了第六十九团的团旗作为战利品。

但他们已丧失战意，畏缩恐惧。胸甲骑兵们猛逃跑路的途中，撞上了富瓦与博蒂安师的营部。至于皮舍吕，他才刚刚从皮洛蒙动身，此前他在后方目睹了骑兵危机。溃兵多少耽搁了他的行程。而在前线，皮雷的骑兵只能独自对抗敌军，他们以疾驰速冲向了肯普特旅的方阵；英军则以刺刀迎击，并辅以侧翼射击，瓦解了法军骑兵的数次冲锋。

内伊这边，他接见了钦差信使博迪少校。后者也是位勇猛之士，途中跑死了两匹马，尔后步行而来。博迪传达了皇帝的要求："无论内伊元帅陷入怎样的境地，我直截了当地说，戴尔隆接到的谕令必须要贯彻执行。元帅的战事我不关心，我只关心我眼前的事情，这才是重要的，因为我要彻底终结普军。对于莫斯科瓦亲王来说，就算他不能做得更好，都得牵制住英军。"内伊闻之色变，登时盛怒不止，不能自已地挥舞佩剑。博迪说的话，他几乎都没听进去，反而咆哮着此前召回戴尔隆的指令（方才发出）。博迪试图说服他，让他撤回指令，仍旧徒劳。突然，元帅转而身赴前线，他来到了溃散的步兵队伍中，迅速重整了队伍，接着前去迎击帕克旅部。

至于威灵顿这边，6时至7时间，他得到了新的增援部队，诸如：不伦瑞克炮兵，梅特兰、宾的（英军）近卫旅部，还有克鲁泽的拿骚团。风水轮流转，现在轮到威灵顿掌控战局了。英军展开了反击，正如公爵以往的战事，他一旦出手便胜券在握。梅特兰、宾的旅部控制了博叙林地的阵地，在不伦瑞克与拿骚的团部的支持下，科林·霍尔基特与帕克旅展开了挺进运动，抵达了海米奥库尔路两侧；而肯普特旅，以及基尔曼斯埃格（Kielmansegge）的汉诺威旅正在皮洛蒙集结。在联军的持续攻势下，法军逐步丧失了先前的阵地。为了把热罗姆彻底赶出博叙林地，英军花了不止一个钟头的时间；富瓦不断后撤，被逼退了海米奥库尔，不过在此成功坚守了相当一段时间；在皮洛蒙的一番酣战后，巴舍吕也不得不放弃了这个阵地。梅特兰的一个营试图收复皮埃尔蓬，他们从林地的西南方出发，但遭到了富瓦师炮兵的近距扫击。接着，不知疲倦的皮雷枪骑兵发起了进攻，这个近卫营支持不住陷入混乱，不得不撤走，还被逼退至海米奥库尔溪；不过，英军凭借林木全身而退。与此同时，法军胸甲骑兵把第七比利时营赶到了皮埃尔蓬的西北方。战场上，横尸累累，伤者满地。法军损失了4300人，联军损失了4700人，这些数字是这场血战的见证。

会战进行到了9时，对法军来说似乎是战败了。不过，确切地说，它是无疾而终的，没有分出确切的胜负。两军重新回到了战前阵地。此时，第一军终于现身弗拉讷。

让我们回顾一下戴尔隆的行程。6时，德勒康布勒归队了，而戴尔隆随之陷入了沉思。眼下，圣阿芒已经在火炮射程之内。那么，到底是执行谁的命令——最高谕令，还是顶头上司的命令？戴尔隆犹豫不决。德萨勒、加布两位将军的建言献策认为，还是应该贯彻谕令；另一方面，官兵们早已按捺不住，只想手刃普军，又因眼下状况而心生不满。最后，戴尔隆还是决定调头进军：“根据我的猜测，元帅竟然敢冒天下之大不韪忤逆君上，他定是正在水深火热之中。”然而他却没有考虑到，所部距圣阿芒仅有2公里；而到海米奥库尔去，则需要跋涉10公里的路途。本来，如果支援皇帝，他或许能开展一次极为有效的行动；但如果他反过头去支援内伊……这里没有假设，因为他不可能及时抵达战场。戴尔隆部的官兵们不但愤懑在怀，同时也“因为当天的无所事事而感到羞耻”。当他们抵达弗拉讷时已是傍晚，元帅也不再需要这支部队了。

戴尔隆伯爵仅带回了3个师部。折返之前，他认为有必要填补北方军团右翼、左翼之间的空当，因而让迪吕特率第四师（以及雅基诺的骑兵）留在了瓦涅莱方向。戴尔隆给迪吕特的指示，也仅仅是“务必小心行事”的建议，除此之外并无确切的要求。迪吕特师在维莱尔-佩尔文和瓦涅莱之间缓慢行进；与此同时，在瓦涅莱的西北方向，雅基诺部则与马维茨将军的骑兵进行了较小规模的战斗，后者是掩护布吕歇尔右翼的部队，两军一直搏杀到9时。不久之后，迪吕特回到了瓦涅莱，并在此地驱逐了一支疲惫的普军后卫部队，并进驻于此。这些攻势，虽说是针对普军侧翼的，但时机拿捏得不够妥当，推进深度也并不到位，不足以对正在撤退的普军造成任何干扰。普军从勒阿莫、拉艾到布里高地的撤退行动，是在迪吕特的眼皮底子下进行的，也正在迪吕特的火炮射程之内，但他却无动于衷，迂腐地贯彻“务必小心行事”的指令。迪吕特麾下的旅长布吕将军，在被迫作壁上观的情况下怒吼道：“这简直前所未闻，我们弹药充足，却呆杵在这里看着一支败军溜之大吉——现在只要进攻、击溃它就行了，而我们却白白袖手旁观！”迪吕特则说：“幸运的是你并不用为此负责。”“上帝会降罪于我的，”布吕回道，“因为我们本应战斗！”

第四章

普军的撤退

第一节　拿破仑最初的计划（6月17日）

那么，在林尼战场这边，追击敌人并突破布里-松布雷夫一线——此种做法是否可行呢？在皇帝看来，这是不可取的——这是他在会战当夜的想法。普军左右两翼虽说退却了，但仍维持了良好的纪律；而他们仍控制着那两个村庄，还具备顽强抵抗的气力。此外，沿着那慕尔路出现的普军预备部队，也使人不敢掉以轻心。最后，皇帝在这一天（16日）都没有获悉北方军团左翼的战况。莫斯科瓦亲王并没有发来任何报告。皇帝间接了解到四臂村发生了一场战斗，但内伊元帅打赢了么？合理推测之下，只能得到如下情况：内伊被击退了，或内伊被困在彼处——因为迂回普军的命令并没有得到执行。回过头来，夜间并不适合追击普军，毕竟风险殊多。

基于此种情况，皇帝返回弗勒吕斯后，于11时左右召来了格鲁希，并指示后者在破晓时分动身追击，帕若尔、埃克塞尔曼斯的骑兵军将调拨给其使用。

6月17日早上7时，正在用早餐的皇帝接见了弗拉奥，他刚从弗拉讷回来，拿破仑才得以过目四臂村会战的报告。与此同时，总指挥部也获得了帕若尔的消息，发信位置是巴拉特尔，发信时间为凌晨4时。帕若尔在其中声称，他正在追击朝列日、那慕尔全面撤退的敌军，且已俘获不少俘虏。

因而，接近8时，皇帝对两线敌情都有了一定的了解：联军依旧据守四臂村阵地，而普军正在撤往列日、那慕尔。但问题是，这样的情报消息是否完整、精确？撤向那慕尔的普军，是其主力，还是某个孤立的军部？占领四臂村的联军，是其后卫部队，还是威灵顿的全部筹码？拿破仑由此认为，目前仍未有详细的情报供其得出结论。眼下，皇帝准备前往利尼战场检阅部队，他也召来了正在待命的格鲁希。与此同时，他也让苏尔特致信内伊：

> 皇帝正准备前往布里磨坊，那慕尔方向来的公路经由该处通往四臂村。因此，你面前的英军几乎不可能有什么作为。倘使他们轻举妄动，皇帝就会借由上述道路进军其侧翼，而你可以在正面发起攻势。如此一来，这支敌军将顷刻覆灭。所以，向陛下报告你处正在发生的事情……皇帝希望你能拿下四臂村。如果办不到，就应立刻报告情况给皇帝，巨细无遗；然后皇帝就会前往四臂村，方式正如上文所云。如果情况与之相反，四臂村的敌军就仅仅是后卫，你就能拿下这个阵地。今日之内就应结束这段战事，然后补充弹药、集结溃兵、召回分兵。

到此为止，这就是皇帝起初对17日的规划：攻克四臂村、补给军队，仅此而已。毫无疑问，如果威灵顿继续滞留暴露的四臂村阵地，皇帝便能趁机进攻全歼之；不过，他仍认为谨慎的对手不太可能正中下怀出此昏着——威灵顿应该会撤退。所以，内伊便可以轻松开进四臂村，后卫原地不动，然后法军便可以待在宿营地里，享受一整天的太平安逸。

如此部署，放在斩获新鲜胜利的第二天，似乎是不合理的。充足的休整时间，对于敌军而言就是喘息之机。根据苏尔特致内伊的信件，上述部署是拿破仑在8时的想法，但随后他便不再坚持。8时30分许，皇帝原本是要登车启程了，但他转而暂缓行程，先折中调整了部分部署。洛博奉命派出泰斯特师部（及其所部炮兵）沿那慕尔路行进，以便协助帕若尔；同时，一个骑兵侦察分队飞驰而出，向四臂村摸去，试图搞清联军是否仍有坚守四臂村的能力。接着，皇帝起驾离开了弗勒吕斯庄园，他决心不再回到这里。彼时，近侍当中的传言认为，法军将双管齐下，一方面沿着那慕尔路追击普军，另一方面顺着布鲁塞尔大道追击联军。事实上，皇帝确实已确定了兵分两路的总战略，不过具体的行动细则仍未确定——此种情况下，更为详细的情报是必需的，拿破仑将在利尼战场上等待它。同时，他也将现身于行伍之间——对此，官兵们决计是大加欢迎的。

接近9时，皇帝登上銮舆动身出发。不过，车舆在犁沟间颠簸不止，很快他便下了车。根据格鲁希的描述，此时的拿破仑“十分疲惫”。之后他跨上了御驹，策马穿过利尼、圣阿芒、拉艾一带。仍有为数不少的普军伤兵被抛弃于此，杂七杂八地同死尸陈横一处。皇帝同他们攀谈，并施舍他们了白兰地和钱财；他下令将伤者集中起来，并要予以与法军伤兵一样的护理。某个普军指挥官受了很重的砍伤，依旧躺在头天坠落下马的地方。皇帝见几步开外有个农民，他便将之召来，并问道：“你信不信有地狱？”这个比利时人吓坏了，只能唯唯诺诺地点头。“这样，”皇帝继续说道，“如果你不想死后下地狱，那就好好照顾这个伤者，我把他交给你了。否则，上帝会让你尝尝烈火的滋味，毕竟他教诲我们要仁慈慷慨。”据一个在场目击者称，此番谕训还是有些必要的——诚然，比利时人极为热情地救助着法军伤患；但另一方面，由于普鲁士人自己把名声搞臭了，因而当地人对法军有多热情，对普军就有多厌恶①。

之后，皇帝抵达了布里高地，穿过了营房前列队站立的部队。他停了下来，向各军部的指挥官、官兵们致意祝贺。部队眼见皇帝现身，爆发出了彻响

---

① 这是因为1814年战争当中，普军入侵比利时后，烧杀抢掠，搞得民不聊生。此种暴行一路持续到进驻巴黎。——译注

的欢呼。3公里外，格罗本正在蒂伊探察情况，忽而便听到了如此响声。检阅完毕后，皇帝下马，召集格鲁希等几位将军展开了谈话。他们讨论了巴黎舆情、立法委员会、富歇以及雅各宾，谈了很长一会儿。听众的反应大不相同，一些对皇帝表示了称赞之情，一些则因此有些许不快。在前者看来，如此紧张局势下，拿破仑依旧心平气和、临危不乱、思绪清晰，这是了不得的；但后者认为，毕竟大敌当前，要以战事为重，拿破仑却浪费时间大谈政治，而不把心思集中当下，这是有问题的。格鲁希惴惴不安，仍不敢上前询问当日的计划。原来，御驾从弗勒吕斯起行那会儿，他便向皇帝请求过指令了。皇帝口舌之间略显愠怒，回复道："到时候我自会通知。"

第二节　格鲁希收到谕令（11时至11时30分）

事实上，议会自由派的阴谋没有让拿破仑顾此失彼、颠倒主次，他并没有忽视眼前的敌情。他收到了一些新情报。首先，是内伊的报告，其中称联军在四臂村前方的阵地上，部署了8个步兵团以及2000人的骑兵部队，从而将博叙林地、海米奥库尔、皮洛蒙等地牢牢掌握住了——如此规模，必然不是后卫而是主力，威灵顿也必然在一线指挥。内伊报告送抵后不久，也就是10时至11时之间，四臂村方向的侦察分队的指挥官也来了报告，他说联军依旧控制着那个阵地，左翼有骑兵掩护，所部已与这支骑兵交上了火。有关普军撤退的情报也送达了御前：帕若尔的信使宣称，他们在那慕尔路边的勒马济缴获了8门火炮和大批辎重车；埃克塞尔曼斯的信使则报告说，所部正以2个龙骑兵师外加骑炮兵的兵力，朝让布卢进发——"那里有大量敌军"。

11时，皇帝终于做出了最后的部署。洛博奉命，率领第六军取道马尔拜攻击英军左翼，以支持内伊元帅的四臂村攻势。德鲁奥的近卫军则将与洛博一同开拔。

接着，皇帝给格鲁希指示道："当我朝联军挺进时，你必须全力以赴追击普军。旺达姆、热拉尔这两个军，还有泰斯特师部，以及帕若尔、埃克塞尔曼斯、米约的骑兵军，我都会把他们调拨给你。”

格鲁希起初就意识到，这项任务并不轻松，相反，是充满艰险的。虽说他在军中多年，却从未接手过如此重要的指挥任务。作为一名骑兵将领，他是以勇猛无双而赢得功勋与荣誉的；而在战场上，他亦是一位洞若观火的优秀指挥官。格鲁希能够迅速判断出敌人软肋之所在，也能巧妙屏护关键的突击行动。若是在时间短、纵深浅的单个战役中，他完全能够胜任——但若将时间、空间要素放大，他的能力就无法匹配了。不错，他是战术家，但是火线之下的战术家；不错，他能因地制宜、随机应变，但却不适合指挥协调更大规模的战略行动。作为一名指挥官，格鲁希十分矛盾，一方面他感到自卑，另一面又想被赋予独立的指挥权——这是很糟糕的状态。凭借对桀骜不驯的热拉尔、旺达姆（后者尤为如是）的了解，格鲁希清楚，这两人必然因自己成为他们的顶头上司而恼火。如果下属并不信任格氏，后者也全无威望可言了。他十分清楚前景四伏危机，但即便如此，法兰西元帅的身份让格鲁希不能、也不会去推脱；不过在私底下，他还是有所埋怨的，只不过不曾表达。

话说回来，如果事实一如格鲁希后来声称的那般——他已经认同皇帝的反应：普军夜里或隔日拂晓就开始撤退了，由此追击、挫败他们及其所图是非常困难的事情——那么不难想象，拿破仑会如是措辞回复：“凌晨3时开始，帕若尔就开始沿敌军撤退路线实施追击了；早上5时到6时，他在那慕尔路俘获大量普军士兵、辎重、火炮。埃克塞尔曼斯已经发现，让布卢集中了大量的普军，现在他肯定同后者发生了接触。因而，就算布吕歇尔比你提早8到10个钟头跑路，你的骑兵不还是抓住了其后卫的脚踵？”除此之外，皇帝很可能还补充了不少内容，正如格鲁希所转述的：“所有的迹象都指向了一点，布鲁歇尔意图朝默兹河撤退，而这就是追击的方向。”帕若尔、埃克塞尔曼斯的报告，都证明了这个假设的成立；另外，根据战略学的原则，普鲁士人应当正撤往他们的后方基地。

格鲁希自然奉旨行事，返回到部队去了。不过皇帝认为主力部队的骑兵规模不足，因而决定从格鲁希那里抽调部队，被选中的是原属旺达姆军的多蒙师，以及米约的胸甲骑兵军。由于参谋长仍滞留弗勒吕斯，于是皇帝向贝特朗口述了命令，并让后者带给格鲁希。这道口谕责成元帅立即执行，将上述3个骑兵师调拨到马尔拜来。

大概11时30到11时45分之间，也就是口授谕令的几分钟后，皇帝决定以书面形式进一步阐释和强调口谕的内容。苏尔特仍未赶来，所以贝特朗再次提笔记录：

> 目标：让布卢。部队：帕若尔、埃克塞尔曼斯骑兵军，第四军轻骑兵，泰斯特师部，第三、第四军部。请你沿着那慕尔、马斯特里赫特的方向搜索、追击敌军。敌军踪迹、动向务必向我报告，如此一来便于我判断敌人意图。我将把指挥部移动到四臂村；截至晨间，英军仍固守彼处。你我之间的交通线便是那慕尔路。如果敌人已经撤出那慕尔，请你致信第二军区指挥官，并让他派出几个国卫营占领该处。威灵顿、布吕歇尔的想法，以及他们是否决定要冒险一战、协同防御布鲁塞尔-列日一线，两者都要摸清楚，这一点很重要。任何情况下，不要让两个步兵军部相隔超过4公里；也要预留几条撤退路线；布置一定的骑兵分队在你我之间，以便与总指挥部保持联系。

根据这道谕令，格鲁希元帅的首要任务就是在让布卢集中所有兵力——此地可通向那慕尔、列日、瓦夫尔；其次，格鲁希部需要沿着那慕尔、马斯特里赫特的道路进行搜索，排查普军可能的撤退路线，虽然目前普军动向并不清晰；第三，搜索、追击普军的同时，思考他们的意图；第四，查明布吕歇尔的目标是否为与联军合流。显然，皇帝并没有指出，就算身处险境也要完成的任务；不过，毫无疑问的是，格鲁希由于处于军团侧翼这一特殊位置，其目标自然是楔入己方主力与普军之间，以此抵抗敌军猛烈反击来掩护主力。

为布吕歇尔“善后”的方案，拿破仑已经准备好了；眼下，该料理料理威灵顿了。苏尔特已回到了御前参谋部，皇帝命令他致信内伊，让元帅立刻攻击英军，御前部队也将随后赶来。时当正午，皇帝的前锋已经抵达了马尔拜。拿破仑翻身上马，向四臂村绝尘而去。一路上都是正在行军的部队：洛博军部、近卫军、多蒙-叙贝尔维师部，以及米约胸甲骑兵。他们早已跃跃欲试，摩拳擦掌地准备着战斗。

第三节　普军朝瓦夫尔的撤退

无论拿破仑也好，还是苏尔特、格鲁希、众法军参谋，他们都相信普军正在向默兹河撤退——但实际的撤退方向却是迪勒河。回到昨日黄昏时分，暮色四合之中，那慕尔路与罗马古道之间，普军正在重整队列。未接到命令的情况下，齐滕、皮尔希壹及其他将领赶往布里，他们于彼见到布吕歇尔。诚此生死存亡之际，龙骑兵们在战场上找到了元帅他们的，并把他带到了梅勒里（Mellery）的村舍里。布吕歇尔因为坠马而受了挫伤，眼下仍不省人事。普参谋部对其下落一无所知，元帅是否被俘、是否存活，这些都是未知的。慌乱不安在人群中传播，众人焦急地望向了格奈泽瑙；当布吕歇尔缺席时，根据军阶，他应担任总指挥之职。接下来，他有两条路可以走：其一，放弃那慕尔的交通线，之后平行行军尝试再次与英军合流；其二，放弃斗志，放弃两个月前制定好的作战方案，撤退到后方基地，遥看势单力薄的威灵顿单挑法军。格奈泽瑙坐于鞍上，骑行于某条布里以北汇入那慕尔路的公路当中。借着黯淡月光，他困难地辨识着地图。短暂考察后，格奈泽瑙大声喊道：“撤向蒂伊和瓦夫尔。”

“此为本世纪的决定时刻”——几天之后，威灵顿在写给尼德兰国王的信件中如是强调道。同样褒扬瓦夫尔撤退的，还有德意志的军事历史学家们，他们将之吹捧为战略学的最高典范。不过，较之这些称赞，瓦夫尔撤退的实际影响是要打点折扣的。诚然，此番决定，体现了格奈泽瑙的临危不乱、镇定自若，以及他的危机应变能力；然而，当他做出如此决定时，并未预见到未来战局，更遑论此一行为的重大影响——事实上，他也并没有制定与威灵顿汇合、屏护布鲁塞尔的计划。就算格氏认为在瓦夫尔可以与联军会合，但这也得取决于诸如联军撤退路线等因素，因而，他也无法保证两军能够再次连接。无论如何，在普军被击败后的36个钟头内，格奈泽瑙绝无重整攻势的想法。他之所以选择瓦夫尔，是因为此处背靠迪勒河，易守难攻，尤其适合集中兵力、静待战机。综上，这次行动实则并无德国人吹嘘的那番英明神武。一旦格奈泽瑙决心放弃那慕尔-列日间的交通线，那么普军必须开拓新的路线；他们得穿过蒂嫩和勒芬（Louvain），最终抵达马斯特里赫特、科隆（Cologne）、韦泽尔（Wezel）、芒斯特（Munster）和沙佩勒艾克斯。早在6月17日清晨，便有急差赶到上述地点搜集军需品；同时，列日方面也收到急件，被告知应将城防炮运到马斯特里赫特。奥勒希将军称格奈泽瑙“破坏了后方的纽带”，综上而论，此一论调有失偏颇。退而言之，就算他确实破坏了，但紧接着在隔天就能重新建立起来。

齐滕、皮尔希壹的军部驻扎在梅勒里、蒂伊和让蒂讷（Gentinnes）之间；副参谋长格罗尔曼则率领雅戈的三个营，留在布里担任后卫；至于蒂尔曼，已经撤退到了松布雷夫的北方，并计划用一支强大的分队占领这个位置，之后他收到了撤往瓦夫尔的通知。比洛业已清楚战役的落败，他的部队停在了罗马古道上，其前锋则位于波德泽。后来，格奈泽瑙抵达了梅勒里，在一间偏僻小屋里找到了布吕歇尔。布翁正睡在稻草堆上，还不时弄几口牛奶喝喝。

昼夜交替，时间来到了17日。拂晓时分，普军全军拔营启程。皮尔希壹军先是同布里后卫三营汇合，随后同齐滕军取道维勒鲁（Villeroux）-蒙圣吉贝尔（Mont-Saint-Guibert）一线，前往瓦夫尔。佐尔（Sohr）上校带着两个骑兵团，暂时留守蒂伊。11时至12时之间，齐滕抵达了瓦夫尔，并让部队渡到迪勒河左岸，将之部署在比耶日及其周边区域。皮尔希壹部停在了右岸，在艾瑟蒙（Aisemont）、圣阿讷（Sainte-Anne）之间扎营。

蒂尔曼从松布雷夫出发，先行趋往让布卢。他十分清楚所部官兵已疲惫不堪，于是在让布卢稍许向北的位置停止了行军。其部草率地从早7时停驻到了午后2时。之后，蒂尔曼重启了行军，部队途经科尔拜（Corbais），不过直到8时才通过瓦夫尔桥；他们在瓦夫尔以北2公里的拉巴韦特（La Bavette）扎营。博尔克旅与洛图的骑兵部队是该军的后卫部队，直到午夜他们仍在行军，但瓦夫尔尚未进入视野，因此不得不在迪勒河右岸宿营。

比洛军则以纵队队形沿罗马古道行进，他们接到命令，于是前往迪翁勒蒙（Dion-le-Mont）扎营；此处位于瓦夫尔东南，相距4公里。不过，他们速度十分缓慢，直到夜里10时还未抵达目的地。

第四节　帕若尔、埃克塞尔曼斯部朝那慕尔、让布卢的追击

比西磨坊前方，有法军骑兵的前哨。凭借布里高地的后卫的掩护，皮尔希壹与齐滕成功躲过他们的视线，瞒天过海、全军身退。整个晨间，法军前哨骑兵完全没有动作，既无侦察也未巡逻。不过，帕若尔的骠骑兵则显得更为警觉。这支部队在通格尔内讷方向的法军右翼，凌晨2时30分时，他们就警告了帕若尔敌人正在撤离阵地的事实；后者立即命令直辖的两个团翻身上马，亲自带队沿那慕尔路进行追击。不幸的是，他们追错了方向。虽然帕若尔确信所部正追踪蒂尔曼军的足迹，但事实上被追踪的只是一些落单士兵、一个辎重卫队，还有一个迷路的炮兵连。他们于晨6时许穿过了勒马济，其后赶上了这支行军纵队，并击溃了第七枪骑兵团的1个中队，俘虏了全部辎重与火炮。抵达勒伊内（les Isnes）后，帕若尔便停止了步伐，不再顺着那慕尔路追下去——

因为前方探察不到有任何敌情；由于目前暂无目标，他向数个方向派出了侦察兵，之后便在圣但尼路与那慕尔路的交汇处待机。之后，他接到了错误的报告，报告中称敌军没有撤往那慕尔，而是向圣但尼、列日（或者勒芬）方向撤退。12时，帕若尔起身重蹈此前的追击路线。帕若尔现在军力强盛，手下有3个骑兵团、4个步兵师、2个炮兵连，这得益于第一骠骑兵团的加入（9时），以及钦命增援的泰斯特师。

蒂尔曼的后卫撤出了松布雷夫，紧接着贝尔东的龙骑兵旅立即动身，后者是从属于埃克塞尔曼斯军部的。贝尔东并没有进入松布雷夫，也没有沿让布卢路搜索。他选择跟着帕若尔顺着那慕尔路行进。不过，由于一些农民报告说普军正沿着让布卢撤退，且许多部队依然留在该村，因而贝尔东并没有渡过奥尔诺溪。这则情报被迅速交给了埃克塞尔曼斯，不过贝尔东也应该将之通知给帕若尔的——后者距他仅有1.5公里。不久，贝尔东就收到了进军让布卢的命令。于是他重启进军，并在9时抵达村庄前方。一些普军骑哨在奥尔诺溪的左岸放哨警戒，而在让布卢的另一侧，则有大量敌军正在休憩。

埃克塞尔曼斯闻讯后，立即带其余的3个骑兵旅和贝尔东汇合。他判断准确，让布卢后方的普军营地里大致有2万人。埃克塞尔曼斯手上有3000名龙骑兵和两个骑炮连；同时，帕若尔在其右后方的6公里处，麾下有1400名骠骑兵、3000名步兵和2个炮兵连。埃氏未曾想过通知帕氏敌情：普军正占据着让布卢。此举导致帕若尔往莱茨（Leez）方向实施了20公里的折返运动。埃氏也没有做出任何试探行动，以迫使普军暴露意图。所部甚至未曾向敌军骑哨射击过，更不用说展开炮击了。他仅仅只是监视了敌军，但就连这项任务，我们即将在后文见证，他都敷衍应对。最不可原谅的是，此一与一支普军接触的战况，埃氏并没有将之上报，无论对象是格鲁希还是皇帝。

撇开这些问题以外，局势还不是特别恶劣。回到正午，也就是皇帝对格鲁希书面重申追击命令时，普军正分成多个部分实施撤退。齐滕、皮尔希壹军正往瓦夫尔集结；比洛军正朝波德泽移动，不过尚未通过瓦兰（Walhain）；

而蒂尔曼军则在让布卢附近停了下来，正处于埃克塞尔曼斯的火炮射程之内。反观法军，疏忽大意的前线骑哨，马虎行事的前哨指挥官，晨间白白浪费的时间，对普军撤退路线的错误估计——所有的这些错误，都来得及弥补——前提是埃克塞尔曼斯足够警觉；同时，也需要格鲁希对任务要点理解透彻，且用兵迅速。

第五节　格鲁希部的进军，扎营让布卢，格鲁希致皇帝的报告（晚间10时）

格鲁希从皇帝处告辞后，于11时30分向圣阿芒的旺达姆下达了指示，命令由布洛克维尔上校（de Blocqueville）传递。旺达姆将率第三军前往潘迪茹尔（Point-du-Jour），此地正是那慕尔路、让布卢路的交叉路口。与此同时，另有一副官贝拉上尉，奉元帅之命向让布卢方向赶去，目的是从埃克塞尔曼斯那里了解情况。之后，格鲁希起身前往了利尼，他希望能亲自向热拉尔下达指示。途中，他撞见了前去参谋部汇合的苏尔特。两人进行了短暂的谈话，仅涉及了贝特朗传达的头道命令，也就是需要调拨哪些骑兵部队去马尔拜。格鲁希离开后，苏尔特对他的一个副官评论道：“一支即将与英国人作战的部队，却分出了如此客观的一支兵力，这是个错误的决定。普军方才遭受惨败，只需要一个步兵军，外加埃克塞尔曼斯、帕若尔的两个骑兵军，就足以能跟踪、监视他们了。”苏尔特对普军的受挫程度估计有误，接着批评了分兵过多的问题，但他也没有指出追击方向存在问题。

格鲁希在利尼找到气得七窍生烟的热拉尔，看来他对没有在会战结束后受褒元帅杖而愤愤不平，并且毫无疑问他对自己被置于格鲁希的指挥下而不满。根据贝特朗那发来的第二道命令，元帅要求热拉尔跟随第三军前往让布卢。不管格鲁希说了什么，热拉尔都不太可能不怀好意地推迟既定行动。但为了让自己的部队开始行军，他必须等待旺达姆整队完毕。

在利尼，格鲁希找到了热拉尔。热拉尔怒气冲冲，看来他因战后未被授予帅杖而愤懑不平；毫无疑问的是，他的不满也是出于要受格鲁希节制的缘故。根据贝特朗发来的第二道命令，元帅要求热拉尔部随第三军前往让布卢。先不论格鲁希是如何措辞的，对于热拉尔而言，他也不太可能出于某种恶劣动机，进而故意拖沓既定行动。然而，如果其部要能够行军的话，热氏必须等待旺达姆军列队完毕。当时，一个由三个步兵师、工程兵、炮兵、运输队组成的军部，全部完成纵队变换至少需要一个小时，虽然各部队之间的间隔实际上要比今天小得多。如果说第四军的出发延误了，那么这个责任需要由格鲁希来承担；因为第三军和第四军都是要沿着同一条道路行进的，旺达姆军部署在圣阿芒-拉艾一线，位于热拉尔军所驻扎的利尼左方直线距离6公里处。格鲁希应该让热拉尔而不是旺达姆先出发，否则就能多争取一个小时的时间。不过正如上文所说，格鲁希忌惮旺达姆的坏脾气，因此必须取悦他的自尊心。这个理由多么的正当！格鲁希一定切身感受到自己几乎毫无威信可言了！另外，近两天来，第二军取代了第一军成了左翼纵队的排头部队；而近卫兵向来习惯居左翼先行，不过掷弹兵们也没觉得自己在这个事情上吃了亏。

旺达姆军以慢得惊人的速度行进。从圣阿芒通过利尼和松布雷夫抵达潘迪茹尔的距离不过9公里。第三军从中午前就开始在圣阿芒起营，到下午3时前，其前卫还没有抵达潘迪茹尔。换句话说，他们的行军速率尚不足3公里每小时。

格鲁希与旺达姆纵队的前锋同时抵达潘迪茹尔。格鲁希在距离潘迪茹尔不到4公里的利尼作别热拉尔后都干了些什么，是无从说起的。但是不管怎么说，他都没有往让蒂讷派出侦察队，即使皇帝有言在先：你必须去追寻敌人的踪迹所在。

在潘迪茹尔或是松布雷夫，贝拉副官完成了他的任务并从埃克塞尔曼斯那里返回与格鲁希会合。在让布卢，下午1时到2时之间，埃克塞尔曼斯委托贝拉将一封信转交给元帅，信件称他正监视猬集在奥尔诺溪流左岸的敌人，当普军出发时他会立马加以跟踪。这个消息如此重要，格鲁希应该快马加鞭赶到让布卢并抢占先手。他应该用自己的双眼看看在那里正发生着什么，作为一个骑兵老手亲自指挥4个龙骑兵旅展开行动。但他却满足于好整以暇地跟随旺达姆军的大部队以及位于其后的热拉尔军。行军的速度依旧缓慢。潘迪茹尔到让布卢间有7公里的距离，旺达姆直到7时才抵达，热拉尔则是9时。纵使这些部队行军速度很慢，他们也可以提前两个小时抵达了让布卢，如果格鲁希命令他们以两个不同的纵队向让布卢前进的话：热拉尔沿着通往潘迪茹尔的道路，旺达姆则走松布雷夫旁的罗马古道。

蒂尔曼军很早以前就开拔了，而埃克塞尔曼斯手下与敌人隔河相望的哨兵就在这种浑然不觉的情况下让左岸的普军溜走，当他们反应过来后为时已晚。2时，蒂尔曼离开了他在让布卢北部的营地，而埃克塞尔曼斯在3时带着龙骑兵进入了村庄。此时距离普军还不是特别的遥远，因为失误而与他们断掉的接触或许还能补救。但他却不知道去弥补自己那因缺少警戒所犯下的过错，与向每个方向派出侦察兵并指挥大部队跟着再次发现的敌军踪迹前进相反，他前进到位于让布卢北不远处的索沃尼耶尔（Sauveniere）便停了下来，并满足于抓捕附近的400头牛。

整个下午格鲁希都毫无作为，埃克塞尔曼斯的懒惰已经让他完全麻痹了，他把对普军的追击推迟到了第二天。旺达姆的军在当天还没有走满13公里，热拉尔的军则仅有10公里。虽然距离落日格鲁希还有两个小时的时间可以支配，但他命令部队停下来。他让旺达姆的步兵在让布卢附近扎营，热拉尔则在其后方。元帅把糟糕的路况和倾盆的大雨当作借口。但在瓦夫尔和迪翁勒蒙那边的路况也好不到哪里，但普鲁士人却在雨中稳健地前进。

另一方面，接近6时，埃克塞尔曼斯决定派出博纳曼（Bonnemains）的旅去探索萨尔瓦兰（Sart-a-Walhain）方向，第十五龙骑兵团前往佩尔韦（Perwez）方向。抵达萨尔瓦兰后，博纳曼又向尼尔-圣樊尚（Nil-Saint-Vincent）和图里讷（Tourinnes）方向派出了侦察兵。图里讷依然被普军后卫占据着。在花了一个小时的时间探视敌军的虚实，并且敌军也没有离开的意思后，龙骑兵们返回埃尔纳日（Ernage）扎营。到10时，一个农民告知博纳曼普军已经撤出图里讷并往瓦夫尔前进。博纳曼上报了这个消息。从佩尔韦返回的第十五龙骑兵团团长也带来了同样的情报：撤退中的普军正向瓦夫尔行军。

夜色很晚的时候这些报告才被传递给了格鲁希。但在6时，他已经通过帕若尔的一封信得知先前看似前往那慕尔方向的敌军纵队实际上是在向勒芬行军。7时到8时之间，他又在让布卢收集汇总了许多重要信息。这些情报并不协调一致，其中一部分表明普军正通过佩尔韦向列日或马斯特里赫特行军，不过大部分则认为他们正赶往瓦夫尔以便同威灵顿在布鲁塞尔附近会合。

因此根据帕若尔的信件和让布卢当地居民提供的情报来看，似乎很清楚：第一，敌人并没有沿着那慕尔道路撤退，这在早晨得到了验证；第二，他们要么往勒芬、马斯特里赫特、列日行军，要么往瓦夫尔行军，后者的可能性更大，因为便于同英军合流。

在这种情况下，最明智的选择就是前往瓦夫尔。因为如果普军向列日、马斯特里赫特或勒芬撤退，他们会因为自己的错误而至少在两天内被排除在整个战役外。如果他们成功地在瓦夫尔重整队伍，并意图和威灵顿会师的话，那么这对皇帝来说会是迫在眉睫的危机。格鲁希应该并且可以做的事情是：在8时把埃克塞尔曼斯的骑兵部署到瓦兰和萨尔瓦兰，把旺达姆的军队部署到埃尔纳日，把热拉尔的军队部署到圣热里（Saint-Gery）。通过这样的变化，格鲁希不仅可以在同一天晚上让他的军队与瓦夫尔的距离拉近4公里。另外还可以让第四军多走两倍的距离前往圣热里，第二天两个军就能在不浪费一分钟的情况下以平行纵队同时出发了。不仅如此，如果格鲁希决定在拂晓就沿着迪勒河左岸进军的话，位于圣热里的第四军就能很快夺取圣吉贝尔山和穆斯蒂（Mousty）与奥蒂尼（Ottignies）两地的桥梁。

但格鲁希并没有理解瓦夫尔是他的首要目标，他应该放弃在撤往烈日的道路上追上普军的微薄希望，并把掩护军团主力侧翼作为重中之重的任务，如果普军要前往同英军汇合的话。在晚上10时他写信给皇帝：

> 从现有的报告来看，普军抵达索沃尼耶尔后，分成了两个纵队。其中一个必然走的是通往瓦夫尔的道路，另一个纵队则向佩尔韦前进。我们或许可以据此推断，敌军的一部准备与威灵顿汇合，一部由布吕歇尔亲自指挥撤往了列日，另一个纵队和炮兵则往那慕尔撤退。埃克塞尔曼斯将军已经在今晚派出6个中队的骑兵向萨尔瓦兰推进，3个中队的骑兵向佩尔韦推进。在他们向我报告之后，如果普军的主力撤往瓦夫尔，我就会往那个方向跟进，让他们无法靠近布鲁塞尔，并将他们同威灵顿分隔开来。如果与之相反，情报显示普军主力朝佩尔韦行军，我就会挥兵前往那个城镇追击敌军。

虽然在这封信中，格鲁希声称他会根据夜晚的报告而决定向瓦夫尔或者列日行军，但他并没有采取任何实际的措施。他下达的次日命令是：埃克塞尔曼斯与旺达姆前往萨尔瓦兰；帕若尔从勒马济前往格朗莱茨（Grand-Leez）；热拉尔跟随第三军前往萨尔瓦兰，并派遣骑兵到格朗莱茨。“敌人正在往佩尔韦撤退”——由此证明格鲁希忘记了威灵顿，并忽略了瓦夫尔，列日才是他坚持搜寻敌军的方向。

第五章

联军的撤退

第一节　威灵顿与布吕歇尔的信件来往（6月17日晨间），联军的撤退（10时）

在6月17日的晨间，四臂村方面的法军与联军仍按兵不动，处在各自阵地之中。内伊直到9时才获悉利尼会战的消息；而威灵顿方面，过去的一整晚中他的盟友没有任何动静。布鲁歇尔的上一则消息还是头天晚上发来的，当中声称普军元帅已经恢复了攻势，并且“一切进展良好”。不久后，格奈泽瑙派出了一名军官，意图知会普军撤退的消息；但这位军官在路中被法军散兵所重伤，未能完成任务。威灵顿认为利尼的战斗尚未结束，双方将于次日再次全线交锋，于是他便决定在四臂村就地扎营，并调来了生力增援：傍晚时分，阿克斯布里奇勋爵的骑兵开始陆续抵达，直至夜间；17日晨间，翁普特达（Ompteda）旅、克林顿师、科尔维尔（Colville）师、炮兵预备队也同一线部队会师了。

威灵顿本人头天晚上是在热纳普过的夜，拂晓时他也回到了四臂村。在热纳普，普军吃败的流言业已传开，因而威灵顿迫切地想搞清楚布吕歇尔的现况。于是，他便向左侧派出了副官戈登（Gordon）上校，后者则带上了第十骠骑兵团的分队。在马尔拜，戈氏率队避过法军哨兵，顺利抵达了蒂伊；很幸运，他在彼处找到了齐滕将军，齐氏正在指挥第一军后卫行动。戈氏借此了解到了普军正撤往瓦夫尔的动向。7时30分，他回到了四臂村。此时，威灵顿正在四臂村前的沙勒罗瓦大道上，由于焦虑不安，他正大步大步地踱来踱去。戈登带着情报回禀了公爵。就此，战局迎来了突然转折！威灵顿明显不能继续滞留四臂村了，因为他同内伊正面交锋之时，侧翼便会暴露给拿破仑。心烦意乱之下，“撤退”便是他头个能想到的办法了。“布翁被痛打一顿后，”他说，“撤向了瓦夫尔，跑了整整18英里。我们只能依样画葫芦了。如此一来，英格兰那边估计会传开我们战败的流言，对此我毫无办法。”

米夫林观察局势后得出了结论，他发现情势还未如此绝望。他说：“普鲁士军队正朝瓦夫尔行军，你能很轻松地同他们恢复联系、协调行动。请你撤退到与瓦夫尔处于一线的某个地点，在那里可以收到元帅（指布吕歇尔）的消息，也可以收到其部队状况的情报，你大可以根据这些再确定接下来的行动。”

威灵顿决定退守蒙圣让。关于蒙圣让，这是一个坚固的防御阵地。早在一年前，韦氏在前往布鲁塞尔的途中就曾考察过。现在的问题是，他是立马拔营开溜，还是先让部队吃顿饭？后一种选择得冒着打激烈后卫战的风险。虽说前哨不时有零星枪声，但内伊主力毫无移动的迹象。“我了解法国人，”米夫林说，“他们在喝完汤之前是肯定不会主动进攻的。”威灵顿决定10时以后开始撤退。他给希尔勋爵（正率军向四臂村开来）发去了指示，让希氏率麾下诸师部回防滑铁卢。接着，他看过了布鲁塞尔发来的信件，然后便裹着斗篷睡着了。韦氏醒来的时候已经快到9时，他瞥了一下法军阵线，发现内伊毫无进攻意向。他说：“法国人这是准备溜了？也不是没可能啊。”

此时一名普鲁士军官来了，此人名叫冯·马索夫（Von Massow），衔至中尉；他是从梅勒里赶来的，格奈泽瑙派他来知会威灵顿普军计划：普军全军将在瓦夫尔集结。普方想知道威灵顿的下步打算。当着米夫林的面，公爵回答道："我准备在蒙圣让摆下阵势。只要我能得到哪怕一个普鲁士军的支援，我就会在那里等待拿破仑并与他决战。如果得不到这一支援，我只能放弃布鲁塞尔并据守舍尔德特（Scheldt）河了。"马索夫即刻动身，返回普军总部。

联军开始行动了，依次踏上了布鲁塞尔大道，先后顺序为：库克师、皮克顿师、佩尔蓬谢（荷兰-比利时）师、阿尔滕师，最后的是不伦瑞克部队。阿克斯布里奇勋爵的骑兵被部署在第一线掩护撤退。直到1时，这些骑兵依旧没有离开阵地。内伊没有给勋爵施加任何压力，后者正和副官优哉游哉地坐在路边上。勋爵很好奇法军迟迟不攻的原因，他的副官嘲讽说道："人家还在吃饭呢。"不久后，阿克斯布里吉获知有大量敌军自左侧逼近而来。原来，这是拿破仑部队的前锋，他们正沿着那慕尔路赶来。

第二节　拿破仑抵达四臂村，联军骑兵依旧占领四臂村（2时）

皇帝率多蒙轻骑兵、米约胸甲骑兵离开了利尼的比西磨坊，向马尔拜进发。在他们动身之前，洛博军、絮贝维尔骑兵师、近卫军早已开拔。快到1时，拿破仑抵达了马尔拜；然后他休息了数分钟，盼望着内伊的消息或两军交锋的炮声。后来皇帝等得不耐烦了，他决定亲自率军前往四臂村。在他前方2公里处的田野上，是法第七骠骑兵团的侦察部队，他们与联军骑哨发生交火后旋即后撤。皇帝立刻将部队以作战序列展开：炮兵部署于中阵，步兵则居于二线；米约胸甲骑兵位于右翼；雅基诺、絮贝维尔、多蒙三部的轻骑兵则构成左翼。同时，皇帝还朝弗拉讷方向派去了一个分队，以便与内伊取得联系；执行这项任务的是第七骠骑兵团，他们把内伊极左翼的近卫红色枪骑兵当作了英军，还朝后者开火射击。侦察兵们俘虏了一个联军随军妇女。这名妇女被带到了皇帝跟前，供认留守四臂村的仅仅是殿后掩护主力撤退的阿克斯布里奇骑兵；至于法军动向，她一无所知，还以为法军返渡桑布尔河撤离了。皇帝恼火于威灵顿逃出了自己手掌心的这一事实，不过他还是决定尽量吃掉联军骑兵。胸甲骑兵、猎骑兵、枪骑兵、骑炮兵，都开足马力全速前进。皇帝本人早已没了耐心，他带着御前中队绝尘而去，把大部队远远地甩在身后。

刚一发现法军迫近，阿克斯布里奇勋爵便立马赶到了那慕尔路，并在此找到了威灵顿。法军仍在相当远的地方，只能依稀看到金属反射的光芒。威灵顿说："这是他们的刺刀"。不过，借由维维安将军的战地望远镜，他还是辨认出反光的是胸甲骑兵。他与佩氏交换了意见，短暂讨论之后，威灵顿决定走为上计。佩氏被任命为后卫指挥官。接着，威灵顿便动身离开了。英军龙骑兵走上了布鲁塞尔大道，也开始了撤退。维维安、格兰特（Grant）骠骑兵开始展开队形，方向与那慕尔路垂直，骑炮兵则布置在其前方。

刚过2时不久，狂风裹挟着黑云，遮蔽了天日。暴风雨即将从西北方呼啸而来，四臂村业已被笼罩在了阴影之中；然而，马尔拜却依旧日照当空。阿克斯布里吉正骑在马背上，位于默瑟上尉的骑炮连附近；后者正将炮口纵向瞄向那慕尔路。蓦地，地平线上跃出一名骑士，他的卫队紧随其后。他背光而立，他面庞、身形、胯下骏马如同黑色浮雕般，乍看之下好似沐浴阳光之中的青铜像。虽然只能看出轮廓，但勋爵还是立马认出那人就是拿破仑。"开火！射击！"他大喊道，"给我瞄准了打！"炮声如雷鸣作响，皇帝也召来了近卫骑炮兵。联军认为与法军持续炮战实在过于危险，因而退缩了。雅基诺、絮贝维尔的骑兵发动了一次强而有力的冲锋。此时，雷霆齐鸣，风雨交织而下，敌军骠骑兵、炮手见法骑兵杀来四散而逃。"此情此景，"默瑟说，"就好像炮弹撕碎了云层一般。"

至于内伊元帅，没人清楚他在做什么。于是皇帝直接向弗拉讷前方阵地的军队指挥官下了命令；此时，戴尔隆也终于携其纵队前锋现身了。皇帝批评了他头天晚上没有遵令攻击普军的行为，戴尔隆则回答说自己必须听从其顶头上司内伊的直接指令。皇帝觉得多说无益，因此命令戴尔隆率第一军立即追击布鲁塞尔大道上的骑兵。没过多久，内伊也来到了御前。因为内伊在昨日极不专业的表现，拿破仑在之前8时发出的信件里对此表达了不满。眼下，他没有将这种情绪拿出来老调重弹；但对于内氏竟仍未执行早先谕令的行为，皇帝则用揶揄口吻以表讶异。内伊为自己开脱，理由是他以为自己对阵的是威灵顿的整支军队。就算如此，他也本可以借由一次有力攻势探探敌方虚实。但实际上，他连一个骑兵中队都没有派出过。他只能证明，在16日晚至17日晨间，自己对敌军动向的疏忽大意、掉以轻心。

不过老实说，内伊元帅在过去的一整晚中丝毫不清楚利尼战事，这还是要归结于其参谋长的粗心大意。因而，在早晨8时的谕令传来之前，内伊都不太可能采取攻势。即便内伊攻击了，英国人大可以运用手中的大量骑兵，更加干脆利落地撤退。此种情况下，联军会提早一个钟头开始后撤，而内伊将在正午进驻四臂村，这同样是毫无意义的——但也不好说，因为也有可能威灵顿会在遭受猛攻之后决定坚守阵地。问题在于内伊什么都没有做，这也就是皇帝发难于他的原因。当然，相比之下，皇帝肯定自责更切；这是因为他没有提早行程，没有在晨间7时就把近卫军、洛博军派往四臂村——如此一来，全歼联军的机会就这么溜走了。至于威灵顿这方面，倘若其撤往热纳普的路线遭到威胁，左翼被拿破仑压迫，正面被内伊猛攻，而在他将几乎所有部队都部署于阵地的情况下，他只能接受一场未战已败的会战了。

与内伊在四臂村谈话时，皇帝看见胜利正在眼前消逝。不过，他还是希望能够再次将之牢牢攥住。在他看来，如果快马加鞭地急速追击，说不定能迫使威灵顿停下脚步。最后，他给雷耶、洛博、近卫军下令，要求他们紧紧跟随布鲁塞尔大道一线的第一军、轻骑兵，一同追击敌军。这支部队的侧翼由多蒙猎骑兵与胸甲骑兵掩护。皇帝本人则身先士卒，率领御前中队携近卫骑炮兵充当追击先锋，一骑绝尘而去。此举大大振奋了全军士气。

第三节　联军后卫的闪电撤退，拿破仑紧追不舍；热纳普的战斗；蒙圣让的炮击（7时）

根据默瑟上尉的话来说，追击的步调就好比“纵犬猎狐”一般。联军后卫十分混乱地开始了撤退，骠骑兵、炮手们凌乱地奔跑着，“像发了疯一样”。闪电滂沱之间，他们的视线很差，五六步之外就不能分辨军服颜色了。阿克斯布里吉勋爵就像个军号，他沿着纵队一路疾驰，向士兵们高喊道：“快！再快点！老天！你们赶紧跑，否则就要被捉去了！”英军骠骑兵的身后便是阿方斯·科尔贝的枪骑兵，后者几乎是踩着前者脚后跟追击的，他们的嘲笑声甚至穿过蹄声雷鸣传入了仓皇逃命者的耳朵里。

联军借由热纳普桥及上游的另一桥梁渡过了迪勒河，还有些则是涉水穿过浅滩。从热纳普向北而去，有一处丘陵地带屏护着它。丘陵不是很陡，坡度呈平缓的上升趋势。为了滞缓身后的疯狂追兵，阿克斯布里奇勋爵在山腰处进行了反击部署，骑兵、炮兵（2个连）以两条阵线布置。此时，法第一枪骑兵团咬着维维安骑兵从村庄中一涌而出，他们先是吃了一轮霰弹，尔后又受到英第七骠骑兵团、第一近卫骑兵团的冲锋。枪骑兵们不费吹灰之力地突破了骠骑兵的阵线，但却被佩氏亲率的近卫骑兵所击败。他们一路退却回了热纳普，近卫骑兵尾随其后。接着，两军在狭窄蜿蜒的街巷里展开了殊死搏斗，枪骑兵们的长枪在此也无法发挥优势。酣战之际，只见又有一队自岔路口中杀出，原来是法第二枪骑兵团；他们与其说是成群结队，倒不如说是列成了4排纵深的横队。他们径直撞向了近卫骑兵，并一举将后者赶出了村庄。近卫骑兵撤回了布鲁塞尔大道，此时马尔博部骠骑兵（该部从热纳普右侧迂回而来）又在侧翼冲锋攻击了他们。英军骑兵一度惊慌失措，不过在炮兵掩护下又重夺了高地。

此时，皇帝正从热纳普赶来，他还带着御前中队及一个骑炮连。之前，他还在四臂村。跨上迅捷的白色母马“德西蕾”（Désirée）后，他一路飞奔，抢到了追击纵队的最前端。他所穿着的灰大衣，用料甚薄，平时还可以防尘，眼下已完全被雨水浸湿了。他的足靴上也是水流不断。他迎着风雨，全然不顾军帽上的勋饰，拍击之下，勋饰最终“啪嗒”掉落，帽角因而耷拉到了额前脑后。拿破仑现在就像《塞维利亚的理发师》（*Barbier de Seville*）里面的巴西勒（Basile）一样。他亲自指挥火炮的部署，以急不可耐的口气向炮手咆哮道：“开火！开火！英国人就在那边！”

在热纳普街道上，第二枪骑兵团的苏尔上校（Sourd）被几名英近卫骑兵所包围，右臂遭受了6处砍伤。由于伤势过重，拉雷医生就地给他做了截肢。在手术之中，苏尔口述了一封信，致刚擢升他为将军的皇帝：“您能给予我的最大荣誉，无非是允许我继续作为团长留在我的枪骑兵团，我希望率领他们再次走向胜利。我拒绝接受将军军衔。愿伟大的拿破仑原谅我！对我来说，团长一职就是全部。”在流血不止的断臂被用绷带刚刚包扎好后，他便再次爬上坐骑，沿着纵队疾驰前往去加入自己所深爱的团。无论共和帝政时期，法兰西军队之中还有很多如此可歌可泣的英雄事迹。

过了热纳普后，军队的行进速度明显放缓。英军依然急速行军，法军也没有丧失他们的激情，但持续大雨使路况越来越糟。道路被留给炮兵、步兵通过了，这里一副奔腾如流的景象；在旷野上，骑兵甚至要在及膝的积水中前进。

靠近6时30分，拿破仑和纵队前锋抵达了佳姻村（La Belle Alliance）高地。此时，不伦瑞克步兵十分混乱、态势骇人；至于英军骑兵后卫则穿过了一段山谷，前往对过的坡地。这条山谷横亘于佳姻村高地、蒙圣让高地之间。马尔博骠骑兵尾随而至。在高地边缘，有一个联军炮兵连。他们开始轰击停驻在四臂村附近的法军骑兵，双方展开了小规模的交锋。雨已经停了，但空中依然弥漫着潮湿水气。通过如纱薄雾，皇帝模模糊糊看见了大量骑兵、步兵。这是否为威灵顿准备与法军决战的主力？还是说，这仅为用以掩护撤退所布置于此的强大后卫？皇帝决定一探究竟。在他的命令下，4个骑炮连开始射击，米约胸甲骑兵也做出冲锋预备姿态。接着，敌军火炮轰鸣还击，并且强度越来越大，联军的真面目也随之揭开。这就是联军的全部部队了。

第四节　夜间宿营

现在夜幕将至，但法军几乎所有的步兵都被甩在后方甚远之处。皇帝下令停止交火。炮击时，他一直待在佳姻村附近，彼处又是敌军的火力覆盖区域；期间，默瑟上尉认出了拿破仑，并看到后者正在向参谋下命令。皇帝亲自为部队划分了宿营地。戴尔隆军（除了还未抵达的迪吕特师，该部要翌日清晨才到达）布置在普朗尚努瓦（Plancenoit）与蒙普莱西尔（Monplaisir）农场之间，其前方、右翼由雅基诺骑兵掩护。米约胸甲骑兵、多蒙与絮贝维尔轻骑兵、近卫骑兵部署在二线的罗桑默（Rossomme）高地上。雷耶军、洛博军、克勒曼胸甲骑兵停驻在热纳普附近。近卫步兵在傍晚通过了热纳普，离开了充斥火炮、辎重车队的大道，试图穿过乡间小道抵达司令部。不过，只有两个到三个团抵达了格拉拜（Glabais），那时已经是11时至12时之间了。其他团没能找对路，于是只能解散，在乡间徘徊寻找农舍、零散房屋。直到翌日晨间，他们才回到所属单位。

夜间状况几近折磨，实在难以宿营。部队在黑暗中抵达，身心皆疲，蹚水前进。“每人的靴子上都粘着两三磅重的泥土。”某些人由于靴子陷到了厚泥耕地里，索性赤脚前行。现在，军队必须在麦田里卧下休整，周遭尽是1米高且被雨水浸湿的麦子，“就像浸入浴盆一样”。所有从瓦尔德（Vardre）、尚泰莱（Le Chantelet）和勒凯鲁的灌木丛中砍来的木材要拿去生造营火，因而没有材料可以搭建遮雨设施。当天的天气条件下，生火异常困难，只能反复不断尝试操作；结果，不但没能燃起多少火堆，反而造出了阵阵浓烟。雨一直下，只是偶尔停歇。士兵们为了尽可能地干燥水分、暖和身体，以10到12人为一组站在一起睡觉，彼此身子紧挨战友。还有些人径直平躺在泥地上入睡了，他们有的韧性比较强，有的是真的昏倦欲死。战时，他们有时还会在刺刀上睡觉。至于骑兵们，他们在固定好马匹后，跨上马鞍、裹着大氅，身子倒在了马脖上入睡了。士兵们饱受饥饿，他们的背包当中，4日量的面包配给早已消耗至尽。对于大多数团部而言，口粮分发要延迟到午夜甚至于翌日清晨。士兵由此而生的不满情绪，以及他们大量掠劫比利时农民的行为，都是可想而知的。

近卫军们直到晚上还游荡在旷野阡陌之上，他们此刻特别不爽。“牢骚佬”们从未如此时这般大声牢骚，嘀咕咒骂之间，掺夹着对将领的痛恨；士兵们控诉指挥官胡乱带路，进而把他们引入了歧途——现在他们不得不“搁浅”在眼前这些说不上名头的野路上。时至今日，老兵们仍着魔于1814年之变，结合现下状况，自然便会宣称这是“（遭）背叛的迹象”。然而，无论是近卫军，还是一般战斗部队，两者都没有出现士气萎靡乃至意志消沉的情况；他们打心底地渴望复仇，并同时坚信取胜。除却上文提及的咒骂指责现象外，法军将对没有面包、没有篝火（等诸如此类的雨夜惨况）的愤怒转嫁给了“天杀的”英国红衫军们。许多人暗自发誓，要在第二天把这笔账算算清楚。

反观蒙圣让高地上的联军，他们也好不到哪里。不过，那些4时开拔的步兵，在日间就抵达了目前的阵地；先头师部也在暴风雨来临前便抵达了此处。扎营时地面依旧干燥，士兵们割来了黑麦长茎做成了草床，然后便开始生火。后勤补给良好运转，联军能够安静地准备晚餐。不过，阿克斯布里吉的骑兵部队由于恶劣天气还得遭罪受。

第五节　拿破仑拿捏不定，布吕歇尔致威灵顿的信件，拿破仑的命令（6月17日夜至6月18日）

皇帝折返了一段路，抵达了布鲁塞尔大道边上的勒凯鲁（Le Caillou）农庄，并在此过了夜。这是一座漂亮的小农场，距离佳姻村有2700米远。这里的主人叫布科（Boucqueau），不过由于不伦瑞克士兵撤退时掠劫了此处，布氏及其家人早远遁而去。士兵们开枪打碎了窗户，破门而入，接着把房子搜刮得干干净净。皇帝吩咐让人给壁炉升起大火，在行李运抵前，这样他能尽量地烘干自己。

靠近9时，米约将军口头禀告了皇帝如下情报：前者在从马尔拜到四臂村的途中，发现其右翼有一支普军纵队正从蒂伊撤往瓦夫尔。皇帝闻后立即写了一封信，并发给了音信全无的格鲁希，以警示后者这支纵队的前进方向，同时也命令后者向瓦夫尔行军且借此接近军团主力。不过，无论这道命令是否被送出，确定的是它都没有送抵其目的地。传令军官没有找到元帅那里，吊诡的是，也没有任何记录显示，他在途中究竟是被普军侦察兵俘虏与否，还是杀害与否，或是出于别的什么原因从而失踪了。

就算有米约这出报告，皇帝似乎也没有因此而提高警觉。自正午开始追击以来，在他的脑海里，就推定了布吕歇尔军的两种状况：要么是撤向那慕尔或马斯特里赫特，要么就是一路向北在布鲁塞尔前方与联军会合。再回过头来看那支撤往瓦夫尔的普军纵队，这一迹象恰好与皇帝这两个先入为主的观点相吻合。当然，这支纵队也可能仅为一支被切断了退路而四处游荡的孤军。退而论之，就算普军全军都集结了瓦夫尔——这是最糟的情况——格鲁希也能及时追上并牵制住他们。即便普军立马从瓦夫尔出发前往布鲁塞尔，局势对于皇帝而言也不算糟糕。布吕歇尔刚吃了一场败仗——这才过去36个钟头——更不用说他屁股后头还有3.3万法军的衔尾追击——此种情形下，他怎敢冒险从瓦夫尔侧翼行军到普朗尚努瓦或奥安（Ohain）以期恢复攻势？想都不用想，皇帝从未考虑过发生这种状况的可能性。

而在6月17日的夜晚，比起普军动向，拿破仑更关心联军的战略。他担心威灵顿只是一时停驻于蒙圣让，后者则企图趁着夜色溜走，撤到布鲁塞尔前方占据一个阵地坐等普军来援。如果敌军确有此打算，那么在皇帝看来局势就是相当危急的了。诚然，皇帝一门心思要在蒙圣让就地歼灭联军；但他也同样担心在穿过苏瓦涅森林后，竟然遭遇联普联军的风险。不过，由于皇帝还不确定普军主力的动向（挺进布鲁塞尔或撤向列日），以上仅仅都是皇帝的推测罢了。他的脑海之中正进行着针锋相对的激烈推演，另一方面，其仍强烈地寄希望于普军的残破状态、低迷士气。这样一来，就算布吕歇尔执意同威灵顿会师，但在未来的几天内，其麾下吃了林尼之败的军队都是无法作战的。

对于威灵顿的战略计划，皇帝可谓是一头雾水。不过，这也怪不到皇帝头上；毕竟威灵顿本人的想法都并不清晰。直到夜深，他未做决定，因为这完全取决于布吕歇尔的打算。正如他在17日晨间对马索夫中尉（格奈泽瑙的联络军官）所说的那样，如若普军4个军部中至少有一个能够支援联军，他就会在蒙圣让摆下阵势接受挑战，否则便会撤退。

问题是，在此前的12个小时里，威灵顿未曾从普鲁士总指挥部获知任何消息。倒是布吕歇尔清楚联军的最终方案，因为他从中午返回的马索夫那里获悉了情况。此种情况下，布翁急切地想同威灵顿达成合作。但，就算布翁承诺翌日援助威灵顿，他也必须等待军队完成集结与补给。这一过程的进展不是很快。6月17日下午，只有第一军、第二军在瓦夫尔完成集结；然而，这些部队仍缺少弹药口粮。辎重队伍取道让布卢向瓦夫尔进发，但在法军骑兵的眼线之下，他们安危难卜。至于第三军、第四军，法军很可能正撵着他们紧追，后者将不得不停止行军，随之回身反击。

5时，热纳普方向传来的炮声正渐而平息，普军辎重安全抵达瓦夫尔。3小时后，第三军在前往拉巴弗特时，经过了瓦夫尔。最终，夜间11时，比洛发来了一份报告，他称自己与第四军前导部队正在迪翁勒蒙。与此同时，米夫林发来的一份急件送到了布吕歇尔手上；前者确认了威灵顿业已在蒙圣让阵地布下阵线，联军意图与拿破仑一战。就是否支援联军的问题上，格奈泽瑙依旧摇摆不定。“如果联军吃败的话，”他的观点也并不是不合理的，“我们也有可能步其后尘，甚至更糟。”不过，布翁最终还是说服了这位大权在握的总参谋长。“格奈泽瑙让步咯！”他以胜利的口吻对哈丁格（Hardinge）上校（联军驻普军武官）说道，“我们将同公爵会师！”致威灵顿的信件中，布吕歇尔写道：“明日拂晓时分，比洛军会动身行军，朝你方方向前进。皮尔希军将紧随其后。第一军、第三军也会做好出发的准备。可惜部队精疲力竭，也尚未完全集结完毕，我不能过早地展开行动。”

凌晨2时，威灵顿收到了这封信。彼时，他正在位于滑铁卢的总指挥部，在英军阵地后方的4公里处。既然普鲁士援军指日可待，威灵顿便决心打上一仗。虽说现在是走着运了，但他对普军并没有太大信心。此前很长的一段时间里，布翁与之失联，威灵顿难免认为普军是无法作战的。即便他进行会战的前提是得到普军的支援，但凌晨1时之前，他丝毫没有做出任何预备撤退的安排。

正当威灵顿确定会战之时，拿破仑也察觉到了这个迹象。他在“勒凯鲁”展开了不少工作，直到很晚才歇息下来。首先，考虑到次日可能会有一场大战，他口授了作战命令。他也让人把巴黎来的邮件念给他听，接着又口授了几份信件。达武对此评论说：“这些信件是很有必要的，因为得应对众院议员们的阴谋诡计，以及他们据此搞出来的麻烦。” 皇帝几乎是没有任何睡眠时间的，凌晨1时，他正在骑行在前哨部队之间，巡视了一番；期间，只有贝特朗将军伴随身旁。天又开始下雨，其势如注。拿破仑登上了佳姻村高地的坡脊，位于法军火炮射程之内的联军露营地映入了他的眼帘。天地之间唯有肃寂，联军看起来正沉湎在梦境之中。士兵们所点起的无数篝火，透过雨幕烟雾交织而成的薄纱，将其焰影映射向了苏瓦涅森林。乍看之下，后者好像正熊熊燃烧一般。皇帝判断，联军会留驻在既定阵地上。倘若联军意图在夜晚或者隔日破晓时撤离，那从他们的营地中会传来准备出发所造成的喧嚣声。当清晨的第一缕阳光洒下时，皇帝返回了勒凯鲁。

回到勒凯鲁后，他收到了格鲁希在头天晚上10时于让布卢写就的报告。信使是在凌晨2时左右抵达的。报告中称，普军似乎分成了两个纵队撤退，其一往利尼方向，另一支则向瓦夫尔——正好，夜间报告也证实了后者的迹象——格鲁希称他“会跟踪他们以便将其与威灵顿分割开来”。皇帝相信部下陈词，因而认为目前还不需要发出新指令。然而，接下来的态势走向证明他是错的。

没过多久，皇帝开始处理情报，这些从间谍、侦察军官、比利时逃兵等人群中综合而来的信息，证实了皇帝之前的预想：联军并无撤退的打算。一场大战将会在蒙圣让拉开序幕。

皇帝相信胜利在握，东方白日会穿透薄雾，将“见证英国军队的毁灭”。不过，他同时也很焦虑；他应该尽快展开攻势，但眼下状况只能将之暂时按下。皇帝将信将疑地认为威灵顿会在蒙圣让一战，于是之前一天他便给预计参战的各个军部划分了阵地——如此一来，法军便能在第二日尽快展开行动。不幸的是，由于之前的暴风雨，路况泥泞难行，以至于炮兵将领无法调拨他们的火炮。后来雨确实也停了，但地面需要数个小时才能干燥。靠近凌晨5时，皇帝让士兵们清洗武器，准备汤羹。他认为，与其将攻势提到很早时候发动，倒不如给士兵们休整的时间；军队不妨等到上午9时再组织进攻。于是他对昨日部署做出了调整，对苏尔特口述了新命令：“皇帝命令军队应当在9时做好进攻的准备。各军部指挥官应集结部队，检查士兵清理武器，准许士兵烹调汤食；同时也应组织士兵进餐，以便9时每个士兵都能准备就绪并组成战斗队形，每个军及其所属炮兵、医疗队一起行动，部署在皇帝昨晚指示中标明的位置。”

第三部分　滑铁卢

第一章

布吕歇尔与格鲁希

第一节　6月18日晨间的普军部署与运动，布吕歇尔元帅离开瓦夫尔（11时）

布吕歇尔忠于对盟友的承诺，情绪高昂地做好了支援准备。他的命令在夜间发出，其中要求：比洛军应于拂晓时向沙佩勒圣朗贝尔（与蒙圣让的直线距离为7公里）进军，皮尔希壹军紧随其后；抵达沙佩勒圣朗贝尔后，指挥官将视具体情况便宜行事。如果情势不利于参战，这两支部队便留驻于沙佩勒圣朗贝尔，同时需要隐藏踪迹；反过来说，如果战况有利，那么就攻击法军右翼。至于齐滕、蒂尔曼两个军部，将会继续驻扎在迪勒河左岸的宿营地里，等待进一步的指示。布翁虽然也想让这两支部队一道支援联军，但在具体操作之前，还是得等待清晨的报告结果。现在，他还没有得到有利于行军的消息，也不清楚让布卢的法军兵力的强弱与否，因而不可能贸然撤掉迪勒河一带的防御。

虽然这是个很好的计划，但它却有一个先天缺陷。鉴于比洛军没有参与在利尼的战斗，布吕歇尔希望将这支部队首先投入战局。但也正因为这个可以说是情有可原的想法，普军的行动便失去了速度。齐滕军、蒂尔曼军正在比耶日和拉巴弗特泰扎营（离沙佩勒圣朗贝尔分别为8公里和9公里远）；而皮尔希军、比洛军则在艾瑟蒙和迪翁勒蒙（离沙佩勒圣朗贝尔分别为10公里和14公里远）。很明显离战场最近的部队需要首先调动，而同时这些较远的可以跟上并暂时维持迪勒河的防御线。无论如何，参谋部都应该预见到：在比洛军整队完毕以前，皮尔希壹军都将无法移动；而如果皮尔希壹先行一步，比洛紧随其后的话，正午之前在沙佩勒圣朗贝尔就能集结起半数普军了。

但实际情况却完全不同，比洛部先锋罗斯廷师（Losthin）在早上7时才抵达瓦夫尔；接下来，他们在过桥和穿过瓦夫尔狭窄陡峭的主街道时浪费了不少时间。在他们行将离开时，一场猛烈火灾意外窜起，并且堵塞了道路。比洛军的大部分部队不等不等待火灾的扑灭。

如此一来，第四军的行军就被延迟了，浪费了两个小时以上的时间，后卫旅部一直要到下午3时才抵达沙佩勒圣朗贝尔近郊。第二军在早上5时就已整装待发，因为命令让第四军先行，他们在中午过后才开始行动。到了下午2时，皮尔希壹军中一半的士兵依然没有渡过迪勒河。

在上午7时至8时之间，格罗邦伯爵从前哨返回并报告称驻扎在让布卢的法军尚未开始行动，而他们的兵力，据他的估计，不会超过1.5万人。“我不能乐观地断言，”他说道，“法军不会超过这个数目，但就算他们有3万人，我们只要有一个军在也足够守住迪勒河一线了。决定战役胜负的地点在蒙圣让，我们必须尽可能地往那里派出部队。”布吕歇尔也是持同样的观点，但格奈泽瑙和格罗尔曼（Grolemann）依然反对从迪勒河一线抽出过多兵力。“这个问题，”格罗尔曼在格奈泽瑙的正式许可后说道，“将会在正午时解决。如果在那时，并没有可观力量的敌军出现在瓦夫尔之前的话，第一军就会加入第二军和第四军的行动，第三军可能也会一并出发。”同时布吕歇尔向米夫林写道：“以我的名义告诉威灵顿公爵，我虽身体状况不太好，但一旦拿破仑开始进攻，我将策马在前，带领部队杀向敌军的右翼。如果这一天法军没有发起任何攻击，那我们明天就一起进攻他们。”

记录这封口授信件的是副官诺斯蒂茨，在寄件之前，他把信件交给了格奈泽瑙查看。格氏很不放心威灵顿，头天林尼会战的晨间时候，他还在怀疑“大无赖”（格奈泽瑙语）威灵顿的承诺。再加上6月16日的情况，公爵根本没有朝布里方向施以援手，哪怕一兵一炮——这一点更是让格氏加深了对威灵顿的猜忌。他唯恐英国人一枪不发就撤往布鲁塞尔。这种情况下，行进之中的普军就会暴露在拿破仑和格鲁希的夹击之下。在这封信上，格奈泽瑙又加上了一条附言：“格奈泽瑙将军与布吕歇尔元帅保持一心，但他也请求阁下洞察威灵顿内心最深处的想法，并确认他是否已经下定决心在现有阵地与法军一战；也请确认他是否只是做做样子，但如此做法却可能让我军陷入巨大危机中。”

时间飞逝，布吕歇尔从未像现在这样希望第一枪打响之后就可以出现在战场上。在把如何使用剩余军队的权力交予格奈泽瑙后，他于11时离开了瓦夫尔，并前往沙佩勒圣朗贝尔附近同比洛会合。“尽管我饱受坠马之苦，”他之后说道，“但我宁愿被绑在马上也不愿意错过这场战斗！”

第二节　格鲁希的部署

如果格鲁希在6月17日傍晚，依然不确定普军是否集中在瓦夫尔的话，那在夜晚送抵的情报则完全驱散了他的这种疑问。在晚上11时到午夜之间，他从博纳曼将军那里接到了一个报告，以及来自第十五龙骑兵团上校的另一个报告，二者都声称普军正在往瓦夫尔前进。凌晨3时来自瓦兰或萨尔瓦兰的消息告知他，在前一天有3个军被看到向瓦夫尔的方向前进，报告这一消息的军官和士兵均称，这些军队将在布鲁塞尔附近集中并意图一战。

所有这些信息都证明了前晚的报告，但却只让格鲁希半信半疑。他不再怀疑敌军是在往瓦夫尔前进，但只是轻率地从字面上理解这些消息，他猜测普军仅仅只是在那里短暂停留，而不是战略性的集结，真正的集结会沿通往布鲁塞尔的大道在那里进行。他意识到了皇帝期盼与英军在苏瓦涅森林前进行一场会战；但他还没有意识到，与其在布鲁塞尔集结，普鲁士人或许会通过一个路途短得多的横向行军直接与他们的盟友会合。他也没有察觉到，为了阻止这一会师，需要做的不仅仅只是通过瓦兰或科尔拜跟踪普军，而是经由圣格伊和穆斯蒂从侧翼追击他们。就近渡过迪勒河并沿着这条小河的左岸行军可谓是百利而无一害。如果普军留在了迪勒河左岸的瓦夫尔，那么在左岸进攻明显比在右岸要方便得多。如果他们向布鲁塞尔前进，那么也可以在抵达瓦夫尔后跟踪他们。就算他们径直前往加入英军，出现在侧翼的3.3万名法军也会停止或者在一定程度上延迟他们的行动。最后，就算他们已经和英军建立联系并以兵力优势于法军主力，位于迪勒河左岸且距离足够接近皇帝的法军右翼也能够在战事胶着时给他带来有效的帮助。

但格鲁希完全没想到这些事情，他甚至连前一天发布的命令里的一个字都未加改动。即使在那时他已经决定前往瓦夫尔，但他还是允许帕若尔的军队和瓦兰（Vallin）的骑兵像他之前指示的那样往格朗莱茨移动，这使他们远离事件的中心地点。他给皇帝报告，因为所有的信息都显示普军正在通过瓦夫尔前往布鲁塞尔，“以在那里集结或是同威灵顿会合后进行一场会战”，他打算即刻出发前往瓦夫尔。

格鲁希手上有3.3万名士兵和96门火炮，但他对追踪普军后卫踪迹有着一股冥顽不灵的坚持，而不是在6月18日一早沿着迪勒河左岸行军，酿成了一个战略大错。在形势如此紧迫和严肃的情况下，让部队在清晨留在营地里，可以说造成了不可挽回的损失。在那个季节的6月18日，太阳于凌晨2时30分升起，3时天就亮到可以行军了。即使如此，格鲁希却还是命令旺达姆和热拉尔分别在6时和8时开始行动。多么可叹的人啊！

因为食物发放的延迟，部队甚至都没有在预定的时间出发。在索旺涅雷（Sauvenierre）待了一整晚并作为纵队前锋的埃克塞尔曼斯所部龙骑兵直到6时左右才上马。旺达姆的军于7时至8时之间才刚从让布卢启程，热拉尔的军在差不多同样的时间离开了奥尔纳河右岸的营地。另一个延迟的原因是这些部队都被安排在了同一条道路上行军，如果他们以两个独立的纵队行进，一个经过索旺涅雷和瓦兰，另一个经过厄尔纳格和尼尔-皮埃尔里，这两个军就会在同一时间抵达科尔拜了。

格鲁希则在8时或9时以前都没有离开让布卢，他行进缓慢，在离瓦兰有些距离的地方加入了第三军的先锋。在10时左右进入村庄后，他允许步兵纵队排成横队，然后进入公证人奥莱尔（Hollert）的房子给皇帝写信。他的副官蓬贝朗热（Pontbellanger）被派出以往穆斯蒂方向侦察迪勒河岸——结果在这个区域没有找到任何敌军。一个身份为前法军军官（可能是自称的）的居民向他提供一个全新并重要的信息，他声称经过瓦夫尔的普军的主力正在克伊塞（Chyse）的旷野，靠近从那慕尔到勒芬（在瓦夫尔西北方，两者间的最短距离是3公里）的道路上扎营。

收到了这个由“老军官”提供的看似“积极”实则大错的情报，格鲁希感到非常满足。按照这种论调，布吕歇尔不仅没有试图通过侧翼行军与威灵顿建立联系，而且他们还饶了一个大圈往勒芬的方向进行集结。所以敌军在短时间内都将无所作为。现在格鲁希可以为如此顺利的进展而拍手称庆了。虽然他还没有击败普鲁士人，但他紧跟着他们的足迹，把他们和英国人分割了开来，这正是他行动的主要目标。这天晚上他所有的部队都会集中在瓦夫尔，处于两支敌军的中间位置。这天过后他可以自由选择进攻克伊塞平原上的普军；或者在他们侧向行军的时候攻击他们，如果他们打算前往布鲁塞尔的话；抑或直接向布鲁塞尔前进，以便同法军主力会合。元帅立马把这个消息传达给了拿破仑，信的结尾如下写道：

> 今晚我会把我部兵力结在瓦夫尔，以便让我处于在陛下面前仓皇撤退的威灵顿所部英军与普军之间。我需要陛下您对我的下一步行动做出指示。瓦夫尔与克伊塞旷野间的土地支离破碎且粗糙难行，有些地方甚至是沼泽地。我能够很轻易地先于停留在克伊塞的

普鲁士人之前赶到布鲁塞尔。请陛下屈尊向我下达指示，以便我在明天开始行动前收到它们。

“明天”，这确实是一个关于“明天”的问题！

格鲁希把这封信给了拿破仑的前侍从拉弗雷奈少校（La Fresnaye），后者马上出发了。至于元帅，他现在已经从所有的焦虑中解放出来，并相信他还有一整天的时间以做出最后的决断，然后安静地坐下来开始吃早饭了。

第三节　热拉尔与格鲁希在瓦兰的激辩（中午）

当格鲁希正在吃草莓的时候（其实在会战当日的早晨，吃草莓这种行为本身不是什么死罪行为），热拉尔进来了。此时，第四军先锋部队还在热氏身后两三公里处。不久后，热氏的参谋长西蒙·洛里厄里上校（Simon Loriere）也被引见进来。此前，他正在公证人奥莱尔的花园里散步时，听到了远处火炮的咆哮声，随即赶紧通知他的参谋们。当时刚过11时30分，格鲁希和热拉尔走到花园里。第四军的炮兵指挥官巴尔蒂（Baltus）将军、工兵指挥官瓦拉泽（Valaze）将军、监察官当涅厄（Denniee）以及其他几位参谋官都在那里，全神贯注地听着炮声，有些人甚至把耳朵俯贴在地上来确认方位。热拉尔听了几分钟后说道：“我觉得我们应该往炮声处前进。”

格鲁希表示反对，他认为这很有可能仅仅只是个后卫战而已，但炮声很明显更加急促、更加持久了。“我们脚下的大地在颤抖。”西蒙·洛里厄里报告说。毫无疑问，有两支军队正在交战。西边的方向，烟幕在地平线上开始升起。

“战斗发生在蒙圣让，”瓦拉泽的一个农民向导说道，“四五个小时的行军就可以抵达那里。”

被热拉尔唤来的公证人奥莱尔证实了向导的观点。

“那是在苏瓦涅森林的边缘处，”他说，“从那里到这里的距离约为14公里。”

“我们必须往炮声处前进。”热拉尔又重复了一遍。

“我们必须往炮声处前进。”这回是轮到瓦拉泽将军说这句话了。

格鲁希承认，僚属公开对他提意见的行为使他感到恼怒。这是他无视这些意见的原因之一，还有一个原因是他害怕承担任何可能的风险。与其听信将军们冒险的建议，不如盲目遵从皇帝信中的指导，这样，无论如何都不是他的过错。于是他说道：“皇帝在昨天通知我，如果威灵顿接受会战，他将攻击英军。因此对于这场战斗我毫不惊讶。如果皇帝希望我参与其中，那么他就不会在一开始追击英军时把我派到别处。再说了，如果我将在这些因为昨夜和今晨的雨水所浸泡的泥泞路面上行军，我将不能及时赶到战场并发挥作用。”

巴尔蒂将军得出了和格鲁希相同的结论：路况非常的糟糕，炮兵永远无法在这种地面上行动。

“我可以指挥我的3个工兵连解决所有的困难。”瓦拉泽将军回答说。

“无论如何，我都会带着辎重前往！”热拉尔大声说道。

瓦拉泽又问了一遍之前那个说行军不会特别困难的向导，得到的回答是：“工兵能开辟许多新的通路。”

热拉尔变得越来越情绪激昂。“元帅阁下，”他说道，“朝炮声前进是你的职责。”

因被热拉尔在20个军官面前大声反驳，格鲁希被激怒了，遂以严厉的口吻予以回击，并结束了整个讨论，他说：“我的职责是执行皇帝的命令，而他命令我跟踪普鲁士人，遵从你的建议是对他权威的侵犯。”

此时埃克塞尔曼斯的副官德斯图梅尔（d'Estourmel）少校抵达了，他声称在瓦夫尔前有一个强力的普军后卫。这名军官同时也转述道，根据所有的迹象，敌军已经在夜晚和清晨穿过了瓦夫尔的桥梁以便接近英军，于是埃克塞尔曼斯将军考虑通过奥蒂尼前往迪勒河的左岸。这个全新的消息和埃克塞尔曼斯的意见，给热拉尔的观点提供了另一有力支持。然而，对已经确信普军在瓦夫尔是为了往克伊塞撤退的格鲁希而言，在这个城镇又一支敌军后卫存在只是证明了他先入为主的观点而已。他庆幸自己没有听信热拉尔的建议，因为皇帝的命令是追踪普鲁士人，而他终于看到了能抓住这支迄今为止都在妨碍他们军队的机会了。他告诉埃斯图梅尔他会亲自给埃克塞尔曼斯将军下达指令，并召集他的骑兵。

当他准备骑马离开时，热拉尔冒险做了最后一次尝试。

“如果你不希望带着你的全部部队前往苏瓦涅森林的话，至少允许我的军，以及瓦兰将军的骑兵去做这件事。我肯定会按时抵达并发挥作用。”

“不，”格鲁希答道，“将我的部队分散，并让他们在迪勒河两岸分散行动，这将会是一个不可饶恕的军事错误。他们将在彼此无法支援的情况下暴露在占据两三倍人数优势的敌军面前，并被消灭。”

格鲁希骑马飞奔而去。那些在远处见证了这番谈话并听见了炮声的参谋官们，还以为他们接下来要采取的行动是向军团主力靠拢呢。

第二章
滑铁卢会战：晨间战局

第一节　战场介绍

佳姻村高地与蒙圣让高地都是由西向东延伸，两者的走向几乎平行，它们的平均高度也都是132米。沙（勒罗瓦）布（鲁塞尔）公路从南到北垂直穿过了这两座高地，它同时也是高地之间两处连贯谷地的分界线。这两处谷地地势狭窄平缓，从佳姻村旅馆到蒙圣让脊的直线仅有1300米，而至谷地最深处的落差有110米。布鲁塞尔大道东侧的是斯莫安（Smohain）山谷，地形破碎。它越向东方延伸其宽度也就愈发狭小，最后山谷便沦为了一条小溪谷，并消失在了尽头的奥安河河床上。大道西侧是布赖讷拉勒（Braine-L'Alleud）山谷，地形波动起伏；它一直向西延伸并且穿过了尼韦勒路，并将后者斜割开来。当它推进蒙圣让高地时，便在蒙圣让村与大道交汇，两者形成了一个锐角。以此地为坐标，沿大道往前4公里处是苏瓦涅森林前方的滑铁卢村，接着穿过森林后，便能通向布鲁塞尔。

从佳姻村这边望去，布鲁塞尔大道笔直得很，但路况高低起伏，看上去非常陡峭。这其实是因视角所引发的错觉，实际上坡度不是很大。就算骑行飞奔于大道之上，期间也不需要减速慢行，也不用考虑在途中歇息马匹。不过大道两侧的地形确实是坑坑洼洼、起伏不平的，不少地方甚至可以用“陡峭”来形容。从制高点或高地上观察，是发现不了这些问题的：两条谷地却又好似一马平川，似乎没有坎坷。只有亲自去走一趟，才能发现到真正的地貌——好似大海上的澎湃浪花一般。位于蒙圣让脊背上的奥安（至布赖讷拉勒）公路，和布鲁塞尔大道垂直相交，它几乎能够给整个联军阵线提供一道天然屏障。大道东侧地形平缓，路面跟地面彼此持平，但公路两旁都是高大浓密的树篱，这就使得骑兵不能在此通行。在布鲁塞尔大道西侧，地形开始隆起，奥安路深陷在两个5～7法尺高的路堤之间，形成了一条长400米、令人畏惧的天然“壕沟”。接着延展下去，路面渐而与地面持平了，并且此段公路边除了零散树篱外就没有什么障碍了。地面向北面倾斜，使其有利于防御的一方。借此，二线部队和预备队也就在敌军望远镜的视野之外，而且能躲过他们的部分炮火。

回到谷地。在这个半径3500米、一半如山地崎岖、一半如洼地低深的区域内，散布着大量的建筑物：比如乌古蒙（Hougoumont）庄园与其小礼拜堂以及大量的附属建筑（被墙包围的花园、环绕着树篱栅栏的果园，以及阻断由南部通向这里的小树林）；再如拉艾圣（La Haye-Sainte）农场，再如一个大型的石制建筑，在其一侧坐落着有树篱防护的果园和阶地菜园；还有一处采砂场，以及一座也有树篱围绕、俯瞰采砂场的小山丘；接着是帕佩洛特（Papelotte）农场、拉艾（La Haye）农舍以及斯莫安村——这些建筑就如一个个棱堡和据点，矗立在英军防线的前沿。

向北远眺，目力所及的最远处便是苏瓦涅的大片绿海，在林影的衬托下蒙圣让与布赖讷拉勒的顶点显得格外醒目。奥安和巴黎树林（Paris）向东北方延伸，更远处是沙佩勒圣朗贝尔的林木。在东边，瓦尔德、于贝尔蒙（Hubermont）这两块林地则与拉讷（Lasne）峡谷的峭壁接壤，地形延展到普朗尚努瓦村后开始隆起。其余地表都是开阔的。在高原的顶部，山坡还有山谷，每一处都被高高的、即将成熟的金黄色黑麦给覆盖着。

总而言之，蒙圣让就好比一扇广袤大幕，高高悬在斯莫安、布赖讷拉勒这两道谷地之上。在此，联军可以凭借两行树篱、两条胸墙似的路堤开火射击，倾泻而出的火力可以攻击从任何方向迫近而来的敌人。而在阵地前方有6处防御工事（乌古蒙、拉艾圣、采砂场、帕佩洛特、拉艾、斯莫安）；地形上也有便于联军反击的通道；胸墙背面是一块坡地，它隐藏在敌人视线之外，又有两条道路在此交汇，这一路况非常有利于增援部队、预备炮兵的调动——这，就是威灵顿所选中的阵地。

第二节　联军部署

蒙圣让上的联军营地非常散乱，清晨醒来后，他们开始重新点燃篝火，准备早饭、清洁制服武器。士兵们需要卸下步枪里的弹药，与其手动退膛，他们当中的大多数选择直接朝天开火。连续的枪响让人感觉似乎已经开战了。法军前哨缺乏警觉，或者说战争已经让他们麻木了，甚至没有一份记录提到因为对面火枪连射而造成的错误警报。营地之上，军号、风笛、鼓点，各种乱七八糟的声响嘈杂一处。这片喧嚣之中，联军在靠近6时完成了集结。接着是部队检阅，结束后，步兵营、骑兵中队、炮兵连在参谋的引领下各自进驻了指定的阵地。

宾、梅特兰的英军近卫旅、科林·哈克特旅、基尔曼斯埃格的汉诺威旅、翁普特达的英王德意志军团第二旅沿着奥安路被部署在了第一线；右翼（宾）接近尼韦勒路，左翼（翁普特达）背靠沙勒罗瓦大道。沙勒罗瓦大道东侧的奥安路东段，部署着皮克顿师的肯普和帕克旅，比兰特的荷兰-比利时旅，以及贝斯特的汉诺威旅。

这9个旅组成了威灵顿的中央阵线，但在威灵顿的部署中，并不存在严格意义上的中央阵线；更确切地说，他们几乎可以视作联军防线的整个正面。中央阵线在布鲁塞尔大道的分割下，分成中右部和中左部。右翼是由亚当

（Adam）和米切尔（Mitchell）旅、威廉·哈克特（William Halkett）的汉诺威旅、迪普拉（Duplat）的第一英德旅组成，位于尼韦勒路和梅尔布布赖讷（Merbe-Braine）之间；最右翼是沙塞的第三尼德兰师，占据着布赖讷拉勒前方的位置。左翼只有撒克逊-魏玛亲王的拿骚旅和温克（Wincke）的汉诺威旅，这些部队被部署在帕佩洛特、拉艾和斯莫安后方的阵地，另有分遣队驻守在这些建筑物之中。在最左翼，范德勒（Vandeleur）、维维安的英军骑兵旅负责掩护奥安方向的军队侧翼。

预备队在山脊后以两列分布，至于第二线则靠近蒙圣让农场：在右侧中路后方的是克鲁泽的拿骚旅、不伦瑞克军（步兵与骑兵）、格兰特和多恩贝格以及阿伦席尔德指挥的骑兵旅、萨默塞特的近卫旅、特里普（Trip）和默伦的尼德兰骑兵旅；位于左侧中路后方的是兰伯特（Lambert）旅、庞森比的联合旅以及吉尼伊（Ghigny）的尼德兰重骑兵旅。

炮兵部署如下：中右部前方有4个炮连，阵线正中也有1个，具体是在布鲁塞尔大道和奥安路的交叉点上；中左部前方布置了4个；右翼有2个；最左翼有2个，与沙塞在一起；在中右部后方的二线部队中，则有2个步炮连和7个骑炮连；还有3个炮连在蒙圣让农场附近作为预备队。

这是威灵顿在西班牙、葡萄牙用来抵御法军纵队猛烈攻击的惯用战术。他会把一线士兵部署在山脊后面，如此一来，就可以在攻击前或战斗中把他们从敌人的视线和火炮中隐藏下来；另一方面，他的敌人在爬坡并分散开来之时，得一路忍受散兵、火炮的袭扰火力；当他们并好不容易抵达顶点时，一直在后头养精蓄锐的英军部队就会现出真身。英军先是齐射，尔后会再用已经安好的刺刀发起冲锋。蒙圣让的地形刚好适合这些战术。威灵顿对诸将说：“按老办法列阵。”因此，除了比兰特旅和一线散兵布置在斜坡上——也就是所谓的前线——全部的步兵都处在奥安道路后方20米、60米和100米的距离。这些部队完全隐蔽起来了，一些沿着路堤和树篱，余下的则在山脊的背坡上。后坡对预备队来说也是个好地方，因为对面高地上的敌军无法观察到他们。根据路况和射程，炮连被布置在奥安道路的正面、前方和后方。路堤和树篱上，也为火炮开凿了射击孔。

农场和起伏地面组成了前哨工事，全部都处于设防状态。在拉艾圣与沙勒罗瓦大道的交错之地建立了路障，尼韦勒路上设立了鹿砦。乌古蒙有重兵把守：英军第一、第二（冷溪）、第三近卫团总共在这里派驻了7个连，此处也有一个汉诺威连、一个拿骚营协防。拉艾圣被的5个英德连占领着；采砂场和通向其的道路由第九十五团的一个营把守；而帕佩洛特、拉艾和斯莫安的接敌侧头排屋舍里，驻守着撒克逊-魏玛亲王的分遣队。

由于威灵顿只相信他的英军部队，出于这个原因，英国人在整条战线上和其他联军部队呈交替布置的状态。他希望英军能够在各处支持住外国部队。

除去6月16日、17日这两天的损失外，公爵手中还有6.7万名官兵和184门火炮。不过，他本来还可以在蒙圣让集结一支更大规模的部队。但他担心海上交通线的安危，也惧怕法军有迂回其右翼的可能性，于是他在阿尔和昂吉安——离蒙圣让16公里的距离——部署了大约1.7万人和30门火炮，他们由尼德兰的弗雷德里克亲王指挥。这是一个巨大失误！正是会战前夕的关头，怎能因为一个假想之中的风险而调走了如此规模的部队？正如布里亚尔蒙将军的观察评论："威灵顿怎么可能会相信他的敌人计划逼近联军的后勤枢纽？很明显这是拿破仑从战役之初就极力避免的事情。"

当部队正在进入阵地时，威灵顿在米夫林和其他几位军官的陪同下视察了整个战线。他仔细地检查了远至乌古蒙的所有阵地，同时频频向法军所处的高地举起望远镜。他的坐骑是其爱马"哥本哈根"，这是一匹在维多利亚、图卢兹久经考验的枣色良驹。威灵顿的战地着装一如既往：腿上套着白色鹿皮马裤，脚踩着缨饰靴子；头顶正面饰有黑色帽徽（象征英格兰）的无羽毛小帽，上面还有三个尺寸稍小的帽徽，颜色分别代表了葡萄牙、西班牙和尼德兰。他镇定自若、踌躇满志，从面孔上就看得出来，他是因为普军的支援承诺而自信满满的。

第三节 勒凯鲁的皇帝早餐，给格鲁希的信

谕令要求所有部队必须在9时抵达作战位置，并要做好进攻的准备。但在热纳普、格拉拜和临近农场过夜的部队，因为清理武器和准备汤食，花了不少时候进行集结，而布鲁塞尔大道又是他们抵达目的地的唯一路径。9时，只有雷耶军抵达了勒凯鲁，近卫步兵、克勒曼胸甲骑兵、洛博军还有迪吕特师还远在后头。不管明智与否，皇帝要求所有部队都集结完毕后才开始进攻。另外，地面条件糟糕，也不适合炮兵的调动——至少拿破仑本人和德鲁奥是这么认为的。

8时左右，皇帝在勒凯鲁农场和苏尔特、巴萨诺公爵、德鲁奥还有其他几位将军吃了早饭。由饰有帝国纹章的银盘所盛放的早餐被撤下后，费拉里斯和卡皮泰纳的地图被摊开在了桌上。[①]皇帝说道："敌军数量比我军多四分之一左右，但我们的胜率却高达九成。"内伊正巧进来了，也听到了这番话。他刚刚从前哨回来，把联军的一些行动误以为是撤退前的准备。他大声地说道："毫无疑问，是这样的。陛下，如果威灵顿天真到傻呆在那里等待您进攻的话。但我必须告知您他已经决定撤退了，如果您不赶快进攻，敌军大概会从你手中溜掉。""你错了，"皇帝回复说，"现在威灵顿做什么都晚了，他已经陷自己于必败之地。他意图孤注一掷，但命运却站在我们这边。"

苏尔特并不轻松，和皇帝一样，他也不担心普军是否有现身战场的可能性；他认为普军在利尼吃的败仗足够让他们在未来几天内毫无战斗力可言。不过，对格鲁希率领3.3万人的分遣队去追击布吕歇尔这一点，他还是深感懊悔的，因为这项任务交给一个步兵军和几千号骑兵就能完成了。在他看来，如果

---

① Napoléon， Mém. 124. La Belle-Alliance， Ode à la princesse d'Oranye， par Conqaébau， note 9. Acte de vente de la ferme du Caillou. (Comm. par M. Emile Coulon.) Mémoires manuscrits de Marchand.笔者手头上就有这次战役中皇帝所用的两张地图的复本。卡皮泰纳地图是给拿破仑皇帝的，费拉里斯地图则是给了古尔戈男爵。

现在右翼部队中能有一半兵力是在蒙圣让战场的话，必然会在与坚决果断、强而有力的联军的决战中发挥不可估量的价值。苏尔特其实以前来过蒙圣让，那是1794年7月的事情了，他作为勒弗费尔的参谋长参加了席卷蒙圣让高地的攻势，当时法军把神圣罗马帝国军从苏瓦涅一路撵到布鲁塞尔。但他也清楚，联军的抵抗决心绝不是过去的奥地利人所能比拟的。出于这个考量，头天晚上他已经向皇帝请求召回格鲁希部的部分部队了。而在今天早晨，他又再次提起了这个建议。拿破仑听了有些不耐烦，颇为粗鲁地回道："因为你曾是威灵顿的手下败将，所以你就觉得他是个伟大的将军。现在我告诉你，威灵顿是一个蹩脚的将军，英军是一支糟糕的部队，击败他们甚至都不用花一顿早饭的工夫。""我也很希望是这样的。"苏尔特回复道。

不久雷耶和热罗姆也进来了。皇帝询问雷耶关于他对英军的看法——雷耶在西班牙与威灵顿数次交锋，正是回答这类问题的人选。雷耶说道："威灵顿精于布阵。从正面进攻的话，英国步兵是无懈可击的。因为他们镇定顽强、射术超群，在与其刺刀搏杀前，必须做好死伤过半的准备。但和我们相比起来，英国军队不够敏捷灵活，更不擅长机动。如果正面进攻无法击败他们的话，我们可以通过机动来实现。"对于拿破仑这个从来没有和英军交锋过的人来说，这位半岛战争老将的真知灼见是值得考虑的。不过，说出这番无心之辞的雷耶，全然没有顾忌到这会打击在场将领的士气。皇帝可能是因为后面这一点，所以对雷耶的意见漫不经心，并用怀疑的口吻打断了这次谈话。

天气放晴，太阳初现。一阵轻快的风逐渐吹起，在户外运动家们看来，这风也是干燥的。炮兵军官前来报告称他们已经检查了路况，马上就能够在上面运输火炮了。拿破仑唤来了自己的坐骑。出发前他和蔼地接待了农民布科，后者听到皇帝正在勒凯鲁，刚与家人从普朗尚努瓦一起回来。这位老人抱怨自己在头天被敌军的掉队者给劫掠了，拿破仑虽然一脸全神贯注，但又似乎在想和这位老人悲惨境遇无关的事情。他最后说道："别太难过了，你们的安全会得到保障。"这句话才是重点，因为司令部会在这天离开勒凯鲁，而军队将会在当晚在布鲁塞尔过夜。

皇帝纵马绕过还在从热纳普不断涌现的纵队侧翼，来到了佳姻村的前方，己方散兵线的位置，以便观察敌军阵地。他的向导是一个叫德科斯泰（Decoster）的佛拉芒人。这个人在罗桑默和佳姻村间的道路边拥有一个小旅馆，他在清晨5时被从自己的屋子中带到了需要当地向导的皇帝面前。拿破仑使用的战役地图只是大体描绘了作战区域的地貌，也正是因此他总是习惯于带个向导。德科斯泰被小心地看管在视线内，因为他看上去急不可耐地想要逃跑；离开勒凯鲁后，他被抬起来放在了一匹军马上，其马鞍和执勤中队一个猎骑兵的鞍桥被用缰绳系在了一起。在弹火横飞的战场上，这位老兄自然就成了一名可怜的角色，他在马鞍上不停蠕动以便把头缩在马脖子后面。皇帝一次对他说："好了，朋友，别这么好动。从后方射出的子弹和从前方射出子弹一样可以要你的命，而且造成的伤痛可能更加严重。"根据当地传说，德科斯泰或是出自无能，或是出于恶意，整整一天里都在给出错误的信息。另一个向导也被带到了皇帝身前，他叫约瑟夫·布儒瓦（Joseph Bourgeois），来自奥德吉安（Odeghien）的一个村庄。见到皇帝后，他因为恐惧而口吃，并且眼睛一直盯着地面，皇帝就让他离开了。这也印证了一段趣事，约瑟夫每次被问及皇帝长相如何时，他总会回答道："如果他的脸是钟表，那没人敢拿来看时间。"

皇帝在佳姻村前待了一段时间。在派遣工兵将军阿克索去确认英国人是否建立了任何防御工事后，他来到罗桑默农场附近距离前线13公里处的一个土坡上，在那里建立了自己的指挥所。皇帝让人从农场搬出了一把椅子和一张小桌子，他便把地图摊开在桌子上。靠近2时，战斗进行得越发激烈，皇帝又把指挥所转移到了另一个离前线更近、靠着德科斯泰旅馆的土丘上。通过身上的灰大衣辨认出了皇帝的富瓦将军看到他背着手不停地上下走动，偶尔他会停下来把肘部放在桌上，然后继续走动。

在勒凯鲁，热罗姆将头天他在热纳普的"西班牙国王"（Roi d'Espagne）旅馆里听到的风声告知了他的兄长。晚餐服侍他的侍者正是之前给威灵顿伺候早餐的人，他回忆称某公爵副官提到了一个联军、普军一致认同的会合点，就在苏瓦涅森林的入口处。这名看上去所知甚多的比利时人甚至补充说普军会经过瓦夫尔前往那里。皇帝则把这些当作纯粹的荒谬之言。“在一场像弗勒吕斯那样的会战（即利尼战役），”他说，“英军和普军之间至少在两天内无法会师；另外，普鲁士人正在被格鲁希衔尾追击。”格鲁希，又是格鲁希！皇帝对这位副手提供的信息和做出的允诺，都太信以为真了。根据格鲁希元帅在晚上10时于让布卢送出、次日凌晨2时抵达勒凯鲁的信件，已经减员至3万人的普军兵分两路，一支撤往列日，一支撤往瓦夫尔，后者大概是为了同威灵顿会合。格鲁希补充说如果骑兵的报告证实普军的主力正在撤回瓦夫尔的话，他就会跟进“以将其与威灵顿分割开来”。所有的词句都经过反复推敲，以便让皇帝安心。但，普军真的只有3万人吗？他们若是没有分散行军呢？他们如果没有完全集结就意图一战呢？已经离他们相当远距离的格鲁希能否及时追上他们呢？这里头有太多太多的问题了——而皇帝不会扪心自问，或者说，他自欺欺人地以理想结果来否定这些假设。皇帝像格鲁希那样被蒙蔽了双眼，幻想普军只是在瓦夫尔稍作停顿，接着，无论如何他们只会向布鲁塞尔而不是向蒙圣让进军。皇帝在罗桑默给格鲁希回了信，告知后者一支普鲁士纵队已经通过圣热里正往瓦夫尔开进，并命令他尽快前往该地，将这支部队驱离。他满足于此。

几分钟后，皇帝命令马尔博上校带领第七骠骑兵团占据弗里谢尔蒙（Frichermont）的后方阵地，并往拉讷、库蒂尔（Couture）以及穆斯蒂与奥蒂尼的桥梁方向派出哨兵。我们或许可以推断，拿破仑可能料到了热拉尔向格鲁希的谏言：即在收到谕令前，元帅可能就放弃向瓦夫尔追击，转而在穆斯蒂渡过迪勒河，并沿着河流左岸向普军侧翼施压。借此，皇帝做出了这种安排。或者我们简单猜测一下：不错，皇帝派出那些哨兵的目的，有侦察军队右翼的打算，也意图通过保护联络通道来确保和格鲁希所部的畅通联系——除此之外，他究竟是否另有打算呢？

第四节 最后检阅（10时），法军的战斗序列，拿破仑的攻击计划（10时）

各部开始进入各自的作战位置。拿破仑再次翻身上马，骑行检阅正在列队的士兵。整个高地都被行进中的纵队所占据着，就像耕牛犁出的田地一般。戴尔隆军在右翼收拢，以便让雷耶军能够在左翼部署下来。在身着蓝色大衣、白裤子和绑腿的战列步兵，以及完全裹在蓝大衣和黑靴子里的轻步兵等一线部队的侧翼和后方，8个师的骑兵正在部署，马刀和胸甲在阳光下熠熠生辉，长枪上的三角旗随风舞动。整个场面就像是由鲜活色调和金属反光所组成的万花筒。猎骑兵身着轻绿色夹克，上着紫色、黄色或深红色的衣饰，下着固定有巨大纽扣的马裤。之后是骠骑兵，他们身着“多曼”上衣、“佩里斯”外套与匈牙利马裤，还搭配代表其所属编制的各色羽饰——有些栗色与蓝色相间，或红和天蓝，或灰和蓝，或绿和猩红。接着出场的是龙骑兵，头戴饰有虎纹的狭边盔帽，身着白色肩带穿过的绿色大衣，其上有红或黄色的衣饰；挂在鞍桥上的火枪一直垂到他们硬邦邦的靴部。枪骑兵和猎骑兵一样，身着绿装，并配有同样的羊皮制鞍褥，不同之处在于他们拥有带柔软束绳的头盔，以及剪裁和颜色相异的胸饰。胸甲骑兵穿着帝国蓝色的带领短外套，根据所属团的不同着红色或黄色的衣饰和袖线、白马裤、长筒靴、抛光胸甲以及饰有铜冠和马鬃的金属制头盔。一名卡宾抢骑兵，身长6法尺的巨人，身着白衣、金色胸甲和缀有红色束绳的高头盔——就好像古代英雄的装束一样。近卫骑兵则全部部署在第三线。近卫龙骑兵穿着有白色饰面的绿大衣和插有深红色羽毛的头盔；近卫掷弹骑兵穿着猩红色饰面的蓝外套、皮制马裤、橙黄色的肩带和无穗肩章以及插着羽毛并挂有彩色饰带的高熊皮帽；近卫枪骑兵着红色的波兰式夹克衫、蓝色的胸饰、浅黄色的肩带和肩章、带着蓝色条纹的红裤子和红色的波兰军帽（Rogatywka），上面饰有一块雕着“N”（代表皇帝拿破仑）和一个皇冠的铜板，还插着一根半米长的白色羽毛；最后是近卫猎骑兵，穿戴饰有橙色穗带的绿色多曼，边缘饰有羽毛的红色佩里斯，以及闪亮猩红色的帽子，上有绿色和红色的羽饰。肩章、穗带、条纹和军官的绒丝带如金银般交相辉映。

其他部队正从布鲁塞尔大道出发，士兵、马匹和火炮一直延伸到视力所及的最远处。洛博数量众多的步兵营、多蒙的猎骑兵、叙贝尔维的枪骑兵、穿着朴素暗蓝色间以少许红色制服的步炮兵、着正面饰有猩红色穗带的多曼的骑炮兵、青年近卫军、穿戴红色肩章的狙击兵、佩戴绿色肩章的腾跃兵、头戴熊皮帽的近卫步炮兵和这些被皇帝称为“最漂亮的女儿”，拥有凶猛火力的12磅炮走在一起。远在后方的是庄严的老近卫军纵队：猎兵和掷弹兵穿着战斗装束——蓝裤子、长长的蓝色大氅和单排纽扣以及不带羽饰和穗带的熊皮帽。他们背包里的阅兵服是为了得胜之后进入布鲁塞尔准备的，再加上装备、武器和50发弹药，使得负重总量达65磅！掷弹兵只能通过他们更高的个子、熊皮帽上的黄铜牌以及纯红色的肩章（近卫猎兵的肩章是绿色外加红色穗饰）来与猎兵进行区分。近卫掷弹兵和近卫猎兵都梳着扑粉的辫子并戴着硕大的金耳环。

战鼓轰鸣，小号吹响，乐队开始演奏曲目《让我们守望帝国的安全》（*Veillons au salut de l’Empire*）。执旗者手持战神广场上被授予，并经过利尼的血与火洗礼的鹰旗从拿破仑身前通过骑兵挥舞着他们的马刀，步兵则用刺刀挑着军帽摇晃。欢呼声甚至超过和淹没了鼓乐与号声。“皇帝万岁”的喊声一浪接一浪，绵绵不绝，响声雷动，以至于命令都无法传达下去。第一军的一位军官说道：“从来没有人如此狂热地呼喊‘皇帝万岁’，如风暴一般。让这个场景更加庄重和叹为观止的，是在一千步外清晰可见的英军红色阵线。”

戴尔隆和雷耶的步兵布置在佳姻村高地的第一线上；戴尔隆的4个师以两排横队列阵，右翼正对着帕佩洛特，左翼紧靠着布鲁塞尔大道；雷耶的3个师也是同样的阵形，其右翼仅靠布鲁塞尔大道，左翼离尼韦勒路不远。雅基诺和皮雷的轻骑兵，以3排横队列阵，分别掩护着戴尔隆的右翼和雷耶的左翼。在第二线，洛博的步兵以师为单位分成两个纵队，整体位于布鲁塞尔大道的左侧；多蒙和絮贝维尔的骑兵则以中队为单位组成密集纵队，位于同一道路的右侧。位于第二线的延长部的是米约和克勒曼排成两排横队的胸甲骑兵，分列左右两侧。帝国近卫军在罗桑默附近作为预备队：近卫步兵（青年近卫军、中年近卫军、老近卫军）排成6排，每一排4个营，分列布鲁塞尔大道的两侧；德努埃特的近卫轻骑兵（枪骑兵和猎骑兵）以两排横队位于米约胸甲骑兵后方100步处；居约（Guyot）的近卫重骑兵（龙骑兵和掷弹骑兵）在其对称位置以同样阵形与距离位于克勒曼所部胸甲骑兵的后方。

戴尔隆的炮兵位于各旅的间隙之间，雷耶的炮兵在步兵之前，洛博的炮兵则在左侧。每个骑兵师所属的骑炮连均位于其周边。近卫炮兵被部署在相当后的地方，位于罗桑默和国王旅馆（La Maison du Roi）之间。布鲁塞尔大道和与其交叉的道路均被保持通畅，以便将火炮调往任何需要支援的方向。有7.4万人和246门火炮被部署在这里。在山谷的另一边，直线距离1300米远的地方，则有6.7万名联军士兵。在革命战争和帝国战争时期的任何一场战役都没有像今天这场这样有如此多的士兵聚集在如此狭窄的地方。从蒙圣让的农场（威灵顿最后的预备队所在地），到勒凯鲁农场，由一个老近卫军猎兵营所保卫的皇家御宝与辎重所在地，只有4.5公里的距离，而两军的正面宽度甚至没有超过3公里。高地的脊部起伏蜿蜒，两支平行部署的军队也并不呈直线排列。英军的右翼中部重叠，左翼后缩。法军右翼前出，中部和左翼靠后，极左翼则是向前方倾斜，组成了一条凹形包围线。

现在已经接近11时，部队却远远还没有到位。皇帝甚至认为在下午1时以前他不可能发动进攻。在回到罗桑默的观察所后他给苏尔特口授了如下命令：“1时左右，全军就位时，皇帝会向内伊下令，攻击会以包围并夺取位于交叉路口的蒙圣让村开始。出于这个目的，第二军和第六军的12磅预备炮连将和第一军预备炮连集中使用。这24门火炮会向据守蒙圣让的敌军开火，戴尔隆伯爵也会以左翼师为先导发起攻势，余下师见机辅助。第二军将与戴尔隆伯爵齐头并进。（待攻击得手后）第一军的工兵将即刻在蒙圣让设立防御工事。”

这则命令毫无疑问就是皇帝的计划，他仅仅想要简单地突破英军防线的中央并把他们赶到蒙圣让后方。一旦掌控了俯瞰整个高地的蒙蒙圣让脊，他就能因地制宜地来对付已经被分割的军队，切实地将胜利攥在手里。可以说皇帝已经忘记或者根本就不屑雷耶所提出的建议——射术超群和坚韧不拔的英军只能通过迂回机动来击败，拿破仑对此嗤之以鼻。

毫无疑问，攻击威灵顿兵力甚多，有布赖讷拉勒村、乌古蒙农场和犹如棱堡一般的梅尔布布赖讷村掩护的右翼，将耗费大量的时间和精力；但敌军的最左翼是相当脆弱的，没有支援、防御糟糕、易受攻击。帕佩洛特和拉艾可以作为先下手的目标，看起来至少有段时间皇帝是这么想的。但对拿破仑来说，让英军仅仅承受一定的挫败就被赶回阿尔和昂吉安并不是预期的战果。他想要的是一场决定性会战。他的目标和在利尼时一样：突破敌军的中央，使其混乱并将其歼灭。他将使用他惯用的战术：并行前进，直接进攻，以重兵突击英军正面的强大支撑点，除了一轮炮火覆盖外不做其他的准备。

皇帝确实不能准确预计英军的数量和他们在不同位置的力量分布。一半以上的联军都隐藏在起伏的地面之后，而被派去侦察敌军正面是否建有任何防御设施的阿克索将军报告说他没看到任何工事的踪迹。无论是阿克索的所见还是所想都是有问题的，因为奥安凹道、采砂场、布鲁塞尔大道上的路障、封闭尼韦勒路的鹿砦、乌古蒙的农场、拉艾圣和帕佩洛特，都可以被视作强大的防御工事。

第三章

滑铁卢会战：上午11时30分至下午3时

第一节　雷耶军的热罗姆·波拿巴师对乌古蒙的突击

皇帝口述了进攻命令，数分钟后，他打算先行对乌古蒙方向实施佯攻，同时准备突击蒙圣让。如此一来，联军右翼便会倍感压力，而威灵顿将被迫从中央阵地抽调兵力，这样的话便削弱了其中坚防线。最后，拿破仑还是主张兵贵神速，在全军还未就绪的情况下，他便决定立刻实施攻击。大约11时15分，雷耶接到了夺取乌古蒙周围区域的命令。

这一枯燥的机动任务，雷耶将之交由热罗姆亲王执行。热罗姆师有4个团，构成了雷耶军的左翼。为了掩护这次行动，第二军的一个师属炮兵连开始对敌方阵地进行轰击。3个英军炮兵连也予以回击，这些炮兵被布置在了尼韦勒路东侧的高地边缘处。当第一轮炮击开始时，一些英军军官对了表，此刻正好是11时35分。

很快，英军右翼的其他炮兵、雷耶军炮兵一部以及克勒曼的骑炮兵（皇帝亲令）也加入到这次炮战中。热罗姆师的博蒂安旅以散兵为先导，以梯队的姿态走下低谷。同时，皮雷的枪骑兵沿着尼韦勒路推进。热罗姆与博蒂安将军率领端着刺刀的第一轻步兵团冲入树林。此地的守军是一个拿骚营和一个汉诺威卡宾枪连，他们迎面痛击了法军，不过后者仍在树林边缘取得了立足点。然而，博蒂安却在行动开始时阵亡。法军只需在枝丫交织的树丛中前进约300米即可完成任务。第三战列步兵团跟随着第一轻步兵团身后，也推进加入了战场。联军撤退了，但却一步一回头地在每个掩体后近距离射击，并不断回过身来向法军展开反击。期间，他们得到了另一个拿骚营与数个英军近卫步兵连的增援。一小时后，这部分联军才被逐出树林。

法军从灌木丛中厮杀而出，乌古蒙便赫然出现于眼帘之中，两者相距约莫30步远。乌古蒙由大量的石块堆砌而成，而庭院的围墙则有2米高。按道理，热罗姆只需维持现状就算完成任务了，他也可以在前线布置一条强大散兵线，并依凭林地后的低谷，固守阵地。然而法军却径直冲向了乌古蒙，先不谈此种情况发生的原因——部队误解了命令也好，军令没被解释到位也罢；那位皇弟一意孤行也好，官兵们热血冲脑擅自行动也罢——结果自是招致了英军持续的火力打击。乌古蒙的围墙上都开着射击孔，英军借着掩体沉着瞄准、开火；而在这么近的距离，子弹几乎发发必中。热罗姆的步兵们面对暗处不得现身的敌人，只能徒劳无功地乱打几枪，白白浪费弹药。少数士兵试图突破大门，但大门却位于一个凹陷处；这部分法军一头撞入从正面和侧面撒来的火力网。攻击方的其他士兵，试图探清墙里头的情况，于是便踩到同伴的肩膀上；随之而来的，是墙上射击孔内捅出的一把又一把的刺刀。环视乌古蒙四周，横尸遍地。法军不得不退回了树林以求掩蔽。

热罗姆的参谋长吉耶米诺（Guilleminot）将军建议他不必继续推进；占据林地后，就应点到为止，不能再继续争夺据点。据雷耶自己的说法，他也向热罗姆下达了相同意思的命令。尽管如此，热罗姆仍无动于衷。他决心夺取这个据点，并让苏瓦将军的第二旅上前，替换了退守树林的博蒂安旅；后者之余部被调往西侧，面朝乌古蒙。这部分法军很快列好了纵队队形，冒着英军炮火前进了600米。纵队成功挺进到乌古蒙的北门，预备一次冲击。第二轻步兵团的勒格罗（Legros）中尉手持工兵斧，上前劈断了门上镶板。就在这个当口，屈比埃（Cubieres）上校，这个绰号“急先锋”（l'enfonceur）的长人却不幸坠于马下，身负重伤。回到勒格罗这边，他与一小伙友军协同杀入庭院；英军见状，上前将之团团围住并朝他们射击，歼灭了他们——无一人幸存。就在此时，法军遭到了属于第二冷溪近卫营的4个连的攻击。威灵顿正远观着这次交锋，那4个连是他向乌古蒙方向派出的唯一增援。如此紧要关头下，他没有手忙脚乱，同时也意识到了攻击法军纵队的必要性。在内外夹击之下，支离破碎的热罗姆诸营均被击退，一部分遁入树林，一部分逃向了尼韦勒路。

第二节　比洛军现身沙佩勒圣朗贝尔高地；拿破仑对格鲁希的新邮件

乌古蒙鏖战之际，皇帝正着手发动一次排山倒海的攻势。虽说之前对敌军中路的炮击相当奏效，但是他仍决定继续加强24门12磅炮的炮阵；他向后者支援了第一军师属8磅炮连和3个近卫炮连。就此，从佳姻村前方至右侧，部署着80门火炮，一个强而有力的炮兵阵地就此建立。接近下午1时，内伊向罗桑默派去了一名副官，告知皇帝自己准备就绪、悉听尊便。在硝烟弥漫覆盖丘陵之前，拿破仑决定最后一次环视战场。

拿破仑向东北方向望去，大约在8公里远的地方，似乎发现了一些情况；就像一团乌云般，好像有什么东西，从沙佩勒圣朗贝尔的林地中溢出。尽管他见得多了，但是眼下仍不能立即确定此不明事物是不是部队。于是他转向了周围的军官们，与之商讨。接着，所有的望远镜均指向了那处区域。就像平常一样，参谋们意见不一。某些人认为那根本不是部队，只是树丛的影子或者云的投影罢了。另一些则看到了一支前进的纵队，身着法军或者普军制服。苏尔特坦言，他认为那是一支为数众多的军队。

疑虑不久便消除了。就在一支骑兵前往那里探清一二时，一名普军骑兵被带到了皇帝跟前。他是在拉讷附近，被马尔博上校的骠骑兵抓住的；他隶属于西里西亚第二骠骑兵团，衔至中尉。他身上携有比洛致威灵顿的文书，文书表明，普第四军已抵达沙佩勒圣朗贝尔。这个被俘的骠骑兵会法语，将自己所知之事全盘托出。“这部分现身的部队，”他招认说，“是比洛将军的先锋。昨晚，我方全军在瓦夫尔过了夜，其未发现法军踪迹。由此，我军认为他们已经向普朗尚努瓦挺进了。”

搁在几个钟头前，如若普军某军现身沙佩勒圣朗贝尔的话，多少会让皇帝吃惊困惑——那时，热罗姆所发表的联军计划合流的言论，还被他斥责为胡说八道。但眼下普军的现身，并没有惊扰皇帝。因为在这几个钟头里，他接到了格鲁希的报告，就是封早上6时发出的信件：

> 陛下，属下所得之全部报告消息，都证实了敌军正向布鲁塞尔方向撤退。普军要么在那里集合，要么准备驰援威灵顿合力作战。布吕歇尔的第一军和第二军似乎都在行军中，前者向科尔拜前进，后者则趋向肖蒙（Chaumont）。他们一定在昨晚8时30分从图里讷出发，并整夜都在行军。不过万幸的是，他们肯定抱怨了昨晚的天气，不会走得太远。眼下我正准备从萨尔瓦兰动身前往科尔拜、瓦夫尔。

皇帝肯定希望普鲁士人往布鲁塞尔去了，但是后者也相当有可能向英军侧翼移动并与之会合。

为了避免此一潜在危险，皇帝直到很晚才考虑给格鲁希下达新的指令。如果不考虑传递中耽搁的时间——那位元帅的信应当在10时至11时间被送抵帝国军总指挥部；就在发现普军出现在沙佩勒圣朗贝尔的坡顶前的几分钟前，如下的文书才于1时从皇帝处发给格鲁希处：

> 阁下从科尔拜向瓦夫尔的移动，与陛下的安排相契合。然而，皇帝现在要求我知会阁下，请保持对我部方向的机动，并且请力图与我部靠拢，以便能在任何敌军出现在你我之间前与我部会合。我对阁下没有任何特殊的指示。你需要探明我部所在之处，见机行事，保持与我部的联系，并时刻准备，攻击消灭任何试图侵扰我部右翼之敌。

这道谕令并未被立即发出，与此同时，普军纵队正从远处现身。皇帝先审讯了骠骑兵俘虏，几分钟后，他又在命令中附言道：

> 最新事态，我部截查了一封文书，它显示比洛将军将要攻击我部右翼。我部已觉察到了普军在沙佩勒圣朗贝尔山顶的踪迹。因此，请勿浪费时间，请立即向我部靠拢并会合，粉碎正在行动的比洛部。

皇帝此时仍镇定自若。尽管他意识到局面已大有不同，但并没有就此胆怯。而事实上，俘虏并未供出跟随比洛的整个普鲁士军团，增援威灵顿的普军不仅仅只有一个军。在皇帝的设想中，普军余部必定还在瓦夫尔。格鲁希要么已经赶上了并将之逐退，使之与比洛军相距甚远；要么就是格鲁希部取道穆斯蒂，已经向普朗尚努瓦挺进——正如那个骠骑兵俘虏所推测的那样，格氏会为法军主力带来3.3万人的增援。皇帝竟如此轻信了自己的臆断，还以此说服他人。他对苏尔特说：“今早我们有九成胜算，而眼下我们仍有六成。如果格鲁希能挽回今早在让布卢打发掉的时间，修正这个可怕的错误，以强行军行动，胜利对于我方而言更是囊中之物。至于比洛军，将会被彻底摧毁。”

现在比洛军先锋毕竟已经出现，而格鲁希部也有可能在途中耽搁、迟到。以防万一，皇帝立即采取了一些预防措施，用以保护其右翼。多蒙、絮贝维尔的轻骑兵师被调往右翼监视敌军，同时，他们也控制了所有的路口。一旦格鲁希纵队露头，他们将迅速与之建立联系。洛博伯爵得令，率第六军跟随这支骑兵，选取一个良好的缓冲阵地，以便牵制住普军。

第三节　戴尔隆军对拉艾圣、蒙圣让高地的攻势

现在，大概是下午1时30分，皇帝命令内伊进攻。伴随着雷鸣般的炮声，由80门火炮组成的炮阵如风暴般倾泻火力，敌人也随之回击。经过半个钟头的轰击后，炮阵暂时挺火，以便让戴尔隆的步兵通过。以左翼师部为先导，4个师组成了梯队，各梯队间距400米。第一梯队是阿利克斯师部，接下来的第二、第三、第四梯队分别由东泽洛、马尔科涅、迪吕特师组成。此次突击由内伊、戴尔隆负责指挥。

此次攻势中，法军放弃了攻击纵队的部署。所谓攻击纵队，是指师部以营为单位组成纵队，各营部间距为全距或半距。营纵队具备相当的机动性，不仅能迅速展开、部署，也能够快速组成方阵。法军此时的战术队形，是将各营部展开成横队，并将之密集部署。因而，阿利克斯、东泽洛、马尔科涅这3个师便呈现出了密集的阵型，正面宽度达160至200列，纵深宽度达24排。迪吕特则擅自主张，并未如此列阵。无论在什么情况下，这种战术队形都是很危险的，尤其此战之中，地形并不平坦，危险更是尤为明显。那么，是谁下令部署的？无非是军部指挥官，内伊或戴尔隆。总之，责任不在皇帝。回顾11时下达的总命令，其中并未特别进行了相关方面的要求，更没有说明进攻时要以梯队布置。在战场上，拿破仑很明智，他将具体作战的细节决断权交给了下属。

虽说头天戴尔隆部是脱战了，但眼下官兵们铆足气劲展开攻势。随着行伍之间爆发而出的“皇帝万岁！”部队向前冲去，走入了山谷。双方的轰炸仍在持续之中，炮弹横越于山谷之间，飞掠过行伍其上，形成了一道火线穹幕。每当己方纵队身陷险境时，法军炮兵便会加大轰击力度。进军之中，基奥

（Quiot）旅（阿利克斯师的前锋）将正面些许掉向左侧，随后冲向了拉艾圣的果园，结果，此举招致了守军持续有效的火力打击。由于这次行动，左翼纵队只剩下布儒瓦旅了，该部继续向高地推进。回到基奥这边，他的士兵很快便驱逐了果园里的德意志人，接着便开始攻击农庄。但无论是在乌古蒙，还是在拉艾圣，法军未曾考虑用几发炮击在建筑上打开缺口——这是很有必要的。面对又高又厚的围墙，攻击方只能不断尝试攀爬、进而逾越；但防守方，巴林少校及其德意志人，凭借着墙体掩护射击。法军的努力在毁灭性的火力面前，最终归于徒劳。不过，有一个营对农庄进行迂回，并爬上了菜园的围墙，赶跑了躲在建筑里的守军，但他们也没法用步枪枪托推倒围墙。

在布鲁塞尔大道西侧，也就是其与奥安路的岔口处，长有一棵巨大的榆树，威灵顿便站在榆树底下。整个会战之中，他与其参谋几乎都待着这里。随着联军观察员的加入，参谋团的规模也得以扩大：如波佐·迪波尔戈，他在战斗中被轻微擦伤了；又如负伤的文森特男爵；再如米夫林、休格尔（Hugel）将军与阿拉瓦（Alava）将军。威灵顿眼见拉艾圣被法军团团包围，于是便指示翁普特达支援，后者派出了一个英德营。这个营顺势而下，朝大道左侧进发。他们夺回了菜园，之后经由农庄西侧，朝果园开去。就在此时，特拉韦尔将军的胸甲骑兵冲击了这个营。原来，拿破仑为了支援步兵进攻，从米约军中调来了这支部队。胸甲骑兵打穿了英德营，并继续高歌猛进；在高地边缘，他们又砍杀了基尔曼斯埃格旅的散兵。

而在布鲁塞尔大道东侧，戴尔隆的其他纵队正在爬坡，迎面而来的是英第九5步兵团、比兰特旅以及联军炮兵的枪林弹雨。尽管一路上黑麦高耸、地面泥泞，法军仍以加速步伐进击着。人声炮声掺杂一处，有时“皇帝万岁！”的呼喊甚至盖过了火炮的怒吼。在左翼（第一）梯队，布儒瓦旅先是击退了联军散兵，接着朝采砂场进发；该处由第九十五团的线膛枪手们负责防守，但他们被法军驱逐并退回了树篱后的高地。东泽洛师（第二梯队）同比兰特的右翼交上了火，同时，马尔科涅师（第三梯队）则朝后者的左翼攻来。如此，荷比部队失去了秩序，于混乱之中后撤。他们跨过奥安路树篱时还打乱了英第二8团的阵线。至于迪吕特的第四梯队，他们已经把拿骚轻步兵连逐出了帕佩洛特农场，之后爬到了坡地半程处，威胁着贝斯特的汉诺威旅。

御前参谋部中，所有人都认为“形势一片大好”。倘若敌人执迷不悟，继续固守乌古蒙、拉艾圣等突出部，那么必然会遭到法军的迂回包围；同时，联军阵线的中、左部也正面临着巨大的挑战。眼下，特拉韦尔的胸甲骑兵和戴尔隆的散兵似乎已经控制了山脊，而步兵主力则尾随其后。如果这些部队能更进一步，些许推进战线，站稳脚跟争取时间，以便使预备骑兵能够发动致命一击（le coup de massue）的话——胜利便是铁板钉钉之物了。

第四节　皮克顿指挥英军反击，萨默赛特勋爵的近卫骑兵发起冲锋，胸甲骑兵失足凹路

然而，戴尔隆的战术阵型毕竟是有问题的。且先不论，如此布置不仅行军时拖沓了进度，抢占高地时还使部队蒙受了额外的损失。眼下，它又将招来灾难。东泽洛的散兵击败了比兰特的荷比旅后，这个师继续推进，距离奥安路只有30步。在此，纵队停止前进，并开始展开成横队。之前的攀爬过程中，各营部间距本来已经愈发狭窄；眼下的变阵，又导致队形相当密集。东泽洛师的展开动作，或者说展开的企图（因为他们最终并未能成功执行），花费了大把时间。期间的每道跟进指示，只能使行伍平添疑惑。敌军因此得以喘息，也抓住这个机会。由于之前的法军炮击，威灵顿回撤了皮克顿师（下辖肯普特、帕克旅），把阵地维持在距奥安路150米的距离。皮克顿的士兵虽说仍保持横队队形，但为了躲避枪炮，皆已卧倒在地。皮克顿眼见荷比旅的败退，又看到追击的法军散兵跨过树篱，他们还大胆地冲向了某个己方炮连，于是他下令“起立”。接着，肯普特旅旱地拔葱、起身一跃，站到了公路上。赶走法军散兵后，他们先是越过了头道树篱，尔后撞上了正努力展开的东泽洛纵队。两者

相距40步时，英军横队打了一轮齐射，打了个招呼。法军猝不及防，变换队形时遭受打击，只能本能地后撤些许。天赐良机，皮克顿见状大喊道："冲！冲锋！呼啦！"英军上好了刺刀，从第二道树篱顺势而下，一路急奔。法军虽阵型混乱，但也做出了殊死抵抗，击退了几波攻势，但英军仍不断反复冲击。双方混战于咫尺之间，以至于身上满是火药残渣。这场白刃战中，某位法军军官在夺取第三十二团团旗时被杀；而英勇无畏的皮克顿，却被一枚子弹打穿了太阳穴，不幸殒殁。

比兰特旅败退时，马尔科涅纵队跟了上来，与东泽洛部处于同一水平线上。不过，马尔科涅认为，这个位置上不可能展开队伍，于是继续行军，与停驻的东泽洛拉开了距离。领头的团部高呼着"胜利！"接着纵队穿过了两道树篱，并朝一个汉诺威炮兵连杀去。就在此时，突然传来一阵刺耳的风笛声，原来是帕克的苏格兰旅杀上来了，他们的战术队形是纵深4排的营横队。两军相距20米时，第九2高地团开火射击了；紧接着，其余的苏格兰部队也先后进行了射击。法军由于队形过于拥挤，只有一个营的头排士兵能够还击。他们先打了一轮齐射，接着上刺刀冲锋。两军的阵线交汇在了一起，接着就是激烈的肉搏。"我推开了面前的一个士兵，"第四5团某军官回忆道，"接着，我看见他中了刀伤，并倒在了我的脚下。再次抬起头时，只见英国骑兵从四面八方杀入我军阵中，并撕裂了我方队形。"

当法军即将占领高地时，其前线部署是这样的：布鲁塞尔大道左侧是特拉韦尔的骑兵，右侧则是戴尔隆的纵队。在此关头，阿克斯布里奇勋爵掷出了他的精英骑兵，吹响了反攻的号角。萨默赛特的4个近卫骑兵团（第一近卫骑兵团、第二近卫骑兵团、第一近卫龙骑兵团、王家禁军骑兵团）以横队姿态向前疾跑。没走多远，他们就进入了胸甲骑兵的手枪射程之内，两支骑兵间只隔着一条奥安路。关于奥安路，在布鲁塞尔大道西侧，这条路在两边陡峭的路堤间延伸了400米，再向前，道路、路堤复归平坦。平坦地带上，特拉韦尔的左翼与萨摩赛特的右翼展开了交锋；然而，特拉韦尔的右翼紧抵着凹陷的路面。当他们策马冲下路堤，并试图攀上对过的路堤时，却发现10米开外的闪闪马刀，原来英第二近卫骑兵正全速向此地杀来。这部分胸甲骑兵既无时间、亦无空间组织反冲锋；为了避免被彻底碾碎，他们于混乱之中穿过了奥安的低洼路段，在“威灵顿榆树”附近回到了布鲁塞尔大道，并在采砂场附近重新集结。英军近卫骑兵顺着路缘追击而来，并在胸甲骑兵重整前实施了攻击。经过一番近身肉搏，一部分胸甲骑兵被赶入采砂场。萨默赛特对此战如是回忆道：“马刀砍在胸甲上，好似铜匠工作。”另一方面，特拉韦尔旅的主力也被赶入了洼谷之中，他们的对手是萨默赛特其他的几个团；后者较之前者，不仅马匹条件出色，同时也占据了地利。

与此同时，庞森比的第二骑兵旅（第一王家龙骑兵团、第二苏格兰灰马龙骑兵团、第三恩尼斯基伦龙骑兵团）也向戴尔隆的纵队发起了冲锋。“王家团”从布鲁塞尔大道杀出，扑向了布儒瓦旅。后者正与躲在树篱后的英军第九5福枪团作战，他们被王家团一路赶到了采砂场。从奥安路堤上为方便炮兵的射击缺口中，恩尼斯基伦龙骑兵团冲杀而出，攻击了东泽洛的纵队。苏格兰灰马龙骑兵——该部得名于坐骑毛色——同帕克旅诸营部汇合了，步兵散开队形以便骑兵通过。老乡见老乡，苏格兰的骑兵、步兵们皆高呼“苏格兰万岁”以相互致意。接着，灰龙骑们顺势而下，以雷霆万钧之势劈向了马尔科涅师。笨重的法军纵队，正面是枪林弹雨，两侧被骑兵迂回包抄，自身又被密集队形束缚住了手脚，只能进行虚弱无力的抵抗。士兵们拥挤一处，以至于根本腾不出手开火，也无法用近身武器还击攻入阵中的骑兵。步枪只能朝天开火，刺刀也无法对准敌人。法军步兵一如待宰羊群，英军骑兵则肆意屠虐。此情此景，不免令人唏嘘同情。骑兵已杀红了眼，他们激励战友、歼灭敌军，手起刀落向可悲的俎上鱼肉。法军纵队难以支持继而崩溃，马刀之下一路退回了洼谷。在采砂场，布儒瓦旅方才重整完毕，又被溃退的己方步骑兵打乱了队形，再次陷入失控的境地。在拉艾圣，基奥旅也放弃了围攻。在帕佩洛特，范德勒的第四骑兵旅攻击了迪吕特师的右翼，后来还得到了吉尼的尼德兰第二轻骑兵旅的支援。刚一接触，迪吕特即被击败。不过铁骑浪潮下，他的部队维持了良好秩序，没有蒙受过多损失便撤回了洼谷。至此，法军丢失了蒙圣让的坡地。

当天的会战之中，英军骑兵并没有给坐骑上马衔索。眼下，他们四处驰骋，又在冲刺、战吼、战斗与胜利的作用之下显得格外兴奋。他们很快穿过了谷底，并开始攀爬对面的高地。即便阿克斯布里奇勋爵下令回撤，这部分骑兵依旧无动于衷，或者装作没有收到命令，疾驰而上攻入法军阵地。不过，他们无力在此站稳脚跟。在布鲁塞尔大道西侧、高地附近，近卫骑兵与龙骑兵撞上了巴舍吕师的火力网。灰龙骑兵在攀爬到坡地半程时，遭遇了两个敌师炮连，马刀砍向了炮组成员（炮手、驭手），火炮也被推入某条沟谷之中。接着，灰龙骑兵向法军主炮阵杀去。这时，只见一队枪骑兵向他们的侧翼冲锋而来，此为马蒂格（Martigue）上校的部队。灰龙骑兵被击溃了。另一方面，得益于布罗（Brô）上校部枪骑兵的努力，范德勒部龙骑兵无法继续紧咬不放，迪吕特师也从而得以从中脱险。“我此前从未意识到过，”迪吕特对此评价说，“长枪比马刀有着更大的优势。”混战之中，英勇的庞森比将军命陨沙场。本来，第四枪骑兵团的于尔班中尉将庞森比击落坠马，而后者选择投降。这时，有数个灰龙骑兵折返回来，意图解救庞森比。于尔班见状，由于害怕丢掉俘虏，于是用长枪刺穿了将军的身体。之后他冲入敌援兵之中，并斩杀3人。

枪骑兵的有力冲锋不久就得到了支持，法里纳（Farine）的胸甲骑兵旅便是援军。皇帝眼见灰龙骑兵正在攻击主炮阵，便给米约麾下的德洛尔将军下令，让后者派出两个团对付敌军。枪骑兵与胸甲骑兵一鼓作气，合力扫清了佳姻村高地坡地及洼谷中的所有敌军，之后还紧咬英近卫骑兵、龙骑兵不放，一路追到拉艾圣后方，直至蒙圣让的第一道坡地上。至于维维安、默伦的轻骑兵旅，他们权衡认为这次进攻并不明智，因而在阿克斯布里奇勋爵的行动之中点到为止。

战局告一段落，暂时进入了间歇时段。双方都忙着返回己方阵地。之前，坡地之上还是人山人海，现在只留着死伤的士兵。某英军军官对此形容道：

“不夸张地说，死伤的法军士兵覆盖了战场。”此时的战场光景，宛如人间地狱，往往是战后翌日才有的情境——但这场会战才刚刚开始！

间歇之中，某胸甲骑兵沿着布鲁塞尔大道飞驰而下，他和部队走散了，这时正在前往佳姻村，其部队在那里重整，他正在归队之中。众目睽睽之下，他横跨了死亡之谷。拉艾圣的英德营认为他不过是个逃兵，因而也就置之不顾。这个胸甲骑兵抵达树篱尽头的果园时，挺直了壮硕的身板，立于马镫、挥舞长剑，高呼道：“皇帝万岁！”接着一浪弹雨向他扑来，骑士策马腾跃着返回到了法军阵线。

乌古蒙方面，双方的争夺变得愈发激烈。守方得到了3个英近卫连、1个不伦瑞克营、1个英德营（下辖于迪普拉第一英德旅）的增援，富瓦的2个团成功支援了攻方。法军再次夺回了反复易主的树林，并进占了果园。英近卫军固守花园，不动不摇。花园有一面小墙掩护，亦有天然的壕沟，适合防御。根据皇帝的指示，数门榴弹炮开始轰击乌古蒙的建筑。炮火引燃了谷仓，火势迅速蔓延，并吞噬了庄园、农舍、牛棚和马厩。英军在礼拜堂、谷仓、园艺者的小屋以及毗邻的低凹路段避难，在这些地方，他们重新开始射击。大火对法军来说也是个障碍。熊熊燃烧的马厩，正是联军的临时野战医院，从中传出了徒劳的呼救声、临死的挣扎呻吟，这是那些还未及转移的伤员所发出的。

第四章

滑铁卢会战：下午3时至晚7时

第一节　对拉艾圣的第二波攻势，内伊下达给米约的命令

威灵顿的头等要务，便是在普军抵达战场之前维持阵线，然而普鲁士人仍遥遥无望。公爵本希望布吕歇尔能够在2时左右现身，并与之合流；而眼下已然3时过半，援军似乎仍不见踪影。另一方面，战线稳固与否，参谋们则对此持消极态度。

拿破仑也并不轻松。拉弗雷奈耶（La Fresnaye）中校方才送来了格鲁希的报告，就是那份11时30分于瓦兰发出的。从含糊其辞的字里行间，皇帝获悉了两桩骇人的事实：其一，格鲁希的行动相当迟缓，至少在11时30分，他离瓦夫尔还有12公里的路程；其次，这位元帅对法军左翼的战事一无所知——他甚至还在请求明早向拉克伊塞（La Chyse）实施迂回机动的准许。也就是说，实际战况与皇帝所愿大相径庭：中午时分，格鲁希并没有随机应变，并没有朝炮声传来处进军。退而言之，倘使他确实这么做了，那么便可以截下比洛军；然而事实上，后者已在沙佩勒圣朗贝尔摆下了阵势。就目前情况来看，格鲁希仍可

以选择后撤，或者他也可以设法采取积极攻势，驱散普军余部，使之远离战场。眼下，纵使皇帝立马差回拉弗雷奈，并告知格鲁希最新指令，也是为时已晚。即便硬要传令，也无非诸如“贵部后撤，并确保主力右翼安全，击退威胁右翼的敌军”此类云云；况且，相同内容的谕令在1时15分便已发出。直至最后一刻，皇帝也没有什么补救措施，只能反复发出相似的命令。

比洛现身沙佩勒圣朗贝尔，戴尔隆部伤亡惨重，格鲁希持续脱战，这一连串的状况或许能够让皇帝转攻为守，退而据守佳姻村的高地——就像他在埃斯林（Essling）做的那样。他并不想做出妥协，而时间由不得他逡巡。就算暂时鸣金收兵，翌日等来格鲁希的援兵，对阵的也是威布联军，兵力上几乎是二对一的态势。至于比洛的动向，皇帝宁可持乐观态度，认为该部将处于观望状态；而他倾向于在普军尚未搅局之时，先行击破英国人。

3时30分左右，戴尔隆已经重整了一部分营部，同时皇帝给内伊下达了第二轮拉艾圣攻坚战的命令。拿破仑设想，以现阵地为起点，让戴尔隆和雷耶进行一次大规模的挺进——在他看来，雷耶将会很快夺取乌古蒙——所有骑兵也将会协助这轮进击；最后，近卫步兵将会压上前线。于是，内伊便率吉奥旅攻击了拉艾圣；同时，东泽洛将一整个旅以散兵队形投入战斗。他们攀上了布鲁塞尔大道东侧的坡地，在20步左右的距离，向躲藏在奥安路路堤背面的英军开火。这轮攻势是失败的，东泽洛的狙击兵们在推进中被击退；吉奥旅则被巴林少校的德意志人予以迎头痛击——后者仅仅得到了两个连的增援，而前者遁入果园。

为了支援这次进攻，大炮阵向敌阵倾泻了雷霆怒火，打击目标是敌军中左翼的部队；与此同时，雷耶部的炮兵得到了近卫炮兵的增援，12门火炮进入战斗位置。增强的雷耶部炮兵无情地轰杀着敌军中右翼。这是全天中最为激烈的炮击战。“就连资历最长的老兵，”阿尔滕（Alten）将军说道，“也从未见识过这样规模的炮战。”英军第一线的部分营部，不得不向后撤退百来步，这样一来，他们就置身于高地的背面，以便减少伤亡。这时，伤员们成群结队，与押俘队伍，以及弹药告罄的辎重车队和逃兵一道，宛如流水一般，淌入了苏瓦涅森林的间隙。战场上硝烟弥漫，难以判断。内伊错以为这些营部的后撤，是联军撤退的标志——基于此种推断，现在有必要在高地上夺得一席之地，而他打算用骑兵做到这一点。内伊当机立断，申请抽调一个胸甲骑兵旅。

传令副官将命令传到了法里纳（Farine）手中，后者则派出了两个团。然而该师指挥官，迪洛尔（Delort）将军阻止了这次调动。“除了米约伯爵的命令，”他如是声称，“我们不会执行其他人的命令。” 如此抗令，使得内伊怒不可遏已充盈内伊的胸腔。他失去了耐心，策马疾驰到迪洛尔处。元帅不仅重申了之前的调度，还额外调走了米约军的6个团。迪洛尔随即指出，凭目前的地面条件，这样的机动无疑是轻率鲁莽的。“前进！”内伊喊道，“国运兴衰在此一举！”迪洛尔最终还是屈服了，两个胸甲骑兵师驱马以全速步前进，而在他们身后，红色枪骑兵与近卫猎骑兵也赶了上来。这些轻骑兵团奉德努埃特之命，将追随重骑兵们挺进。据称，在行动开始之前，米约曾知会德努埃特道：“我要冲锋了，支援我！” 这场自愿发起的冲锋中，不少士兵眼见战友身赴前线、杀向敌人，此情此景之下，他们难免不受感召，亦陷入冲锋狂热之中。他们向着似乎行将撤退的英军疾驰而去，迫不及待地要大开杀戒。

从行动的一开始，内伊就在构思一次规模巨大的骑兵运动战。此前，皇帝便向内伊透露有关于此的想法。他给予内伊胸甲骑兵军、近卫骑兵的指挥权。莫斯科瓦亲王对此次冲锋的前景十分乐观。而能够指挥这次行动，他本人对此甚感荣幸。正如富瓦所言，他是军中最好的骑兵指挥官之一，因而能够担当此任。早前他与德鲁奥讨论了这次行动的可行性，后者使前者更加确信胜券在握。不过早在当初，内伊无意动用骑兵，然而皇帝的命令下达而来，允许他调拨骑兵。那时，内伊并没有想得太多，只是想用一个胸甲骑兵旅在高地上搏得一处立足之地。然而，当他发觉英军的后撤时，便想乘胜追击，于是掷出了米约的所有胸甲骑兵，直指逃遁的红衫军。这就是为什么内伊调走了那两个师。然而，他或许也曾犹豫：在谕令未达的情况下，是否应该指挥调动这些部队。

不过，当近卫猎骑兵、红色枪骑兵与胸甲骑兵的洪流皆向拉艾圣洼地奔腾而下时，内伊本人也就确信，这次行动与皇帝旨意是不谋而合的。这也使得他认为，皇帝发起总攻的时刻到了。不然，为何这些近卫轻骑兵会随着胸甲骑兵冲锋？但是，拿破仑"似乎"——也几乎是"肯定"——根本没有注意到此番调度。米约的师部与德努埃特部从所驻坡地出发，现在布鲁塞尔大道集合，接着他们横穿道路靠近了佳姻村，进而顺势进入了低谷——皇帝身在德科斯特尔屋（Maison Decoster）附近，他自然是看到了内伊所集中的5000名闪耀骑士，但拿破仑对即将展开的行动一无所知。

华丽的诸中队飞驰而下进入谷地，在布鲁塞尔大道左侧驻足片刻。内伊正列于胸甲骑兵的队首，接着，他率军向英军冲去……

第二节　米约所部胸甲骑兵及近卫轻骑兵部队发动的第一次、第二次冲锋；接到敕令的克勒曼所部胸甲骑兵与居约的骑兵部队

威灵顿根本没想把军队撤走，他只是想利用二线部队和预备队去加强自己的一线阵地而已。不伦瑞克人上前支援梅特兰的近卫军，米切尔、亚当分别所率的两个旅，则穿过了内维尔路，在奥安路前头建立了阵地，居高临下面对着乌古蒙。联军这方也是疑云笼罩，参谋们相当焦虑，不时将视线投向法军阵地，希望能够预测出拿破仑接下来的举措——而这时，法军骑兵已朝拉艾圣方向奔腾而下。参谋们眼见这一光景，此前的疑虑一扫而空，他们简直大吃了一惊。肯尼迪回忆道："出乎我们的意料，一波规模宏大的骑兵攻势正在眼前拉开序幕。尽管我们之前已经充分预见到，当日战斗之中必然会出现此一战况，只是时间早晚问题罢；然而，在我方阵线仍维持战斗纪律的前提下，无人料到会出现这种情况，更何况，我军在此前打退了所有的步兵进攻。"联军横队当即迅速变阵，组成了方阵以对抗骑兵。如此一来，炮兵们就被孤立在高地边缘

了。炮连挽马已经被撤离至远处；炮手们则接到命令，直至最后一刻方能开火射击，之后应放弃炮阵，撤进方阵寻求庇护。

这时，法军骑兵正挺进而来。他们以中队纵队为战术队形，总体呈梯队状。其左翼是为胸甲骑兵部队，而近卫猎骑兵、近卫枪骑兵则构成了其右翼。骑兵部队的运动方向有稍许偏斜：其第一梯队实施机动，以便攀上奥安路的坡地；左侧梯队则合流冲上了乌古蒙背侧的坡地。同时，骑兵的侧翼暴露在了联军炮口之下。当胸甲骑兵从之前整理队形的谷地攀登而上时，法军炮手停火了；但英军炮连不可能停止射击，相应地还加大了轰击力度。炮膛之中的装药量被加倍了：实心弹、霰弹以及杆弹[①]。接着，便掀起了一阵铁弹飓风。陡坡之上，马匹的攀登速度很慢，加之地面潮湿泥泞——有时还会陷入泥淖之中，甚至淹没膝盖；不仅如此，骑兵们还得迎面拨开黑麦丛。联军火炮已经对准了他们，随时都能打出几轮射击。如今“铁狮像”（Butte du Lion）矗立之处，正是该战中劳埃德（Lloyd）、克莱武（Cleeves）连的阵地；与法军骑兵仅距40步之遥时，他们开火轰击，直接收割了先头中队的一半兵力。这轮炮击无情收割了先锋中队，后者立马折损了一半上下的兵力。幸存者明显是被打蒙了，勒住了马，几秒之后才反应过来，但又逡巡不前。然而后浪推前浪，后续部队的冲锋吼声由远及近，愈加震耳；“皇帝万岁”的呼喊登时爆裂开来，胸甲骑兵们逆着弹雨，直冲炮位。一个接着一个，所有的炮阵皆被悉数夺取。此一骑兵之壮举，不得不说，实际上并无多大效益。眼下，没有挽马可以拖走被弃炮具，也没有铆钉可以破坏火炮。本来，法军可以将这些炮具推入山谷，或者可以用手枪的推弹杆堵住火炮的火门。然而法军并没有采取任何措施，甚至没有一个军官想到爆破弹药箱。

这下是没有炮击了，但是紧接着一阵噼啪作响的枪击声，联军开始不断连续齐射。在内维尔路与布鲁塞尔大道之间，威灵顿部署了20个营，这些营部

---

① 所谓杆弹，是指一种似哑铃状的炮弹，两枚小实心弹间以铁杆链接，为链弹的简化版。——译注

来自于英军、汉诺威军、不伦瑞克军以及德意志诸邦的部队。他们都组成了方阵，整体看来，其部署态势颇像棋盘格一般。出膛子弹硬是往骑兵胸甲上打去，尔后被弹开，金属之间的撞击，好似冰雹敲砸着瓦片。胸甲骑兵、枪骑兵的队形本来在爬坡之时，在逾越炮阵防御工事时，就已凌乱不已；现在在滚滚弹潮之下，那就更加不堪了。即便如此，法军骑兵仍向方阵撞去。但是还有个问题，从高地边缘——也就是刚才骑兵登顶之处——直至联军一线步兵阵地，其间之空间相当狭窄。此种情况下，骑兵冲锋会缺乏冲击力，事实也确实如此。另一方面，联军方阵纵深3排；第一排的士兵单膝跪地，将上了刺刀的步枪撑在地面上，就像巨鹿那样。纵使骑兵们一鼓作气、疯狂砍杀，纵使骑兵们英雄无双，却也奈何不了横亘眼前的道道人墙。方阵就像分水岭，铁骑洪流也只能分成几股略过，接着拍向二线方阵。跟进的骑兵紧随前队，一浪接一浪地漫过了整个高地。胸甲骑兵、近卫猎骑兵以及红色枪骑兵们，在方阵的四周涌动，进而从后者的四面攻来。他们对准方阵四角，发起几近疯狂的冲锋，于刺刀林立间披荆斩棘，用骑枪戳穿敌人的胸膛，尺寸之间直接抬起手枪予以反击。这场战斗白刃相间的肉搏中，法军只能在方阵的局部打开缺口，但英军亡羊补牢的速度也很快。

阿克斯布里吉勋爵目睹了这场混战，其麾下仍有三分之二的骑兵待命就绪。他旋即向这场无序厮杀之中，砸入了总计5000人的生力骑兵：多恩伯格的龙骑兵，阿伦希尔德的骠骑兵，不伦瑞克的黑色枪骑兵，特里普的荷兰卡宾骑兵；还有两个德意志-比利时旅，他们分别由范梅林和基尼率领。从人数以及纪律上来说，他们更占优势。法军骑兵见状震惊不已，士气开始动摇，接着便被挤入方阵之间的空隙中，从白刃战中脱离而出，却被置于敌军的火力网之下。他们撤出了高地后，联军炮手立刻回到炮位。沿着山岗，火炮再次齐鸣。第一批法军骑兵还没踩入低地，英勇无畏的米约、德努埃特部便涌上了山坡。法军再次攀过蒙圣让的泥泞坡地，再次于霰弹齐射之下挣扎向上，再次占领炮位，再次抵达制高点，再次顺坡而下向联军阵线冲去。闪闪马刀之下，方阵棋盘格的间隙得以拓宽。

此情此景之下，联军不少士兵已然绝望。炮兵上校古尔德对默瑟说："恐怕一切都完蛋了。"而在另一端的佳姻村，参谋们见证了这番史诗壮举：他们看到敌军丢弃了火炮，己方骑兵行将覆盖整个高地，打穿敌人的阵线，他们包围了一个又一个的方阵。皇帝身边响起了宣告胜利的呼喊声。而拿破仑却哭笑不得，一方面他从未料到这场大冲锋；另一方面，眼看敌方阵地尚且牢靠，但骑兵仍像以往般擅自行动，他不免气恼于此。他对苏尔特说："太鲁莽了，这次行动是今日的致命败笔。"参谋长则大声批判内伊："就像当年的耶拿，他把我们给害了。"皇帝扫视战场，观察许久，独忖片刻，尔后又说道："当下的战况在一个小时内很快就会起变化，我们仍需保持既得战果。"他派出了副官法拉奥（Flahaut）将军，通知克勒曼部的4个旅准备冲锋——这支部队由胸甲骑兵和卡宾骑兵组成。

克勒曼本人对这次大冲锋的看法，与拿破仑不谋而合，他也认为此番米约之挺进的时机不够成熟。不过，此种情况下押上克氏骑兵维持并扩大战果，他也觉得这也是相当草率的想法。正当他打算让法拉奥转述自己的意见时，其部第一师（由胸甲骑兵和龙骑兵组成）竟擅自出击了。原来该师师长莱里捷（Lhéritier）竟自作主张，派出整个师部以全速前进参战。克勒曼不得不接着押上麾下第二师，该师由第二、第三胸甲骑兵团以及第一、第二卡宾骑兵团组成。到了乌古蒙不远处，他在一块低洼处叫住了这两个卡宾骑兵团。布朗卡尔（Blancard）将军是卡宾骑兵们的指挥官，克勒曼命令他在此停驻并严禁开拔，除非得到克氏下达正式通知。这一手留得确实高明，事实证明，这800名卡宾骑兵将会是整个军团仅剩的预备骑兵。接着，法拉奥又传递了跟进指示。谕令要求冲锋的骑兵部队，不仅有克勒曼部，还有居约（Guyot）将军的部队，他是近卫重骑兵（龙骑兵和掷弹骑兵）的指挥官。

一方面，皇帝强调米约的战果必须得以维持；另一方面，当着全军团的面，他也害怕米约的骑兵师失败，这将致大挫士气，进而引发混乱和逃逸。难道他真的不情愿，调动一支尚且兵强马壮的胸甲骑兵大军去击垮英国人扩大战果相当重要，打开一点并坚守，进而在敌人阵线上打开一个又一个的缺口，凭借如此绝对的大无畏精神，即可实现征服凯旋。事实上，皇帝正在打两场会战，一场近在眼前，而另一场则在侧翼——正面，他正压着英国人；而在右翼，他则被普鲁士人攻击了。

第三节　比洛军进入战斗位置；洛博的防御；普朗尚努瓦争夺战

快到下午1时，布吕歇尔来到了沙佩勒圣朗贝尔，重新回到了比洛的主力部队中。尽管眼下他迫切地想干上一仗，不过他还是冷静地做出了判断：如果普军不经考察，取道拉讷河谷而向战场挺进，这样的做法无疑是鲁莽的——即便硬是要做，也应当先确保不会被阻击于彼处。45分钟后，他从侦察兵那里获悉，己部与法军相距甚远，就这样走也不会有什么危险。于是，他立刻大手一挥，将部队指向了普朗尚努瓦。布翁的目标，便是法军右翼。普军沿着沙佩勒圣朗贝尔的陡峭洼路一路而下，接着在拉讷渡过了河，进而又攀登上了另一座坡度依旧陡立的山丘。而炮兵也随军前行，并克服了路况恶劣的隘路，这一点着实令人惊叹——布吕歇尔本人挫而不馁的精神，在其中发挥了很大作用。他奔走于行伍的上上下下之间，为官兵们加油打气，不吝赞美之辞激励他们，并且召唤他们坚守岗位。这些饱受疲劳、饥饿之苦的官兵，他们从清晨5时便开始行军，上顿饭还是在头天吃的。一些炮手碰到了问题，似乎一筹莫展，原来是载具车轮深陷泥沼了。布吕歇尔见状，以友善、愉快的措辞对他们说："战友们，我好话说了这么多，你们可不要打我的脸啊！"

下午4时，普军先锋抵达了苏瓦涅森林（此处距普朗尚努瓦为3500米）。洛斯廷师（Losthin）与希勒（Hiller）师是抵达此处的两个师部，他们并没有突袭敌军，而是选择了站住脚跟；而法军这边，德蒙骑兵仅是监视这片林地的出入口，并没有选择封锁该区域的各个要道。布吕歇尔并不急于从树荫中现身，他打算等待比洛军后续的两个师——后者仍在跋涉拉讷的隘路。然而这时的威灵顿加急传信，敦促他尽快介入战斗。此时，布吕歇尔也能够听到，法军正倾泻着威猛火力。他也能够看到，从佳姻村奔腾而下的胸甲骑兵。他决心投入手头上的部队，付之一搏。4时30分，普鲁士人从森林的间隙中涌出。洛斯廷的步兵直指普朗尚努瓦路的右侧，希勒的步兵则向左侧挺进，中间则由2个骑兵团与3个轻炮连掩护。布吕歇尔当机立断，让炮兵向德蒙的中队开火。据米夫林谈，他这么做一是通知威灵顿，二是牵制拿破仑。如此一来，英军的正面压力便会减轻。

多蒙旋即反攻，他打退了普军骠骑兵，直扑炮位。所部一路挺进，然而招致了洛斯廷部的齐射以及炮击，渐渐开始向后撤退；多蒙的骑兵退居二线时，把洛博部的位置给暴露了。洛博的阵地横亘于拉讷路上，此处位于布鲁塞尔路以东约4公里之处。西默尔（Simmer）与雅南（Janin）师部呈前后两线的部署，与战线成“丁”字状垂直。为了确保正面的控制权，谕令要求近卫步兵向佳姻村方向前行，并朝布大道右侧移动。不过，第一近卫掷弹兵团（驻扎于罗桑默附近）与第一近卫猎兵团（驻扎在凯卢）并未参加这次行动。同时，拿破仑指示迪吕特（Durutte）攻击帕佩洛特和拉艾圣。如此一来，既能支援内伊的总攻势，另一方面，则能切断比洛军右翼与联军左翼的交通线。

事实上，洛博已然意识到，己方陷入了被动局面。于是他挥师直指力压普鲁士人，后者只能先行撤退。然而形势又陡然一转，普军后续的里塞尔（Ryssel）、哈克（Hacke）这两个师部正巧从树林中现身。于是普军重启攻势，以3万之众针对1万之寡。但是洛博已经站稳了脚跟，整条战线非常牢靠。在拉弗拉伊（Laffray）路，第五战列步兵团与第十战列步兵团，以坚韧的品性英勇作战，表现不分上下。前者是第一个投向拿破仑的团部，后者则是在洛里奥（Loriol）桥时仍为波旁战斗的单位。洛博凭借这些优秀的部队，在正面威压着布吕歇尔。布吕歇尔则放弃了正面强攻的想法，于是转而向对法第六军右翼实施了机动，以此突袭对方。出于这个想法，在里塞尔师的支援下，威廉亲王的骑兵与希勒的步兵向普朗尚努瓦逼近。洛博担心两线作战，于是撤回了普朗尚努瓦的高地。在此，他部署了1个旅。但是这个旅受到了3个方向的攻击，不得不放弃阵地后撤。普朗尚努瓦就此沦陷。比洛在阵线中央，利用8个炮连，向洛博开火。炮弹时而落在布大道附近，有时还会打在近卫军行伍之中，甚至于御前参谋部都深受其扰。

正当普军攻击普朗尚努瓦之际，布吕歇尔接见了蒂尔曼的副官，前者获悉，第三军已经在瓦夫尔与敌军（格鲁希的3.3万人）交上了火，并且蒂氏的兵力处于下风。布吕歇尔很担心蒂氏难以支撑过久。“让蒂尔曼自己打防御，他会打的足够好的。”格奈泽瑙说道，“只要我们在这里打赢了，即使他在瓦夫尔被击败了，那都不是事儿。”另一方面，拿破仑由于丢掉了普朗尚努瓦，他正陷入被包围的境地，而且法军的撤退线也遭到了威胁。他命令青年近卫军的指挥官迪埃姆（Duhesme）上前夺回这个小村子。8个青年近卫营——腾跃兵营、狙击兵营各4个——挑起了一次冲锋。普鲁士人先是被从房屋中赶出，后来又被赶到了一个公墓——在此，他们搭建了一个多面堡。

第四节　米约部胸甲骑兵的第三次、第四次冲锋，克勒曼部、龙骑兵部队、近卫掷弹骑兵团协同参战

英军依旧固守战线。下午5时至5时30分，也就是克勒曼、居约重骑兵奔驰于山谷之间时，米约的胸甲骑兵再次被英军龙骑兵赶入洼谷之中。米约很快重整了队列，后又得到3个生力师增援。现在冲上高地的骑兵中队，已不止有60个，当中有：莱里捷、迪洛尔、瓦捷（Wathier）以及鲁斯利·于巴尔的胸甲骑兵，德努埃特的近卫猎骑兵、枪骑兵，居约的近卫龙骑兵和近卫掷弹骑兵。于是，此方顶多容纳千人作战的战地上，竟涌入了八九千人的骑兵。对此，联军参谋简直是瞠目结舌。乌古蒙至拉艾圣间的每寸土地，法军铁蹄悉数踏过。

骑兵队伍实在过于拥挤，以至于马匹实际上是被推搡着跑动起来的。胸甲、铁盔、马刀，三者被裹挟一处，如同海水般再次漫上了高地。对于联军官兵而言，逐步逼近的，是一阵淬合铁血的惊涛骇浪。

联军再次故技重施，并且屡试不爽。炮手们发射霰弹后，便又丢弃炮阵遁入方阵。步兵们眼见骑兵冲锋而来，待两者仅相距30步时，便打出了一轮齐射，无情收割着一排又一排的骑兵；面对刺刀成林的3排厚的方阵，幸存骑士奋不顾身地径直撞去。法军的冲锋，一轮接着一轮，从来没有间隙。而联军方阵也承受了5次、7次、10次甚至13次的猛烈冲击。尽管这些方阵都没有分崩离析，但当中的个别几个到底还是受到了动摇，其局部出现了缺口。此种情况下，某第九胸甲骑兵团军官夺取了一面英军军旗。近卫猎骑兵的克莱因·克莱因内贝格（Klein de Kleinenberg）上尉，也成功抢走了英德军团的旗帜。当他扬长而去时，胯下坐骑却被打死了。纵然经受着如火侵掠，大多数方阵仍屹立不倒。骑兵冲锋，好似巨浪一般，似乎将联军方阵打垮了。然而一片硝烟之中，这些部队很快重整完毕，再次挺立起明晃晃的刺刀。此情此景好似潮打岸堤成碎浪，法军骑兵久攻不下，队形也变得零零散散。

莱里捷的胸甲骑兵，穿过了交叉火线，深入敌阵，甚至逾越了联军的二线方阵群。后备炮兵立即开火驱散了他们。之后，该团向左疾驰，与内维尔路平行而进，接着撕破了沿布赖讷拉勒路部署的敌散兵线，继而又转向了乌古蒙，最终回到了佳姻村高地，在那里他们重整了部队。整个下午，英军近卫龙骑兵本一直在蒙普莱斯尔（Monplaisir），监视皮雷枪骑兵。后来，他们意识到皮雷是虚张声势后，也被调动过来作战。不过，他们很快从右翼被法近卫轻骑兵打回了阵线中央。默瑟的炮兵连，是唯一一组仍在炮位上的单位，他们无视了威灵顿的命令。这个炮位较为靠后，前方有路堤作为掩护，而其两翼又分别有两支不伦瑞克的方阵掩护。就在他们的对面，近卫掷弹骑兵正以横队队形，小跑上前而来。这些高大魁梧的骑士，骑行于巨型黑马之上，高耸的熊皮帽更是平添了几分气势，乍看之下颇像面移动高墙。就算如此，在默瑟部的霰弹轰击下，在两个不伦瑞克方阵的交叉火力下，这堵墙很快支离破碎。

掷弹骑兵们很快又发起第二轮冲锋，然而仍惨遭屠杀。雅曼（Jamin）将军，近卫掷弹骑兵团团长，不幸坠马砸在一副炮具上，受了致命伤。眼下，在默瑟旅的前方，已然堆砌了一圈由死人与马尸摞成的壁垒。眼见如此景象，伍德上尉对默瑟打趣道："瞧，咱码了一圈好东西。"血战之后，近卫掷弹兵团只剩下最后一个连了，他们越过这堵可怕的障碍，钻入火炮之间的间隙，劈倒了一个又一个炮手，然后与胸甲骑兵们一起冲锋。然而，此段地形狭窄，无法容纳如此大规模的部队。于是在冲锋途中，所有的中队相互冲撞、继而队形散乱，最终丧失了秩序。尽管他们的战斗欲望依旧强烈，但精力也逐渐跟不上了，速度也逐渐慢了下来，攻击也愈加低效无果——这一切都归结于战斗的无序、马匹的疲惫——要知道，这些马匹需要时刻挣扎于湿滑泥泞之间。战马们喘息得太过剧烈，以至于气氛都随之闷热起来，"简直就像站在火炉口。"多诺（Donop）、迪洛尔、莱里捷、居约还有鲁斯利·于巴尔，一大批将领纷纷负伤。爱德华·科贝尔（Edouard de Colbert）吊着一条伤臂，坚持冲锋。还有布朗卡尔、迪布瓦（Dubois）、弗里昂（Farine）、吉东（Guiton）、皮凯（Picquet）、特拉韦尔（Travers）、瓦捷也全都负伤了。而内伊元帅，他已经战死了3匹战马，正在遗弃的炮位旁疯狂地挥舞马刀劈砍炮口。眼下，整个战场被非战斗人员覆盖了：失去了坐骑的胸甲骑兵，背负着沉重的胸甲，举步维艰地走入低谷；一些伤员陆续从死人堆中爬出；无主之马则失心地飞驰着，因为时而飞过的子弹而受惊不止。威灵顿身在第七十三团的方阵中，见证了整个战斗最焦灼的时段，现在他从庇护所中走出，接着冲向自己的骑兵，命令他们扑向那些精疲力竭的法军步兵营部。后者已被友军冲锋分割得支离破碎。法军的第三次冲锋以退出高地为句号，然而他们又发起了第四次冲锋。骑兵们重新出现在高地上，高喊："皇帝万岁。"内伊领衔冲锋，他带队从卡宾骑兵们面前经过。内伊认出了这些身披金灿胸甲的骑兵，于是赶过来，要调走他们一起进攻。尽管布朗卡尔将军再三抗议，并搬出了克勒曼之前的军令，但内伊还是带走了这些骑士，冲向前线，慷慨赴死。

无论内伊，还是这些英雄骑兵们，浑身都冒着滔天怒火，他们个个满腔热血、英勇无畏——然而，他们行将丧失理智、迷于癫狂，就差压上最后一根稻草了。这轮冲锋的兵力规模，大不如前，只有原先的一半了；而这当中，不仅有疲惫不堪的士兵，还有几近丧命的马匹。因而，他们只能动用最后的生力部队了。这拨骑兵，唯一的优势在于昂扬的士气。然而，骑兵所挑战的步兵久经考验，已然清楚如何用刺刀步枪击退大集群冲锋。这些对手，他们看穿了事实，清楚冲锋狂潮不过是虚张声势罢。而在过去两个钟头乃至数日的战斗后，在接受残酷考验后，他们更加坚定了一个信念——自己是无坚不摧的。试问，法军骑兵的士气战意需要高昂到什么程度才能压倒这样的联军步兵？法军骑兵的状况，恰巧是联军步兵的反面：屡战屡败之中，信心不断流失；数次碰壁之后，士气持续走低。诚然，每轮冲锋，他们都体现出独有的大无畏精神，然而随着冲锋次数的增加，他们的信心早已大不如前。骑兵们再次冲过炮位，再次撞向了方阵——更确切地说——是由死尸、死畜所屏护的方阵。他们驱使着早已昏倦不堪的马匹，一次又一次徒劳无功冲刷着方阵。最终，比起被英军骑兵赶跑，他们还是主动悻悻而退，丢下了自信，抛开了队形，三三两两撤回低谷。大军的骑士们，此时已然损失殆尽。

第五节　雷耶与戴尔隆率步兵与骑兵余部对高地发起总攻，鏖战拉艾圣，英军阵线动摇，普朗尚努瓦的新纷争

这几场波澜壮阔的骑兵大冲锋，其战果本是可以维持扩大的，但前提是步兵得及时跟进。当胸甲骑兵闯入炮位、联军炮击止息之时，步兵本应当趁安全之时攀上高地，进而在高地边缘建立阵地，朝方阵群倾泻火力。这时，联军别无办法，要么在残暴可怖的火力线中维持方阵，要么展开队形——当然，如果法军的骑兵足够仁慈，让他们展开的话——予以还击。彼时，巴舍吕师与（富

瓦师）雅南旅距联军阵地只有1300米。结果这些部队就杵在原地，认真围观了史无前例的大冲锋。其实，也就是一道指令的事，他们便会立马便上前支援骑兵。内伊完全忘记了他们的存在，他还是在第四次冲锋的归途中，才考虑了如何运用这呆立的6000名步兵。接着，这些部队，总计6个团呈梯队，以半距分营纵队的队形挺进。但，这太晚了。先是炮兵赶走了他们；接着，联军步兵发动攻势，推进到了乌古蒙，阵线颇像月牙，进而编织了完全汇集一处的火力网。富瓦对此如是评价："死亡好似冰雹般落下。"几秒之内，联军便造成法军1500人的伤亡。尽管法军顽强挣扎，直至敌军的手枪射程之内。但是联军这边，迪普拉、威廉·哈克特予以了反攻（其间，迪普拉被击杀）。炮弹削砍之下，法军纵队只能撤退。所剩无几的卡宾骑兵，被内伊调上去协助步兵，但终究徒劳无功。法军的这些局部冲锋，将持续到会战结束，但骑兵们再也无法如之前那般，打入敌军的炮兵阵线。

火线之下的内伊，虽参加了所有的骑兵冲锋，但却忘却了最初之目标：占领拉艾圣。乌古蒙和拉艾圣的战斗依旧在持续，尽管后者这边的强度不及前者，却也打得难分难解。守军表现得相当英武，他们每人只有60发子弹了，所以只能减少射击。巴林少校请求弹药支援，威灵顿并没有给他，不过派来了两个连作为增援。

6时左右，就在富瓦、巴舍吕师朝高地进军时，皇帝亲临战线，穿行于横飞炮弹之间。拿破仑身边不断有将领军官被炮弹击倒，如：德沃·圣莫里斯（Desvaux de Saint-Maurice）将军，近卫炮兵总指挥官；拉勒芒将军，步炮兵指挥官；巴伊·蒙蒂永（Bailly de Monthyon），炮兵部队参谋长。皇帝给内伊下了命令，要他不惜一切代价夺取拉艾圣。对于元帅来说，这是个钦点的新折磨，也是又一次赴死的机会。

内伊立即调动了（东泽洛师）第十三轻步兵团，以及第一工兵团的部分士兵，投入拉艾圣的战斗。他们遭到迎面痛击，蒙受损失。一部分士兵计划从射击孔中夺出德意志人的步枪。片刻工夫，便有70来个士兵蹲在东墙墙脚，他们的战友便骑到他们身上，试图攀过墙头。庭园之中，是巴林的猎兵，墙头上的这拨兵便开火射击了他们；还有一些士兵尝试爬到农舍的屋顶。日后将在康斯坦丁围城战中牺牲的维厄（Vieux）上校，也参加了这场攻坚战，此时他还是一名工兵中校。他手持利斧，重重劈砍着拉艾圣宅屋的大门。尽管之后他的手腕、肩膀都中了弹，但手中的斧子则被传递了下去，士兵们轮番破坏门板。最终，法军破门而入，挤满了整个院子。德意志士兵已打光了弹药，只能退守房屋之中，用随身武器抵御来敌。巴林原本有9个连，现在打得只剩下42人了。他们杀出了敌军兵潮，最终成功突围并在蒙圣让集结。

眼看拉艾圣终得攻陷，内伊立即在附近土墩上布置了一个骑炮连。接着，他命令一个团朝砂场推进，原先驻守于此的英第九十五团已经撤退了。无论是炮兵，还是推进的步兵散兵，都分别在这两个阵地，朝着敌军阵线极中央处倾泻弹药：炮兵们距敌不过300米，散兵们距敌则不足80米。凭借这次火力打击，法军打出了一个缺口。与此同时，阿历克斯、东泽洛与马尔科涅这3个师部的余部也开始了行动，他们从农场另一侧远至奥安路的地带杀了上来。高地边缘立即战斗四起，两军从树篱间、路堤后射击枪战，接着便上刺刀白刃相见。翁主干道上的英德军团第五、第八营（由翁普特达指挥）展开了一次反攻，并且取得了初步胜利。然而一枚子弹横飞而来，将翁普特达打落下马，他受了致命伤。这时第五营撤退了，第八营仍在进军，但随后遭到一个胸甲骑兵中队的冲杀。第八营的军旗被夺走，该部指挥官施拉德尔（Shrader）上校也被击杀。马刀之下，整个营只有30人留得性命逃出生天。

联军的中左阵线（由肯普特、帕克、兰贝特、贝斯特、温克旅组成）依旧稳固。但在极左侧，事情正在起变化：撒克逊-魏玛亲王的拿骚部队竟临阵脱逃，他们对阵迪吕特师部时撤出了帕佩洛特阵地。而在中右部，联军阵线已被极大地撼动了，如要维持也是心有余而力不足。至于炮阵上，炮兵已经打光了弹药。某些火炮失去了牵引挽马，还有些炮组上已经没了炮手。奥伦治亲王、阿尔滕将军都负伤了，只能退出战场。而威灵顿的副官，戈登与德兰西 · 埃文斯，这两个上校也都被击杀了。萨默赛特、庞森比这两个旅，现在只剩下了两个中队。翁普特达旅还在作战的士兵不多了，基尔曼斯埃格旅已经撤到了蒙圣让后头。此种情况下，克鲁泽旅也在畏缩了。阵地后方到处都是逃兵。坎伯兰骠骑兵团在其指挥官的指示下，来了个180度大转向，朝布鲁塞尔远遁而去。纵观整条战线，每一段皆行将分崩离析。伤员数量巨大，而脱战抬着他们去急救的战士更多。就如科林·哈克特旅那般无畏的部队，他的某个营部也出现了混乱现象，因为这个营部由一个天真简单的中校指挥。基于当前情况，第三十、第七十团的团旗被谨慎地送到了后方。

“阵线中央已经被打开了。”某阿尔滕副官见状道，“我们快完蛋了。这场战斗已经没有悬念了。”此时的威灵顿，尽管看上去如往常般踌躇满志，但心里也有点儿拿不准了。诚然，威灵顿看到了布吕歇尔那黑压压的部队，而后者也攻击了法军侧翼，他自己却未得到任何援助。他也听到了幕僚们的窃窃私语：“要么战到晚上，要么等来普鲁士人。”他已经向奥安方向派去了多名副官，催促齐滕军赶紧参战。不过，公爵并没有因此而动摇。各部军官从前线纷至赶来，陈述着起行前所见之惨烈战况，并请求进一步的指示。威灵顿没有别的命令，唯一的指示，便是坚守不移，直至最后一人。

自然，联军的摇摇欲垮，内伊是看在眼里的，然而法军这边也有不少逃兵。是时候该请求援兵来振奋士气，再去征服对手了。他向皇帝派去了埃姆（Heymès）上校，请求一小股步兵的支援。“军队？”拿破仑大喊道，“你觉得我可以从哪里搞到军队？你想要我造出来吗？”

皇帝麾下仍有8个老近卫营、6个中近卫营。彼时，倘若拿破仑从中调出一半的兵力给内伊，我们完全可以相信，英军是不堪一击的。就连见多识广、头脑清晰的英国史学家中之佼佼者，对此也是相同的想法。拿破仑现在已没了预备骑兵，但他认为，拱卫御驾的“熊皮帽”们的兵力紧张，无法外调。但这个时候，他的情况并不比威灵顿安全。洛博与顽强抵抗的青年近卫军，在比洛全军的第三次冲击下，都先后撤退了。普军火炮再次咆哮泄愤，佳姻村附近弹坑累累。被侧击的拿破仑，现在要面对来自战线背面的威胁。11个近卫营组成了相应数量的方阵，沿着布鲁塞尔路从佳姻村到罗桑默，被他部署在普朗尚努瓦的前方。第一近卫猎兵团第一营把守着勒凯鲁的阵地。莫朗、珀莱两位将军接到命令，他们将分别指挥第二近卫掷弹兵团第一营与第二近卫猎兵团第一营，重新夺回普朗尚努瓦。踩着鼓点，这些久经沙场的老兵以密集连纵队的队形，双倍速度挺进。行进途中，他们遇到了青年近卫军，迪埃姆正在重整后者。这支部队从两方攻入了普朗尚努瓦，他们没放一枪直接杀了进去，冲撞普军、蹂躏普军，最后赶跑了普军。这波攻势快狠准，只用了20分钟，村子就被夺了回来。老兵们端着浸满鲜血的刺刀，穷追猛打。这部分普军被追着逃了600米的距离，又被赶到了对面山头的希勒炮位上，这个阵地也不得不被暂时放弃。这次行动中，青年近卫军辅助了主力，并且重新占领了普朗尚努瓦。洛博虽仍然在和哈克、洛斯廷师缠斗，但也重新夺回了部分的失守阵地。

第五章

滑铁卢会战：晚7时至晚9时

第一节　最后突击的准备，得到增强的英军阵线，正在接近的齐滕军部

凭借老近卫军的这一痛击，拿破仑阻击打退了普军。现在，法军的右翼安全了，他也能够集中精力好好应付正面战场。此时已过7时，不过还要两个钟头，天色才会昏暗下来。眼下晴空万里，阳光倾洒在布赖讷拉勒（Braine I'Alleud）之上。自利马勒方向传来了格鲁希的炮声，愈加清晰，愈加逼近。假设格鲁希最终仍是追上了普军，并正与之交战，无论胜利与否，都可以牵制住后者足够长的时间。这样一来，普军便无法与英军汇合。如此看来，布吕歇尔现在手上似乎只有比洛军，而洛博军、迪埃姆以及两个老近卫营足以应付接下来的普军攻势。皇帝将望远镜掉向英军阵地，枪炮交火处被他当作了参照物，方便观察。以此向最右方看去，是正在攀登高地的迪吕特师，他们已经占领了帕佩洛特与拉艾圣。向左望去，是仍在激战的乌古蒙阵地，一片硝烟：热罗姆的一个旅正在突击它；在皮雷枪骑兵的掩护之下，法军散兵们横穿了尼韦勒路。拉艾圣上方的中央阵地上，东泽洛、阿利克斯、马尔科涅师夺取了高地脊

部并驱逐了敌军；随后，这部分法军沿着奥安路追击敌军。洼谷之中，还有巴舍吕、富瓦的6个团，以及骑兵残部。这时，联军阵线似乎已然摇摇欲坠。皇帝推定，威灵顿已经没有预备队了；相反，他自己还有无敌的老近卫军。诚此紧要关头，胜负未决，只有最英勇无畏者方能摘得桂冠。拿破仑命令德鲁奥率9个近卫营（还有5个营，其中2个营在普朗尚努瓦，另外3个营在高地上预备）上前，其阵型还是维持了此前的方阵队形。皇帝亲战，他领着第一个方阵快速趋向拉艾圣，即将投身于鏖战之中。

根据联军的说法，如果这轮攻势提早半个钟头（也就是在内伊呼叫援兵时）便展开的话，它毫无疑问是决定性的。但，时机不复。就在莫朗夺回普朗尚努瓦、近卫军集结起行的当口，威灵顿雷厉风行地重整了己方阵地。面对几近崩溃的中央阵地，威灵顿从左、右翼分别调来了温克旅和4个不伦瑞克营。以布鲁塞尔大道为原点，东侧的肯普特、帕克、贝斯特旅和西侧克鲁泽、哈克特旅得到新鲜血液后，旋即对法军展开了一次强而有力的反攻。东泽洛、阿利克斯、马尔科涅支持不住，被迫后撤。当他们从高地上撤到洼谷时，联军重新占领了高地边缘的阵地。联军炮兵就此免于枪击，他们还把拉艾圣的法军炮阵给打哑火了。与此同时，沙塞的荷比旅正从布赖讷拉勒赶来，凡德勒尔、维维安的6个骑兵团从驻地加速小跑，绕到了帕佩洛特附近——一方面他们将充当侧卫，另一方面他们也得到了齐滕军迫近的消息。

就在威灵顿险将落败的点上，普军的增援简直是及时雨。普军的靠拢，直接解放了凡德勒尔、维维安的2600名骑兵，使之成为机动兵力。齐滕军中午就从比耶日出发了，不过，为了让皮尔希壹军以单列纵队登上迪勒河西北方的高地，他们不得不暂且停下，并等了两个钟头方才再次上路。途中，部队挣扎于里克萨尔（Rixensart）林地的陡斜小径。在此，齐滕军以单列纵队前行，并硬是打开了一条炮具通道。结果是，靠近6时，整个军部只有先锋抵达了奥安路。与前锋抵达奥安后，齐滕与威灵顿副官弗里曼特尔（Freemantle）上校取得了联系，后者阐述了当前联军处境之险，进而向齐滕请求支援：

“如果现在有3000人的话，请立刻增援我们。”齐滕并不愿意打添油战术，白白消耗兵力。他回复道：“只要主力抵达并与先锋汇合，便会赶来协助联军。”同时，他还派出了一个参谋前去蒙圣让，观察战事进展。这个参谋看到大量的伤员和逃兵正在后撤，于是回来报告整个联军已经撤了。齐滕害怕己部出击不但要被歼灭，还不能有效帮助联军。于是，他打算于弗里什尔蒙（Frichrmont）、苏瓦涅森林之间与友军汇合。与此同时，米夫林正在帕佩洛特高地观察战况，他看到了齐滕的运动，于是飞奔而去，赶上了后者。“如果第一军不去支援公爵的话，”米夫林情绪激动地告诫道，“这场会战就输了！”齐滕踌躇了很长时间，最终在米夫林的据理力争下做了让步，所部重新回到原先的行军路线上。

当齐滕先锋纵队现身于斯莫安方向时，近卫军正向拉艾圣前进。一些法军部队看到普军出现，扭头就撤。皇帝见状，便驱马来到他们面前厉声斥责，后者便只能回到挺进的队伍中。这支突然出现的敌军，与法军的两条阵线呈直角对位。对于拿破仑而言，这可谓致命一击。但很奇怪的是，皇帝并没有中断这次行动。由于部队自己也发现了侧翼暴露在了比洛军的面前，因而士兵之间恐慌得以迅速传播，很快失去了秩序，但在这种情况下，撤退的后果不堪想象。退而论之，就算法军并未损失巨大和陷入混乱，就算佳姻村高地上还有壕沟土堤掩护，就算仍有众近卫营屏护，一旦撤退成谶，拿破仑将陷入极大的险厄之中。届时，整个军团已折损了一半的兵力（而格鲁希部则被孤立，又被截后路、形同遭歼），正面战场毫无反手之力；整个国家的抗战情绪将颓废低迷，爱国宣传也不再奏效；议会则会暗中算计，密策谋反；全国将陷入阴谋诡计、叛国投敌的阴霾之中。对拿破仑来说，若要避免再次身陷1814年困境，最好的办法就是拼尽全力争取一胜。

第二节　中近卫军对蒙圣让高地的突击

普第一军的迫近，反而更加坚定了皇帝的决心，他意欲尽快展开突击。但目前抵达拉艾圣平地的近卫营部只有6个。皇帝将其中之一（第三近卫掷弹兵团第二营）部署在了乌古蒙、拉艾圣中间的一个小丘上。接着，他想起了内伊。此时的内伊，早已将生死之事抛之脑后。他被钦定去指挥对敌军中右部的突击。同时，皇帝命令炮兵加大轰击力度。至于戴尔隆、雷耶及众骑兵指挥官，他们会支援近卫军的前线行动。普军沿奥安路抵达的消息，在军中很可能已被传播开来。皇帝决心阻止恐慌蔓延。于是，他指示拉贝多耶雷（La Bedoyère）及其传令官在阵线当中宣传格鲁希来援的消息。内伊说他很反感这种策略——但拿破仑还能有什么选择呢？不过事实上，此种“谎言”确实重新振奋了士气。部队很快被重新组织起来，再次高呼“皇帝万岁！”一些伤员撑着身体，来到行进纵队边上喝彩。有个打过马伦戈的三条杠老兵，也前来助威。他的双腿被炮弹打伤了，他坐在路缘边上，面朝行伍，不断反复激昂、坚定地说道：“没什么好说的，战友们。前进，皇帝万岁！”

硝烟渐渐散开，威灵顿是否看到了此番为最后突击的准备运动？无论如何，他从一个“法奸”那里获得了讯息。当德鲁奥部署近卫军时，一个卡宾枪兵上尉飞驰而出跑入洼谷，穿过枪林弹雨；他军刀入鞘，高举右手，接近了第五十二步兵团的前置散兵。他被带到该团的少校面前，后者进而将之转告于轻炮指挥官弗雷泽（Fraser）。这个上尉喊道：“国王万岁！你们准备好！拿破仑那个无赖坏蛋马上要用近卫军攻击你们了，差不多半个钟头之后！”弗雷泽上校将此事报告给了威灵顿。公爵沿着阵线，从布鲁塞尔大道直到尼韦勒路，下达了最后的应对指令。此前，亚当旅、梅特兰近卫旅为了躲避法军炮兵的杀伤，后撤到了某个洼地中。得到命令后，他们重新回到了阵地。威廉·哈克特的汉诺威旅，以及迪普拉的德意志旅，构成了亚当的右翼友军，阵线朝乌古蒙延伸而去。沙塞的荷比师也上前布阵，并巩固好了阵地；多布雷梅（d'Aubremé）旅则部署在了梅特兰近卫军的后侧，而两者中间则部署了维维安骑兵；迪特默尔（Ditmer）旅则在两个不伦瑞克营的背侧，科林·哈克特旅则在它的右翼。维维安骑兵在布鲁塞尔路以西的地带准备就绪，负责支持残破的翁普特达、克鲁泽及其他的不伦瑞克营。其中有三个炮连，开战以来全程预备，此时他们也上到前线进入炮位。所有炮连得到命令，不必反击法军炮兵，但必须集中所有火力轰击敌突击纵队；他们准备打光炮弹，直至最后一组弹药。

另一边，内伊对近卫军部署、指挥显然是差劲的。他没有采用单一纵队的队形，而这种战术队形足以打穿敌军横队；相反，他将众营部分割开来。至于进攻路线，元帅也放弃了最短路线：自拉艾圣出发，沿着布鲁塞尔大道攀登高地，部队只需通过不足400米的路程；况且途中还有壕沟土堤作为掩护，可以借此掩蔽敌军炮击。内伊最终决定了一条偏斜路线，近卫军即将穿过的一片毫无掩体的地带，后者正是第一次大冲锋时胸甲骑兵攀爬过的坡地。

参战的近卫部队是5个中近卫营，每营各自组成方阵，总体上它们以梯队部署前进。梯队的间隙中，都布置一个近卫骑炮连，每连配备有两门8磅加农炮，此部分炮兵由迪尚上校指挥。具体来说，此次偏斜进军，基本可以概括为“朝左前进，向前战斗”；各梯队之间很紧凑，没有保持合适的间距。结果，行进之中，第四梯队愈发地接近第三梯队，很快两者就汇合成一个梯队了。5个梯队也就缩减为4个：右侧梯队是第三近卫掷弹兵团第一营；中央梯队是第四近卫掷弹兵团的某个营；左侧梯队由第三近卫猎兵团的第一、第二营构成；最左端的梯队，是第四近卫猎兵团仅剩的一个营。

所有部队接到指令，支援了这次进攻。东泽洛、阿历克斯、马尔科涅正沿着热纳普路攀登高地；东泽洛居于热路左侧，其他两个则在右侧。不过，雷耶的步兵、骑兵残部才开始跟进。再看拉艾圣与乌古蒙之间，那5个营竟孤行冲向了英军阵线！近卫军们端着步枪挺进，他们的队形维持的很好，让人恍然想起杜伊勒里的阅兵盛况，当时的军容鼎盛峥嵘。所有军官冒着头个暴露在火线之下的危险，身先士卒地引领着部队：弗里昂、波尔雷·莫尔旺将军，他们指挥第三近卫掷弹兵团；哈尔勒将军，指挥第四近卫掷弹兵团；米歇尔将军，指挥第三近卫猎兵团第一营；马莱上校，这位从厄尔巴岛一路追随皇帝至此的军人，指挥第三近卫猎兵团第二营；昂里翁（Henrion）将军，则指挥第四皆为猎兵团。内伊骑行期间，他的第五匹坐骑又被打死了，于是重重摔在地上。随后元帅自己爬了起来，持剑步行，与弗里昂一道前进。此前，联军右翼是呈凸出状的，现则调整为凹入状；联军炮兵由此做出了调整，他们从布鲁塞尔大道的炮位中撤出，绕了半圈，转进部署到了乌古蒙附近的坡地上。在双方相距200米时，他们装填霰弹，朝法近卫军的正面、斜侧打了两轮齐射。每轮齐射都把法军队列轰出了一个缺口。近卫军们彼此靠拢，收缩方阵以填上缺口，他们步调一致地继续前行，并嘶吼着“皇帝万岁！”

第三近卫掷弹兵团第一营（右侧梯队）击退了某不伦瑞克部队，占领了克莱武、劳埃德的炮位（这两个炮连之前已放弃了阵地）。该营继续向哈克特旅左翼攻去。英军第三十、第七十三步兵团见状慌忙后撤。其间，弗里昂被炮弹击中负伤，退出了战场，但他相信胜利已在手中。此时，比利时将军沙塞把凡·德尔·斯密斯森（Van der Smissen）的炮连调到了哈克特旅右翼，后者与法军呈对角线位置。炮声怒吼，该连对法军造成了不小的杀伤。接着，沙塞把迪特默尔旅（3000人）调上前来，全体上刺刀冲向疲惫的近卫方阵。该旅很快冲破近卫方阵，并将之击溃；前者以兵力优势完全压倒了后者，后者被一路驱逐退入洼谷。说起沙塞将军，他是阿尔西苏奥伯会战（Arcis sur Aube）的英雄之一，他还在法军服役过！

战斗过程中，第四近卫掷弹兵团的营部（第二梯队）攻击了哈克特旅的右翼。迪尚的两门炮掀起一阵腥风血雨，而掷弹兵们则打出了猛烈齐射，第三十三、第六十九团余部被击退。哈克特将军以身作则，他夺过第三十三团的旗帜，成功地控制住了局势。“看那个将军！”官兵们眼见哈克特的处境不禁失声道，“他暴露在两股火力之中！他逃不了了！”的确，哈克特倒下了，身负重伤；但英军振作了士气，重整了阵线，并且守住了阵地。一名老兵在咬掉弹药纸时说道：“这会干掉那个最高的。”

第三近卫猎兵团第一、第二营，进军之时没有遭遇到任何步兵，几乎要漫上高地了。他们正朝奥安路挺进，只听得远处传来寥寥手枪击声。突然，约莫20步开外，一道红墙兀然立起。那是梅特兰的2000名近卫步兵，他们被部署成了4个横队。此前，英近卫步兵们一直卧倒待机，躲藏在一片黑麦田中准备接敌。法军开来时，威灵顿一声令下，“近卫军起立，接敌！”红衫近卫们就好像弹簧一般弹起，瞄准，射击。第一轮步枪齐射打倒了300名法军；与此同时，在联军炮兵的轰击之下，法军两个营损失了一半的兵力。其间，米切尔将军不幸受了致命伤。如此火力打断了法近卫的挺进，他们停了下来，其队形也逐渐崩溃。再看他们所经之路上，也是遍地死伤。尽管现在法军已开始丧失纪律，该部军官此时却想顶着枪林弹雨，将队伍展开成横队反打一轮射击——而不是立刻上刺刀突击。结果，部队陷入到混乱之中。要知道，如此情况下，展开成横队不仅困难重重，而且还颇为浪费时间。10分钟过去了，近卫猎兵们饱受梅特兰近卫兵的枪弹洗礼，也苦于被博尔顿（Bolton）、拉姆塞（Ramsay）炮连拦腰纵射。困苦难当，法近卫兵不得不后撤了。威灵顿眼见于此，立马下令冲锋。“小伙子们，前进！”塞尔滕（Saltoun）上校高喊道：“现在轮到你们了！”英军铆足气劲冲刺而下，一头砸向法军残部，完全打散了后者。两军的白刃酣战一直蔓延到了乌古蒙果园附近。“双方缠斗一处，难分彼此，”某博尔顿连军官回忆说，“我们不得不停火！”

不过，英军军官的匆匆勒令之下，士兵们突然停止了追击缠斗。原来第四近卫猎兵团的那个营开了过来，意欲为第三近卫猎兵团、第四近卫掷弹兵团（他们也被打得撤退了）解围。梅特兰的近卫兵没有就此慌了手脚，他们立即回撤，重新占据了高地阵地。他们的后退速度并不比反击冲锋要慢，却也没有丧失纪律。亚当旅（第五十二、第七十一、第九十五步兵团）迅速上前，在近卫兵右翼构成了侧卫阵线，组成了纵深4列的横队。梅特兰部回过身来，尽可能地整理好了队形，接着加入了科林·哈克特旅的火力输出之中。与此同时，威廉·哈克特的汉诺威部队也从乌古蒙的树篱后现身，在法军后方开火射击。登时，子弹从四面八方涌来，马莱其间身负重伤。法军这边，一个营部正对着梅特兰展开了横队，另有两营则向左侧杀去，直取亚当旅。在此关头，被在半岛服役过的士兵称之为“霹雳火”（Fire Eater）的科尔本（Colburn）上校冲向了第五十二步兵团，组织了一次反冲锋。整个旅也都上好了刺刀，紧随他的脚步向法军扑去。法近卫猎兵、掷弹兵们已被惊人火力大大削弱，眼下面对英军的新一轮冲击，完全难堪一击。最终，法军士气大跌，战意全无，远遁而去。

第三节　“近卫军退了！”英军大挺进，普鲁士齐滕军部介入战局，混乱

“近卫军退了！”行伍之间的惊呼，敲响了大军团的丧钟。人人都知道，一切都完了。本来跟随内伊挺进的部队，还有雷耶军步兵、胸甲骑兵、近卫骑兵，眼下皆土崩瓦解。拉艾圣上方的高地上，东泽洛、阿利克斯师部正与克鲁泽、兰伯特、肯普特、帕克旅激战。这两个法军师见证了近卫军的败退，于是他们放弃了既得阵地，也跟着逃走了；他们穿过正攻击联军右翼延伸部的马尔科涅师，再一次撤入洼谷。纵览法军阵线，从右至左，全线呈现出后撤的态势。与此同时，在帕佩洛特、拉艾一带，普军先头纵队现身于奥安路，并且攻击了迪吕特的步兵。如此情状下，只听见“逃命去吧！有人背叛了我们！”结合近3个月来的种种事端，我们自然理解出现此种惊乱恐慌的原因。士兵们的心理状态糟糕，他们困扰于遭人背叛的疑虑。而截至目前，一切事物皆正中他们的猜疑：在他们看来，任何层级的将官、校官、军官都投敌叛变了；当他们拿到弹药时，却发现理应填充的火药被换成了麦麸；他们震惊于进行规划差劲、徒劳无功的机动；他们因屡屡突破未果而心灰意冷。最后，他们听到了格

鲁希来援的好消息，所有的希望都寄托于此；结果，反倒是齐滕出现还冲击了他们，溃逃愈演愈烈。尽管仍有少数英勇官兵坚守于农庄建筑之中，但普军正冲向他们。突击之中，普军将法军残部逐出了房屋，赶入了谷地。戴尔隆的4个师完全溃散，官兵们都争先恐后地逃命去了，以至于爆发了好多推搡和冲突，致使部队完全失去了队形秩序。而在大道以东、洼谷正中的地带，到处横飞着英普联军的炮弹，法军因此更加混乱。

面对这支半死不活的军队，威灵顿决心要给上最后一击。他策马来到高地边缘，挥舞着军帽。官兵们眼见这一信号，其含义了然于心，整个联军随即冲出了阵地。不同师部的步兵营、炮兵连、骑兵中队，未及予以集结便并肩前行，向残军猛攻而去。马蹄、车轮将死尸、伤员碾踏而过。不过，帕克、翁普特达、基尔曼斯埃格旅却未加入其中，他们与两三个炮连一起留守阵地。那几个炮连，由于横亘其前方的人畜尸堆，明显是无法移动的。时已黄昏，不列颠人、汉诺威人、低地人还有不伦瑞克人——从右翼到左翼——总计4万人的骑兵、步兵、炮兵踏着行军鼓点，趁着赳赳号声，奏着呜啸风笛汩汩然奔腾而下。最勇猛的战士面对此情此景，怕是也得被吓到，更遑论此时的法军殿后部队了。他们转过身去，与全部所剩骑兵匆忙冲上坡地，向佳姻村西侧逃遁而去。原本打头阵的营部自然是首当其冲地面对着这么一股狠狠砸下来的人潮，他们竟然原地解散各自逃命去了。法军放弃了拉艾圣，也放弃了乌古蒙的果园与林地，战线全面沦丧。维维安骠骑兵与凡德勒尔龙骑兵一马当先，远远领先于大部队。他们挥舞马刀砍向逃兵，并喊道：“一个不留！全部杀光！”

第四节　克里斯蒂亚尼、罗盖和康布罗纳的方阵

中近卫军突击联军阵地之时，皇帝正站在拉艾圣的墙底下。在那里，他迎来了康布罗纳、罗盖（Roguet）和克里斯蒂亚尼（Christiani）及其分别所部的第一近卫猎兵团第二营、第二近卫掷弹兵团第二营、第二近卫猎兵团第二营。

拿破仑将他们以攻击纵队队形部署：当中的一个营展开成横队，而另外两个以密集纵队队形立于前者两翼。他本打算亲自把这支部队领向高地，据在那里负伤的弗里昂报告说，彼处“一切都进展顺利”。接下来，拿破仑亲眼见证了整条法军战线的崩溃。他意识到自己已经被彻底击败，毫无扭转余地；但是他仍保有侥幸，可以组织撤退。这种情况下，皇帝依旧镇定自若，他拆散了老近卫军的纵队，在拉艾圣后方约一百米处，布置了相应的3个营方阵——右翼的方阵则部署在布鲁塞尔大道上。凭借这个方阵群的庇护，拿破仑想应该可以重新集结军团，并有序撤退。

维维安骠骑兵面对这些方阵毫无办法，只得绕过他们，去追赶其他溃逃的法军。法军溃兵随后便覆灭在这红色怒潮的涌动之间，英军骑兵则不断砍杀。第十八轻龙骑兵团的中尉对维维安说：“就算你把我们带向地狱，我们也会跟随前往！”而之后，骠骑兵们又冲杀了敌军的另一支骑兵。皇帝不得不调动4个御前中队去对付这股生力骑兵，但后者很快也把前者淹没了。

而在不远处，内伊正踽踽独行。军帽早已不见踪影，无人能够认出他，因为面庞被硝烟染黑了；并且他也衣衫褴褛，肩章则被劈成两半；手中空擎一把残剑。他找到了戴尔隆伯爵，愤怒地咆哮道：“戴尔隆！如果我们跑了，就要被绞死了！”戴尔隆这时正在溃退漩涡中苦苦支撑，眼前的元帅“与其说是人类，倒不如说是一只暴怒的野兽”。内伊当天的努力，已经超越了常人能付出的极限。在任何一场会战中，你找不到任何一个指挥官、任何一个士兵如此消耗自己。内伊已经不再是内伊，他做了许多分外之事——他带领戴尔隆的步兵实施了两次进攻，他与胸甲骑兵一道对高地发动了4次冲锋，他还与近卫掷弹兵们发起了死亡冲锋。眼下，他又赶忙找到了（迪吕特师）布吕厄（Brue）旅部，后者是唯一成建制撤退的战列步兵单位。内伊将这支部队再次对准敌军，并狠狠地掷了出去，同时嘶吼喊道：“来啊！看看一个法国元帅是怎么死的！”这个旅根本招架不住，很快就溃散了。内伊依旧站在这块死亡竞技场上。既然寻死不能，那么他至少希望能最后一个离开战场。他与吕里耶雷

（Rulliere）中校一道进入了近卫军的方阵之中。后者此前从垂死的第九十五步兵团普托（Puthod）中校那里夺得该团团旗。此时的迪吕特，其右手关节被砍伤了，前额也挨了一刀，血流不止。他不慎骑行闯进了敌军冲锋骑兵的阵中。他飞驰于英军骑兵之间，而英军骑兵已经到了佳姻村。

3个近卫营组成了方阵，毫不费力地就打退了骑兵。然而，他们面对接下来的敌军冲锋，他们不得不维持现有队形；同时，法军方阵在联军步兵4列纵深横队面前也很是吃亏。后者从前者的正面、侧翼打出了强大集中的火力。罗杰斯、加德纳（Gardiner）的炮连跟了上来，在与法军相距60米处填射霰弹，以此配合步枪火力。联军主力蜂拥而来，将近卫掷弹兵们牢牢围住。亚当、威廉·哈克特两个旅对法军发起了十分狂热的攻击，不仅他们，肯普特、兰伯特、克鲁泽、温克、科林·哈克特这几个旅也是如此。上谕让近卫营们放弃这个站不住脚的阵地。皇帝这时才反应过来——或许已经晚了——阻止部队溃散的最好办法，不是去维持败军的正面战场，而是要到其后方挑选某处新位置进行集结。于是，他策马疾驰到佳姻村高地上，身边只有几个猎骑兵护卫。

上述所提到的3个营，以及部署在他们左翼的第三近卫掷弹兵团营部，正遭受着英军龙骑兵、不伦瑞克黑色枪骑兵以及梅特兰、米切尔部步兵的轮番攻势。这3个营顶着攻击步步后撤。他们减员惨重，以至于无法维持三行纵深的方阵，只能结成两行纵深的三角队形。刺刀林立、敌军逃兵交错之间，他们从中缓慢凿出了一条道。他们举步维艰，士兵们要么会被遍地死尸绊倒，要么中弹身倒。近卫兵每后撤50米，就得停下来重整行伍，还得同时抵御敌军骑兵、步兵的新一轮冲锋。这场艰苦卓绝的撤退，结果是近卫兵们被联军牢牢困住。此间光景好似围猎一般：猎犬们将野猪牢牢围住，四下继而传来示意得手的呼喊声（hallai）。咫尺距离下，就算四下乱音嘈杂，双方也能够进行交流。枪林弹雨之间，英军军官喊话，让老兵们放弃抵抗举手投降。当时，康布罗纳正骑行于第一近卫猎兵团第二营的方阵中。他虽已心灰意冷，但很快怒火冲顶；不断招降的敌军，更是火上浇油，康氏愤而回道：“妈的……”[①]，无法言语，他只能咆哮发泄。几秒过后，正当他们撤到了佳姻村高地上时，迎面一发炮弹正中康布罗纳的脸庞，他被掀翻在地血流不止，几近丧命。[②]

第五节 皮尔希军抵达战场、增援比洛，普朗尚努瓦的屠杀，佳姻村高地的混战，最后的老近卫军方阵

法军进行对蒙圣让的最后突击时，此前被打得纪律崩溃的比洛军已同半个皮尔希军（蒂普佩尔斯基希、克拉夫特师部，以及于尔加斯的骑兵）汇合了。布吕歇尔立马展开一轮总攻，直指整个法军右翼。而在普朗尚努瓦，还有迪埃

---

① 我已经整理、核对了所有关于康布罗纳之回应的证词。这一点，我已经在1887年出版的小册子《近卫军宁死不降：一则历史名言的历史》（*La garde meurt et ne se rend pas, Histoire d'un mot historique*）之中提过了。在此，我谨做出一个简短总结。第一，所有的证据表明，将军当时说的很可能是一句话而不是一个词，而且极有可能是：“像我们这样的人决不投降”（Des gens comme nous ne so icndont point）。第二，然而康布罗纳极力否认自己说过这句话，同时他还认为，这一讹传似乎是巴黎的《将军报刊》（*Journal Général*）的编辑于滑铁卢会战结束的几日后捏造出来的。第三，康布罗纳同时也否认自己说过那个词，尽管有些难以置信。但是这样一来，我们就没有办法解释如下一点：如果他的确说过那句话，为什么他还要否认自己说过。我们比较能理解的是，他如果真的说过那个词，确实会碍于面子予以否认——毕竟，战后康氏被路易十八封了子爵，还娶了个英国女人，已经是个“上流人物”了。第四，南特（1843年康氏于此逝世）的人们认为，他再三否认及故意保留，恰好则反映了他的确说过那个词。第五，让我们回想6月18日晚的情景，考虑彼时彼地康布罗纳之所思所想，从心理学角度看来，他绝对是可能说出那个词的，既然康布罗纳当时的确说了点儿什么，我们有理由相信是这个词。——原注

原文中，康氏所语为“M……”即为Merde，也就是原注当中的神秘词汇。1932年，《泰晤士报》曾收到一系列的信件，发信人皆为在场目击者证人的后人。而这些信件都表明，康布罗纳在对英军劝降做出任何回应之前，就已经被联军第三汉诺威旅的休·哈克特（Hugh Halkett）上校给活捉了。换而言之，此种情况成立的话，康布罗纳根本不可能说出“宁死不降”。如果说了什么，那也不会是传说的“近卫军宁死不降”。而根据德裔学者彼得·霍夫施罗埃尔的说法，康氏是自己向汉诺威部队投降的。——译注

② “在6月18日的会战中，我负伤了，并被抛弃等死了。”（出自对康布罗纳的交叉调查，康布罗纳案卷宗）。“康布罗纳将军负伤了，并从马上掉了下来，并可能死了。”（珀莱将军的证词）珀莱强调，康布罗纳是在拉艾圣到佳姻村的撤退途中倒下的。威廉·哈克特上校（滑铁卢信件，309）宣称，一位隔离于方阵之外的近卫将领向他投降了，此人即为康布罗纳。我不清楚哈克特擒获的将领为谁，但肯定不是康布罗纳；因为康氏那时正直挺挺地倒在地上，而鲜有人知。

姆的青年近卫军以及莫朗、珀莱的两个老近卫营，这些部队并未攻势被撼动。但是在这个村庄的延伸部，洛博步兵及多蒙、絮贝维尔骑兵被哈克、洛斯廷以及威廉亲王的1.5万人给打退了。与此同时，从斯莫安方向开来一队普军，原来是施泰因梅茨步兵师与罗德部骑兵一路追击迪吕特而来；接着，普军攻击了洛博们的侧翼，后者也被巨大兵力差距所压倒。从尼韦勒路一带，到帕佩洛特、普朗尚努瓦的河谷，法军主力已在一刻钟前全面败退，撤到了佳姻村高地上。联军在其身后紧追不舍，马刀、枪炮、万岁呼声也随之而来。法军不仅后有联军追击，他们的侧翼还正遭受着普鲁士人的胁迫。眼下的联军态势，好似一把老虎钳子，正朝着混乱不堪、无法还手的人群闭合——谁人能想象，这些溃军，正是此前的帝国军呢！

法军惊恐不安、秩序全无，溃兵乱作一团、相互推搡，但求苟全性命。胸甲骑兵们丢弃了自己的胸甲，车手们砍断了与车组的联系，情况混乱亦出现了踩踏事件。举目而望，四下狼藉，间或马尸、弹药箱倾覆在地，炮具被四下抛弃，逃命之人难免会绊倒其间。夜幕初降，光线愈发黯淡（现在已经靠近9时了），战况变得更为惊险、混乱。英德军团第一骠骑兵团冲向了友军英军第十二、第十六龙骑兵团；亚当旅竟持续向某普炮连射击；第七十一高地团夺取法军火炮后，将炮口对准了友军的机动纵队。反观法军，那4个近卫营是唯一维持秩序的部队了，他们才刚刚抵达高地上。联军以弧形态势将这几个方阵分别围住，并用霰弹、马刀、刺刀加以伺候。他们组织了一次步骑协同的冲锋，法军方阵随之土崩瓦解，幸存士兵很快被淹没在了兵潮之中。

而在后方500米，也就是德科斯特屋附近，第一近卫掷弹步兵团的两个营在道路两旁分别组成了两个方阵。珀莱将军负责指挥这些“王牌中的王牌”。几乎所有的士兵都拥有两道杠，每6个当中有4个便是荣誉军团士兵。皇帝正骑于马上，处在第一营的方阵中。他仍希望凭借这些人肉多面堡来掩护撤退。在方阵群的延伸处，他部署了一个12磅炮炮连。后者此前一直在射击普朗尚努瓦的普军，并且使普军掷弹兵受挫，而法军所有的近卫部队得以重组。大量的逃兵从方阵左右穿过，身后的追兵紧紧咬着。近卫炮兵的每个炮组只剩下最后一发炮弹了。在敌军一波骑兵纵队迫近之时，他们打出了最后的火力，并使这些骑兵伤亡惨重。但他们仍不愿离开炮位，坚定地与火炮待在一起，为的是唬住敌军。另外一个骑兵中队全速冲来。一个掷弹兵大喊道："别开枪！那是我们的骠骑兵！"但那是英军骠骑兵，他们直接压上了炮位，劈砍着手无寸铁的炮手。英军骠骑兵冲向了方阵，但一如裹挟着飞沙的疾风刮过屹立不动的磐石，并没有什么用处。每个掷弹营前都码起了一堆堆血淋淋的尸体，人畜交错一处。

普军炮连在普朗尚努瓦引起了火灾，法军接着火光接着奋战。1815年的青年近卫军，大多数是从巴黎、里昂的志愿兵中招募的。该部的第二近卫猎兵团、第二近卫掷弹兵团各自的第一营，以一当五。希勒、里斯塞尔、蒂普佩尔斯基希3个师部的联合进攻最终以失败告终。格奈泽瑙上前，激励了手下的士兵。普军随即又发起了一次突击，并打入了村庄。一场血腥的近身搏斗爆发了，士兵们用刺刀和枪托拼杀。第二近卫掷弹兵团的鼓手中校斯蒂贝（Stubert），这是一个巨人，他用自己的指挥棒头猛砸敌军。一个青年近卫营充当护卫任务，然而他们在墓地之中被全歼。普军挨个占据了整个房间，在厅堂里，在阁楼上，一方屠杀了另一方。这场战斗中，对交战双方来说，没有丝毫怜悯可言。时有燃烧的屋顶破碎坠落，砸在人们头上。"不能放过任何一个法军，"冯·丹米茨（Von Damitz）少校说道，"如此才能夺取普朗尚努瓦。"而在村庄外围，仍有英勇的营部不断抵挡着冲击，尽管被驱逐到高地，但仍坚持作战。而英军骑兵彻底击溃了他们。珀莱将军猛然发现只剩些许战士以及老近卫猎兵旗手，他们正陷在重重敌军之中。"猎兵！支援！"他用相当尖锐的嗓门喊道，"旗在人在，旗亡人死！"所有的战士听到号召之后，立即在铁蹄狂澜之间杀出一条血路，围在鹰旗四方，构成了一圈坚不可摧的刺刀墙。

自普朗尚努瓦方向，法军和普军相继出现在布鲁塞尔路附近，就在第一近卫掷弹兵团的周围。逃兵们试图在躲入这些方阵中，但他们被刺刀和子弹给击退了。为了方阵的牢固，不得不这么做。罗盖将军差点儿被一个掷弹兵给杀了。“我们开火了，”珀蒂将军说道，“没有任何办法，现在的友军就是敌人，如果让一个人进入，那势必会引来一群人。这是对好人的不幸。”方阵在右侧和左侧遭到了袭击，英普联军的数量越来越多，攻击愈加凶狠。掷弹兵们击退了所有的进攻，两个营抵挡住了两个军！

最终，皇帝下令放弃这个阵地。掷弹兵们缓慢后撤，以道路为分界线，第一营在左，第二营则走当中。每隔几分钟，他们便要重新组成方阵，好拖延敌军，并且打出了连续不断成列的火力。

皇帝已经到了这些方阵的前面，相隔一段距离。在他的身边，伴随着苏尔特、德鲁奥、贝特朗、洛博，以及五六个老近卫序列猎骑兵。在凯鲁的农庄，他与老近卫序列的第一近卫猎兵团第一营汇合了。这个营由一个土生土长的荷兰人迪于林赫（Duuring）中校指挥，他们肩负着守卫帝国财富以及辎重的任务。当天晚上7时，两个普鲁士纵队正在穿过尚特勒（Chantelet）森林，他们意图切断大道，断了法军后路。迪于林赫立即下令将辎重车撤到热纳普。军团监军拉代（Radet）将军，他成功召集了200名步兵和徒步骑兵。迪于林赫在敌军面前部署了自己的营部，普军第二十五团受到了密集火力打击，并且遭到了刺刀冲锋，向马朗萨尔（Maransart）方向撤去了。皇帝花了几分钟时间，冒着普军在普朗尚努瓦打出的最后几发炮弹，询问了迪于林赫相关情况。他赞扬了迪于林赫坚定不移、主动求战的品质——事实上也的确如此——并且让他追随自己。“我就靠你了。”他如是说道。这个营部已经全部来到皇帝身边，他勒马转向，从侧翼同纵队一道前行。

第六章

溃退

第一节 威灵顿同布吕歇尔于佳姻村前沿会晤（9时15分），法军的溃退

9时15分许，布吕歇尔与威灵顿在佳姻村前沿汇合了。与此同时，希勒、里斯塞尔、蒂普佩尔斯基希3个师正激战于普朗尚努瓦，试图从法青年近卫军的手里夺取该地。在德科斯特尔屋附近，第一近卫掷弹团仍坚守着阵地。比洛军击退了洛博军，布吕歇尔是跟着前者的部分部队过来的。威灵顿则是从拉艾圣出发，与最后一批梯队一同赶来的。根据格奈泽瑙的说法，两位将军会面时“彼此道贺胜利”。普军骑兵的乐队应景地奏了一曲《天佑吾王》，远处传来的枪击声愈加稀薄。此时，比洛的步兵正在重整队形。此情此景下，也不禁以新教赞美诗应和：“我们赞美上帝！我们感恩上帝！”

布吕歇尔借由会见地点的启发，建议以四臂村命名这场联普联军的辉煌会战。不过，威灵顿却另有想法，他想起了那个小村庄，也就是联军指挥部址，此番胜利——他的胜利——理应以其名命名之。

眼下，尽管夜幕降临，但联军仍决定宜将剩勇追穷寇。联军历经10个钟

头的鏖战，官兵体力透支的程度，正如威灵顿所言，可谓“昏倦欲死”；另一方面，普军在此前的行军之中，大都克服了20公里左右的恶劣路况，继而奋战于弗里斯舍尔蒙（Frischermont）、普朗尚努瓦之间，所经受的战斗强度并不比蒙圣让的威灵顿部要来得轻。不过，布吕歇尔决心趁热打铁继续追击，他将麾下部将召集起来，下达了命令，“要追得敌军的一个兵、一匹马都不能停下”。格奈泽瑙以身作则，率领罗德伯爵的骑兵身先士卒。普军全部则尾随其后，他们向罗桑默进军。之后，他们碰到了从普朗尚努瓦来的友军，以及更多的联军前锋步骑部队。

威灵顿的军队止步了，他们高呼三声：“希普，希普，乌拉！”（Hip, hip, hurrah！）对路过的普军加以激励。接着，他们在这片屠宰场中安营扎寨了。地表之上覆盖着死尸，从蒙圣让岗到罗桑默高地，自乌古蒙至普朗尚努瓦，甚至远至斯莫安，皆是如此。超过2.5万人倒在了这片战场上，而这单单是法军的数字。至于倒下的英国人、比利时人及普鲁士人，则超过了2万人。死伤者横亘交错，在某些地方好似遍地树倒；又如麦田，大手挥过之间，便被一柄巨大无比的巨镰割得七零八落。冷月当空，寒光洒尽，尸体早已凉透，面孔铁灰、满脸血污，在月光的映衬下显得格外醒目；它们浑身是伤，生前光鲜耀武的军服，眼下也已浸透血渍破烂不堪；月光之下幽然发光的，是散落各处的兵器。时而四下黯淡，抬目望天，阴暗厚云遮住了月亮；云层缓缓流动，隐匿了戚戚光景——如此战后景象，就连历经沙场的老兵也不忍卒视。很快，月复当空，冷光之下场景再现。那番凄惨无以言状，刺人脾骨。死人场中，仍有苟活之人，无论是垂死的、负伤的，皆不时发出窸窣呻吟。有人能常常听见一种沙哑的惨叫，这是被惊恐慌乱掐住咽喉之人的哀号。原来某些捡漏的卑鄙贼人，为了抢夺军官的钱包或荣誉军团十字勋章，于是便将后者予以了结，而哀号正是来源于此。

普军仍生龙活虎地追击着法军。逃兵的右翼集群（洛博、戴尔隆军，青年近卫军，以及多蒙、雅基诺、絮贝维尔骑兵）由于被追得太紧，还未能撤到第一近卫掷弹团方阵后方，就被悉数砍倒或俘虏。对于法军而言，左翼仍有一定数量的骑行胸甲骑兵，他们仍可以进行运动；还有皮雷枪骑兵，在战斗中仅仅执行了散兵任务。这些部队没有遭到骚扰，他们现在沿着新库尔路、马尔帕盖路以及旧热纳普路实施了撤退，并抵达了四臂村，接着在马尔谢讷渡过了桑布尔河。雷耶军五六千名步兵在夜幕降临的时候已经集结完毕，并且自行向热纳普移动。该部的路线穿过农田，与大道平行，相距约2公里。不过，一支兵力稀少的普军中队有效地驱散了他们。困境之中，第九十三战列团仅存的3个连，反过身了击退了普军骑兵的冲锋。然而整个主力部队不幸走散了，一些士兵轻装后撤，丢弃了背包枪支。这真应了一句老话："论进攻，法国人是猛男。到撤退时候了，比娘们还娘们儿。"他们已经置军官指令于不顾，军队已经失去了纪律。

老近卫军仍是老近卫军，近卫猎兵、德诺埃特枪骑兵以及近卫掷弹骑兵（此部是步行退出战场的）仍保持着良好的秩序。他们的正面队形维持的很好，以至于英军骑兵并不乐意攻击他们。这两支部队向大路西方撤去，抵达四臂村时并没有再次遭受到伤亡。而在大路上，普军仍在继续攻击第一近卫掷弹团的两个方阵，及其前方的第一近卫猎兵团第一营的方阵。掷弹兵们依旧以正常的步伐前进，抵挡了所有的进攻。而普军停止了进攻，并且脱离了射程。距离热纳普约2公里时，珀蒂将军认为现在已经不需要保持方阵，于是下令拆散方阵，各部进而组成相应的行军纵队。这时，皇帝脱离第一猎兵营，赶往了热纳普。他希望在那里反击敌人，并且重整残部。

第二节　设阻热纳普的尝试（11时）

热纳普仅被一条长街贯穿，这条街斜陡坎坷曲折，直通一座跨越迪勒河的桥。可以说，法军还是能够坚守这条隘口长达数个小时。然而，在其北方，有一座高地正俯瞰着它，普军炮连完全可以在那里建立炮位。更何况，街上军队碰到了许多曲折，身陷混乱，致使无法组织防御工作——光是看看不停大喊“我们被背叛了！各自逃命去吧！”的士兵，便知道这项任务的可行性。运输队伍在距离桥梁相当远的地方制造了堵塞：辎重、弹药车、勾车倾覆在地，火炮、弹药遭到遗弃。此时，也就是1815年，这条街最宽之处也不过2.5法尺。由于街道被逃兵们堵得水泄不通，惊人的骚乱继而爆发了——本来他们只要保持镇定有序通过就行了。一些人因为恐惧而癫狂，进而胡乱殴打眼前的一切障碍。宪兵将军拉德（Radet）身为整个军团的宪兵司令，他竟被枪托严重击伤。骑兵们比画着马刀，步兵们则耍着刺刀，相互威胁，不时迸出几声枪响。他们互相残杀，以至于不能前行，人们常被死尸绊倒。撤退纵队的殿后部队被堵在村庄路口。这时，普军迫近了。老近卫军的3个营因为害怕前有兵乱后有追兵，进而离解散了队形，向村庄东方撤去，夺取了沙勒罗瓦。普军并没有袭向他们，而径直扑向热纳普前沿毫无武装的法军。这些不幸的人面对枪骑兵的骑枪，只得四处逃遁，从村庄两旁凫水而走。该段河道的宽度不足30法尺，深不到3法尺，因为河岸曲折，不利于辎重通过。

法军依旧堵塞在热纳普，只有少数人仍保持清醒，没有丧失勇气，试图反击敌军。他们借助那些倾翻的辎重作为掩体，站在其后，朝外开枪。然而几发炮弹很快便摧毁了这些掩体，及其背面的防守者。勒德的骑兵从街的上坡冲了下来，用马刀和骑枪戳砍。这种情况下，他们甚至比屠宰场里的屠夫还安全。彼时，皇帝清理道路、通过长街的过程，似乎花费了一个小时，但最后仍滞留于桥头一侧而不得过河。亲征銮舆凭借弃用车辆的零件修好了，皇帝乘入当中。銮舆还没被套上挽马，但这时皇帝已经听见普鲁士人的声音了，于是他急忙跳下銮舆，跃上马背，与几个骑兵继续跑路了。普军缴获了銮舆，这里头放着一个衣帽橱、一把宝剑、一张铁床架以及一件备用军服，最后的这件军服内里还缝着未经镶嵌的钻石，价值可达百万法郎。

布吕歇尔已经带着比洛军推进到了热纳普，他停下了脚步，准备在“西班牙国王”（Roi d'Espagne）酒馆渡过一晚。这时候，迪埃姆将军在担架上被带到了此处。在战斗的最后阶段，迪埃姆在洛桑默与普朗尚努瓦之间奋战时，坠马受伤，相当严重。几个忠心耿耿的士兵带上了他，并把他一直抬到热纳普附近，接着便被俘虏了。元帅前来慰问了他，并且给他配置了自己参谋的军医。然而伤势实在太过严重，迪埃姆未能捱过当晚。布吕歇尔已经疲倦不堪，但他仍坚持给自己的妻子写了一封信。“我履行了诺言，”他如是写道，“16号的时候，我军在人数劣势的情况下，不得不撤退了。但在18号，我与我的朋友威灵顿一道，根除了拿破仑的军团。”他也向老同事克内泽贝克（Knesebeck）寄出一封信：

> 我的朋友，这是我打过的最漂亮的仗，并且赢得了最为光辉的胜利。详述会接着跟进。我认为波拿巴是到此为止了。我现在不能再写太多了，因为我的四肢颤抖不止。真的尽力了。

第三节　进击的普军骑兵（6月18日夜间至6月19日）

热纳普那边，普军仍然穷追猛打，愈战愈勇。由于法军溃散，已经根本不存在后卫这一说法，因而普鲁士自是借着敌军混乱之便，悠然自得地围剿法军，好像割韭菜般。“借着月色，”格奈泽瑙回忆道，“这就像一次寻常的打猎罢了。”大道小路、纵横阡陌间，目力所及之处，到处都是各式各样的士兵：步行的胸甲骑兵，骑着跛马的枪骑兵，扔了枪支、背包的步兵，血流不止、几近丧命的伤员，还有些接受截肢的伤员，在手术完毕后10分钟就从战地医院里跑了出来。现在没有任何权威能够约束军队，士气也跌到了谷底，众人只顾着自己逃命。上尉、上校以及将官们与逃兵一道逃跑。迪吕特骑在马上，但是他什么都看不到，因为前额的伤口血流不止，他由一位胸甲骑兵中士引导前行。某老近卫军下士持械着帮助了内伊，后来又有一位施密特（Schmidt）中校策马找到了后者，并将坐骑让予元帅。医务总监拉雷将军在身负两道刀伤的情况下，又遭到了普枪骑兵的打击，并被俘虏。普军剥光了拉雷的衣服，几乎裸体，只有两只拳头紧紧攥住，后者被带到了某个将军面前。将军命令即刻枪毙他。正要处刑之时，某普军军医认出了拉雷，扑到拉雷身前救下了他。

所有人拼了命地逃命，没有人考虑去下达命令，因为根本不会被得以执行。普鲁士的军号渐渐清晰，马蹄纷纷愈发震人肺腑，追击者的喧闹声更加迫近。一如惊弓之鸟的溃兵们不禁大喊道："他们来了！他们来了！逃命去吧！"在恐惧的驱使下，无论步兵、骑兵、军官还是士兵，负伤的还是未负伤的，在本能的驱使下疯狂飞奔。逃兵们刚恢复些体力，歇脚在森林、沟壑、农庄以及小村落中，但很快又被飞驰而来的骑兵赶跑。普军接连摧毁了9个露营地。一些伤员不愿落入敌手，因而自戕。一位胸甲骑兵军官被一群枪骑兵包围时长啸道："他们别想从我这儿夺走我的马，还有我的人！"随后，他相当冷静地把手枪抵到坐骑的耳朵里，接着扣动了扳机；然后又拔出另一把手枪，对着脑袋便是一枪。

比洛军主力仍滞留在热纳普，而齐滕、皮尔希两军还没前进到勒凯鲁。格奈泽瑙身边就带了少数步兵、骑兵：勒德部枪骑兵，波美拉尼亚步兵团第一第一营，以及第十五步兵团某营。难以置信的是，虽已溃败的法军仍有3到5万人的兵力，但他们却在4000人的普军面前慌不择路但求一命。实际上，倘若只要有百来个法军克服恐惧，重组队形，站稳脚跟，那么这次令人蹙眉的追击也就到此为止了。马刀专挑那些手无寸铁的逃兵挥去，但普军似乎遇到少数仍保持清醒的坚毅之人时便会悻悻而去，因为后者紧紧团结，簇拥着各团团旗。在战场和追击路上，普军总计缴获了200门左右的火炮，以及1000多辆辎重车；但在法军溃败期间，他们却没能夺取一面鹰旗。

当逃兵横穿四臂村时，恐惧再一次占据了他们的思绪。本来，出于职业习惯，士兵们已经足够坚强，面对死亡时本该麻木。6月16日的会战中死亡的士兵，还未被安葬。三四千具尸体，东倒西歪在大道与博叙林地之间，浑身赤裸。比利时农夫们顺走了所有东西，甚至连衣服都不放过。这里简直是个巨大的太平间。孤月高悬，时而浸溺几缕云间，冷光暗影随之流动。乍看之下，那些死人好似挪了挪躯体，死灰的脸孔还抽动了一下。“我们当时觉得，”一个近卫掷弹兵回忆道，“那里飘荡着不得安息的孤魂野鬼。”再往下走，他们来到了海米奥库尔（Gemioncourt）的小溪边，本来口干舌燥的士兵们立马咽了咽口水——原来水面之上尽是浮尸。

追击人数递减，疲惫渐增，但普军激情不减，继续追击。一路下来，格奈泽瑙手上的兵力只有起初的一半了。现在，只有少数中队还有小部分第十五步兵团的队伍跟着他了。一个步兵鼓手骑着法国皇帝銮舆的某匹挽马上，还在打着冲锋拍子。他们通过了弗拉讷。格奈泽瑙认为人员马匹都亟须休息，无法再继续推进。

于是一行人便在某家酒馆前休整。这家酒馆的招牌上，嘲讽的是，赫然写着：“向皇帝致敬！”（A l'Empereur）

第四节　皇帝驻跸四臂村，军团于沙勒罗瓦渡过桑布尔河（6月19日晨间）

拿破仑从热纳普出发，一路骑行，靠近凌晨1时抵达了四臂村。一行人中，有苏尔特、德鲁奥、贝特朗，还有几名军官，以及一个近卫猎骑兵小卫队和精英宪兵。皇帝希望在四臂村找到吉拉尔师。按道理来说，后者于17日奉命留驻弗勒吕斯、保护运输线；18日夜晚，指示他们向四臂村移动并建立阵地的命令也已发出。这些指令并没有得到贯彻执行。马蒂斯（Matis）上校负责指挥这个师的剩余部队。事实上，他及时收到了苏尔特的指令。无论马蒂斯是否认为时机已晚，此种情况下继续执行已无实际作用，还是有什么别的因素刺激了他。总之，他在夜间时拔营起行，接着在沙勒罗瓦渡过了桑布尔河。

与此同时，皇帝在四臂村等着这些部队的抵达。他在博叙林地的空地上下了马鞍，有几个近卫掷弹兵在他附近生起了营火。一个负伤军官沿着大道一路来到此处，偶遇了皇帝。借着火光，他认出了皇帝。拿破仑双臂抱胸站立着，纹丝不动好似雕像，目光投向了滑铁卢方向。

格鲁希那里依旧没有消息传来，而他很可能陷入了极大的危险之中。皇帝让苏尔特写一封指令给他，其中，知会格氏军团撤退的消息，并命令他向桑布尔河下游撤退。皇帝的身边跑过各类武装的士兵，他们沿着小路穿过田野。博迪（Baudus）上校，当时正骑行于一群逃兵之中，他发现了由帝国参谋们簇拥而成的小团体，于是上前查看。皇帝发现了他，召见并询问是否遇到了仍成建制的部队。此前，在四臂村的不远处，博迪碰到了雅克屈伊米诺（Jacquiminot）上校的第五枪骑兵团，他们仍维持着良好秩序前进。于是他告诉了皇帝这一情况。“赶紧去，”皇帝嘱咐道，“告诉他们来四臂村。这时候已经晚了，敌人如果发现这个区域被占领的话，那么便极有可能会停止前进。”博迪立马风驰而出，行至岔口时，彼处房屋中的敌人朝他射击了。于是博迪接着迅速折返，并请求皇帝尽早离开，因为后者毫无部队保护。他乞求之时，注视着拿破仑。默然之间，拿破仑正为自己的败军哭泣。他此时悲痛不已，脸色苍白，好似死了。他默然地流着泪，顺颊而下的几行泪水是其唯一的生气。尽管惨遭大败，一片纷乱之中，拿破仑仍没有乱了思绪。吉拉尔师遥遥无期，他便判断这支部队并没有得到参谋长的指令。如果说，这支部队并不清楚主力受挫，并且继续露营的话，很可能会被袭击，并被敌人包围。于是皇帝让博迪立即赶往弗勒吕斯，通知军队立刻武装，并且向桑布尔河右岸移动。之后，由于形势所迫，皇帝不得不骑上马匹，取道戈斯利和洛德兰萨尔（Lodelinsart），向沙勒罗瓦去了。凌晨5时，皇帝抵达了沙勒罗瓦。此处，依旧如热纳普般，毫无秩序可言。自6月15日起，弹药车、浮桥设备、粮草辎重就堵塞着广场、街道。17日的林尼会战后，这里又容纳了前线伤员、普军俘虏及战利品，还有27门火炮。到了18日夜晚，也就是所有部队开始撤退时，一位确实出现的战争特派员从罗桑默出发抵达了沙勒罗瓦，他的任务是立刻转移所有车辆去桑布尔河的对岸。然而在凌晨1时到2时之间，这位特派员抵达时，他却发现“当地指挥官”中，有些已经病倒了，而其他则喝的烂醉如泥。总之，工作是无法进展了。特派员不得不去寻找其他部门的长官。这些军人都展现出了无比的敬业精神，然而之前太多时间被浪费了。这时，第一批伤病护送队已经现身于布鲁塞尔大道，成群的逃兵带来了坏消息：敌军迫近了。

沙勒罗瓦只有一座桥，长125法尺，宽25法尺。整个桥梁呈拱形结构，护栏是木制的。桥头的坡度较陡，某些胸甲骑兵冲向桥梁时，根本勒马不住，撞毁了一部分护栏，并且自己也掉了下去。好些个骑兵因此溺水身亡。这座桥本来有个小塔楼，现在也被毁了。桥头有辆辎重翻车了，堵在那里。后面车辆从坡度下行的拉蒙塔涅路（Rue de la Montagne）驶来，由于刹不住车，也都翻了车。冲撞之中，也有不少人身亡。什么面粉米食、葡萄酒、白兰地，还有大量面包散落一地。因而桥梁的交通线因此被切断，所有撤退部队不得不停下，但逃兵们仍在攀登，试图逾越倒地车辆、马匹的障碍。有些士兵用刺刀将地上的面包挑起，还有些经不住美酒的诱惑，用步枪破开倒地的酒桶，顺着破洞畅饮红酒、白兰地。才喝掉一半，他们对仍装载在车的酒桶打起了主意，故技重施。这下，大街小巷汩汩淌出千万条红流，最终流入桑布尔河。此时，6匹马牵引的内库车辆也堵塞在街上，距离桥梁约莫100米。从头天晚上7时开始，宪兵司令拉德负责押送这车上的皇帝资产，他从勒凯鲁一路至此。负责这批巨额财产的出纳官（officier payeur），面对拥堵人群束手无策。鉴于当下情况，他决定依靠手下雇员、卫队士兵实施转移。根据人数，出纳官将黄金适量装袋，以便携带。这些人将各自分头渡过桑布尔河，在指定的集结点汇合。出纳官登记了所有人的姓名，并给每个包囊对应编号，每个包囊装载了2万法郎。然而，正在他进行这项工作时，街道里回响起了枪声，酒桶被纷纷打破。紧接着，一些当地人，甚至一些士兵大玩“狼来了”之计：“普鲁士人来了！你们保命去吧！”这帮卑鄙的投机分子登时爬上资产车，用刀挑开麻袋，肆意掠夺，直至精光。由于先头撤退部队的堵塞，导致所有车辆都堵住了城镇的路口。军务资料车被挤在炮兵运输队伍之中。远处传来了枪响。巴萨诺公爵发觉了骚乱，于是立刻将重要文件撕成碎片，抛洒于空中任风卷去。

沙勒罗瓦的疏散，本是可以有效组织的。19日，普军已暂缓了追击，仅仅派出了一伙骑兵侦察。中午之前，他们并没有做出其他安排。当天很晚时候，他们才夺取了马尔谢讷、沙勒罗瓦以及沙特莱的桥梁时。皮尔希军头天晚上与普第二军从让布卢开来，彼时正在占领梅勒里；齐滕、比洛军则凭借桑布尔河掩护正面，安营扎寨了。只有在翌日，普军分成3个纵队渡过了河流，向博蒙、阿韦讷进军。至于联军，无论他们是对追击没甚兴趣，还是部队进军缓慢，他们仍滞留于尼韦勒与班舍（Binche）一带。

第五节　撤向拉昂，皇帝离军、赶往巴黎（6月20日）

在拉艾圣的平地上，在罗桑默、热纳普、四臂村，皇帝先后奔走其间，竭力组织防抗。他很清楚，对于一支已溃不可溃、军心全失的部队而言，最优行动是尽可能快地撤退。他通过沙勒罗瓦，并在桑布尔河右岸的一片牧场中停下。他下达了一些命令，试图集合逃兵、恢复运输，但并没有得到贯彻。一个小时后，他又重新跨上马匹，向菲利普维尔前进，并于早上9时左右抵达该处。

当时，要塞大门紧闭，皇帝只能向卫戍军官亮出身份。与他一同在场的有贝特朗、德鲁奥、德让、弗拉奥以及比西。后来，他又在此和巴萨诺公爵、弗勒里·沙布隆（Fleury de Chaboulon）汇合；接着，苏尔特也抵达了。眼下，皇帝需要着手的事务繁多，但当务之急是集结部队。于是皇帝向吉弗特、阿韦讷、莫泊日（Maubeuge）、博蒙和朗德勒西（Landrecies）的卫戍指挥官发出指令。谕令要求，只要资源、人力一旦出现在上述地区，这些地区长官将集中后勤补给弹药、指引部队及零散逃兵到指定地点：第一、第二、第六步兵军的集结点设在了拉昂；炮兵将集结在拉弗雷（La Fere）；骑兵则在如下地区：马尔勒（Marle）、圣康坦（Saint- Quentm）、勒泰勒（Rethel）、韦尔万

（Vervins）、兰斯（Reims）；至于近卫军，则是苏瓦松（Soissons）。在菲利普维尔，雷耶同拿破仑汇合了，他也是唯一一个归队的军部指挥官。雷氏将负责重新组织要塞后方坡地上的部队。皇帝也给格鲁希发去最新指令，后者被要求加入到军团撤退之中，谕令由某个名曰库赞（Cousin）的特工携带传达。

菲利普维尔的卫戍部队由第二、第十六武装师构成，这两个部队的指挥官得令继续坚守岗位。

不过，皇帝需要考量的，不仅限于军队，他还要考虑舆论、国内的敌人、元老院。他写了两封致乃兄约瑟夫的信件。第一封仅仅提到了会战结果，这也是那些议员们最终要知道的；另外一封，则是完全的私人信件。他并没有避讳这次大失败，而且宣称将立即折返巴黎。弗勒里·沙布隆根据皇帝口述誊写了信件，根据他的回忆，第二封信是这么结尾的：

> 还未完全落败。我还可以通过重组部队、兵站征召还有动用国卫军搞到30万人，以此与敌人相斗。但是，此一过程中，我需要帮助，而不是妨碍。我相信这些议员会认清职责，那就是团结在我这里，以此拯救法兰西。

之后，皇帝便开始着手于林尼、蒙圣让会战的战报，它们将会发表在《箴言报》；末了，他让苏尔特继续负责军队重组。皇帝独自搭上参谋长的一辆马车离开了，而巴萨诺、贝特朗、德鲁奥及副官们则搭乘剩余的两台车辆紧随其后。

从菲利普维尔到巴黎最方便的路径，是先后途经巴尔邦孔（Barbancon）、阿韦讷、拉卡佩勒（La Capelle）、马尔勒至拉昂。但考虑到，有些普军骑兵已经可能在马尔谢讷维尔（Marchienne）渡过了桑布尔河，皇帝不愿冒被俘的危险，因而转道他处。因而，一行人绕到马里安布尔（Marienbourg），接着取道罗克鲁瓦（Rocroi）至莫贝尔方丹（Maubert-Fontaine），最终再回到拉卡佩勒、马尔勒至拉昂的路线。夕阳时分，车队在罗克鲁瓦停留了几分钟。停驻马车很是显眼，当地居民为了一睹皇帝风采，纷纷登上城墙观看——但他们对于大败一无所知。彼时，皇帝正在熟睡之中，继而居民欢呼喝彩将他唤醒。此番光景与此前窘迫截然不同，恍惚间，他怀疑自己是否仅是做了个噩梦。

鉴于在莫贝尔方丹可能找不到用以替换的马匹（8天前，此地的许多马匹已经被旺达姆军征召了，并被供给给了辅助部队），于是，车队绕道前去梅齐耶勒，但那里也找不到换用马匹。这种情况下，一行人不得不在方圆4公里内搜寻马匹。此时已是10时30分左右，快到半夜了，他们仍滞留在德方丹邮局前的广场。此时，梅齐耶勒总督迪蒙索（Dumonceau）将军、卫戍指挥官特罗莱（Traullé）及其参谋将御驾围住。他们站在那里一动不动，交谈之时也压低了嗓音，“就好像出丧一样”。御驾一行人，无人离开车厢；除了贝特朗，因为一个骠骑兵参谋军官唤他去拿破仑的车子——而御驾卫兵，便只有那位军官。后来，车队起行了。当他们接近皮埃尔门（Porte de Pierre）时，岗哨们反复高呼“皇帝万岁！”直至最后一辆马车通过马车，致敬才止息下来。这样的呼声，据特罗莱的说法，“是讽刺的，在当时的情形下。”

翌日，也就是20日，皇帝一行人于当夜6时至7时间抵达了拉昂山脚，止步于沃（Vaux）的近郊。皇帝在驿站庭园中下车。驿站大门仍旧敞开，他在街道上来回走动。他沉着头，双臂抱胸。庭园满地皆是稻草，它们是从附近的谷仓马厩里弄来的。一个旁观者低声说道：“这好像他现在的糟糕境况。”拿破仑面如死灰，表情悲恸，就连让不经世事的乡巴佬来瞧他一眼，也不免觉得唏嘘。人群当中飘出一声“皇帝万岁！”但声音很微弱，显得很胆怯。拿破仑停下了脚步，并摘下了帽子。城镇当局已经知道了皇帝的驻跸，一个国卫军分队立刻充当了荣誉卫队的角色。该部指挥官拉热龙（Lageron）、当地长官、市政官员一同前来觐见，随后宪兵司令拉德和内格雷（Neigre）将军也来了。皇帝给当地长官下了命令，后者将与出身于此的副官比西征收大量军用物资，用以供给在拉昂集结的部队。皇帝也派出了内格雷前往拉弗雷去组织野战炮兵；

德让则前往吉斯（Guise），检查城防设施；弗拉奥则赶到了阿韦讷，搜索敌军进军的情报；至于苏尔特，拿破仑在菲利普维尔已经给予他足够多的指令了。大概10时至11时，皇帝动身前往巴黎了。

早在菲利普维尔，甚至毫无疑问在桑布尔河畔牧场时，拿破仑就决心赶回巴黎。他仍记得1814年惨痛的经历——退位投票，而这让他无法再继续指挥军队。他意识到，如果不尽快返都，就不能对众党派之共谋者富歇施压，就不能影响那些敌对善变的部门，那么这个国家的最后希望，还有他的皇冠，一切的一切都将结束。从军事、政治角度来看，他最好待在巴黎，哪怕就驻留几日。没有士兵，没有大炮，他在前线是无法抵挡敌军的。至于拉昂方面的残军重组，苏尔特及其他将军能够做的和他一样好；而且，这并不是非天才不可的任务。在巴黎的那段时间，皇帝可以在达武、卡尔诺的协助下，解决公共安全的问题。他可以减轻政治危机，并且做好万全的准备。至于军事他也能指导前线的工作，他会从兵站、从机动营部、从野战炮连中抽调可用兵力以及武装弹药将之派往拉昂。他还能与元老院达成一致，颁布野战部队、国卫部队的新征兵令。五六天之后，他就能重返前线指挥。

有种见解认为，拿破仑就应该像在埃及、俄国那样“丢弃”自己的军队。此言差矣，这时的他连军队都没有了，又谈何丢弃？对于格鲁希部，他一无所知，只能假定旺达姆、热拉尔军部身陷危机。滑铁卢的7.4万名战士，可能有4万人已经撤到安全位置，并且应该渡过了桑布尔河。然而还有四分之三的部队，仍分散在康布雷（Cambrai）及罗克鲁瓦一带，他们沿路小股地行进，在附近森林露营，或者到农户家中借宿。20日，当拿破仑离开拉昂前往巴黎时，2600人在菲利普维尔得以集中，而在阿韦讷附近则汇合了6000余人。这就是整个军团了！

第七章

瓦夫尔的战斗，格鲁希的撤退

第一节　格鲁希朝瓦夫尔进军，拉巴拉克的战斗，攻击瓦夫尔（6月18日下午）

6月18日，时近午间之时，正如前文所述，格鲁希收到了埃克塞尔曼斯的副官捎来的消息。当时，前者正在瓦兰，与热拉尔进行辩论。其中，埃氏报告了普军后卫部队于瓦夫尔前方的踪迹。

9时至10时间，埃克塞尔曼斯的两个龙骑兵师已然抵达拉巴拉克，距离瓦夫尔这个小市镇约莫5公里。侦察队组越过拉于泽勒的隘口，侦察了敌情并回报本部。他们发现在瓦夫尔高地上部署有一支普鲁士部队，并且步、骑、炮三兵种齐全。这是整个皮尔希军部，他们仍在迪勒河右岸待命，该部与两个国防骑兵团共同组成了比洛军的后卫部队。埃克塞尔曼斯此前所得命令要求他"跟紧敌军脚步"，然而，他害怕仅以所部之力攻击如此规模的敌军，更何况这片区域内多为林地地形。此外，他已从最新的情报动向中察觉到，普军有朝联军机动的意图。埃氏认为，格鲁希应该会叫停对瓦夫尔进军的无用之举，转而就近渡过迪勒河。于是，他为了配合上述转进行动，便将樊尚（Vincent）旅向河边调去，后者在拉普拉克里耶（La Plaquerie）的农庄建立了阵地，此地则在奥蒂尼（Ottignies）的火炮射程之下。同时，埃氏将贝通（Berton）旅调往纳弗萨尔（Neuf-Sart），监视右翼；而在拉巴拉克，他留下了由两个中队构成的前锋部队；最后，他带着沙泰尔（Chastel）师主力，向后方撤退4公里来到了科尔拜（Corbais）附近。此番停驻调整之间，埃氏派去一个副官，向格鲁希报告了普军现身瓦夫尔城下的情报，以及他所做出的部署。

那时，旺达姆军正驻扎在尼尔圣樊尚（Nil Saint-Vincent），执行着格鲁希头天下达的命令。回到17日夜间，虽然元帅手头上的一切情报都指明了普军涌向瓦夫尔，但他却依旧在追击方向上拿捏不定，因而旺达姆得到的命令仅仅是推进到瓦兰。稍晚时候，11时至12时左右，格鲁希致信旺达姆说："我忘了告诉你，为了能让热拉尔将军在后方建立阵地，你应当再朝瓦兰方向推进；我认为我们应该深入瓦兰方向，因而，此次休整仅仅为一次休整，而并非为了建立一处确切阵地。"到了18日晨间军队拔营时，格鲁希已经下定决心朝瓦夫尔挺进。眼下，他仍有时间通知旺达姆和订正计划，使后者尽可能地紧随埃克塞尔曼斯骑兵。然而，格鲁希并没有考虑过多。另一方面，旺达姆在通过瓦兰之后，便停在了尼尔圣樊尚，等候进一步的指示。午后1时许，埃克塞尔曼斯的副官戴斯图梅尔（d'Estourmel）少校来到了尼尔圣樊尚，格鲁希也在此地，他警告元帅了普军后卫的出现。格鲁希传令给旺达姆（并抄送给了埃克塞尔曼斯），命令部队拔营起行。没过多久，接近2时，法军龙骑兵接近拉巴拉克；与此同时，驻扎此处的两个前锋中队的左翼遇袭，攻击者是普军第十骠骑兵团。原来，这是普军在蒙圣吉贝尔（Mont-Saint-Guibert）部署了一支监视分队，由莱德布尔（Ledebur）中校指挥。除了第十骠骑兵团外，还配置有2个步兵营和2门火炮。

直到1时前，莱德布尔都未做出移动。所部哨兵、巡逻兵并没有很好地报告敌情，因而他也就在并不知情的情况下，任由埃克塞尔曼斯的两个师往拉巴拉克方向打入了一根楔子，仍凭樊尚旅进驻了拉普拉克里耶农庄。这下子，他便被敌军包围了，然而依旧蒙在鼓里。最终，他还是发觉了出没于尼尔圣樊尚的法军，并察觉了他们挺进瓦夫尔的行动。他眼见撤退的直线路径正面临被切断的危险，于是，便命令骠骑兵穿过田野，向拉巴拉克迅速推进；同时，那两个步兵营得令加快脚步，取道布吕耶雷（Bruyeres）至布洛克伊（Bloc-Ry）一线，钻入了拉于泽勒森林中。有条公路自拉巴拉克向北绵延而出，并穿过了拉于泽勒森林；穿过林地的路段，便形成为某种隘道。在道路东侧，普军骠骑兵同两个法军中队展开了搏斗，并成功击退了后者。接着，法军龙骑兵主力部队赶来，骠骑兵经由上述隘道撤退了，莱德布尔的散兵们已经占领了该处隘道。法军步兵得到命令，上前驱逐这部分散兵。龙骑兵部队先让旺达姆的先锋纵队通过，接着便发起了攻击。普军这边也做出了调整，布劳泽师派出了两个营前来支援战局。此时，布劳泽与朗根师（皆属于皮尔希军）一道都在迪勒河右岸。法军遭到了顽强抵抗。格鲁希在埃克塞尔曼斯不知情的情况下，唤回了驻在迪勒河畔的樊尚旅。由此，格氏集结了所有的龙骑兵部队，兵力达3000人。接着，他命令埃克塞尔曼斯指挥这些骑士朝迪翁勒蒙（Dion-le-Mont）运动。此一行动的构思很好，但老实说，因为其时机过晚，或是其进度太慢，总之并没有达到预期战果。骑兵运动完成之前，普军就已经退出树林，撤向瓦夫尔了。旺达姆肃清了隘道。接着，他收到了格鲁希的命令，后者要求他继续追击，并推进到俯瞰瓦夫尔的制高点为止，在那里站住脚跟后等待进一步指示。至于格鲁希，他依旧被左翼传来的炮击声所困扰——尽管此前他对热拉尔信誓旦旦。

他朝利马勒特（Limelette）方向绝尘赶去，根据他的说法，“为了搞清炮声究竟为何”。尔后他得到了一个结论：苏瓦涅（Soignes）森林的边缘附近，一场大战正如火如荼地进行着。约莫3时30分至4时之间，也就是格鲁希正折返回瓦夫尔路的途中，他收到了发自皇帝——倒不如说是苏尔特——的命令；这一指令自勒凯鲁发出，寄件时间标署为早上10时。寄件地址是这么写的：致让布卢或其方向的格鲁希元帅。传令的骑马信使名叫泽诺维奇（Zenowicz），是一名参谋上尉（adjudant-commandant），他得先后通过热纳普、松布雷夫和让布卢。这是一段长达40公里的路程，不过，泽氏或许能用更短时间完成。[①]这封在格氏迈向瓦夫尔时送抵的信件，同时也建立起了其与帝国军的联系。无论如何，即便能够早些时候送达，对于格鲁希的总体部署来说，也不会产生什么影响。读完信件之后，他对副官贝拉（Bella）讨论了一番，“他夸耀自己的想法是如此地契合皇帝——确实应当进军瓦弗，而不是听从热拉尔之见”。接着，他致信贝尔特泽纳[②]：“让那个将军消停消停吧，我们走对了路。我收到了谕令，皇帝要求我们向瓦夫尔前进。”

除此之外，事实上皇帝还有一条次要指示——与主力部队保持联系。相对之下，格鲁希处理它时就显得有些相当拖沓了。帕若尔派遣了一个副官向格鲁希报告战况。右翼纵队在从格朗德勒厄兹（Grand-Leez）往图兰内（Tourinnes）运动时，并没有发现敌军踪迹。格鲁希遣回了这位副官，后者捎回了指示：立即调动第二骑兵军、泰斯特步兵师前往利马勒（Limale），主力部队于彼处渡过迪勒河。格鲁希还是未能理解时间之宝贵，否则的话，奉命通过利马勒渡桥的，就不应该是帕若尔（该部从图兰内还要再走14公里的路程），而是瓦阑将军的骑兵（该部距离迪勒河仅有4公里）以及热拉尔军于洛师（该部方才抵达拉巴拉克）。

信件派出之后，格鲁希便朝瓦夫尔方向飞驰而去——在那里，他想要亲自指挥攻击作战。然而，旺达姆这个莽夫是不会等他的。旺氏事先没有侦察，也没有为所部炮兵准备通道，他便将阿贝特的整个师以突击纵队部署，以法兰西

① 事实上，尽管这道命令的寄件时间写的是早上10时，但泽诺维奇宣称，苏尔特直到11时15分才把信件交由给他。“我首次听到炮击时，”泽诺维奇说，“还未出发骑行多久。”这一细节，似乎佐证了泽氏言论之真实可信。但，泽诺维奇的言论完全不可信。他报告说，10时皇帝在勒凯鲁前方对他说：“格鲁希回来时，你必须回来到这里并找到我。我希望能够与他直接联系，也希望他能够加入我们的战线。”此番言论，与皇帝在命令中的可谓截然相反。以下为致格鲁希军令的内容：“皇帝陛下要求你应当直接向瓦夫尔挺进，并尽可能早地进抵该处。”一方面要挺进瓦夫尔，同时还要延伸皇帝的右翼部队——格鲁希岂能分身？

② 后者此前派出副官报告了普军纵队朝交火处挺进的情报。

的风格，扑向了镇子。

回到普军这边。在拉于泽勒隘道的战斗后，齐滕军部的第二梯队（布劳泽、朗根两个师以及索尔骑兵）业已渡过迪勒，并朝沙佩勒圣朗贝尔而去。同时，瓦夫尔仍由整个蒂尔曼军部防守。埃克塞尔曼斯在圣安纳（Sainte-Anne）、迪翁勒蒙的部署，被蒂尔曼错以为仅是武装示威，后者于是大手一挥，将部队引向了库特吕厄圣日尔曼（Coutrue-Saint-Germain）。至于瓦弗，他仅留下了两个营驻防。后来，蒂氏发现涌向瓦夫尔的旺达姆军后，便引军回防，重新占据了之前撤出的阵地。肯普黑尔（Kempher）和卢克（Luck）两个师进驻瓦夫尔的防御阵地；博尔克（Borcke）师部的3个营负责防守巴瑟瓦夫尔；霍贝（Hobe）骑兵占据了迪勒河左岸的制高点。斯图尔普纳格尔（Stülpnagel）师部进驻比耶日。而齐滕军留下来的一支小分队（3个步兵营、3个骑兵中队，由冯·施滕格尔指挥）仍在防守利马勒桥。

阿贝特步兵所发起的狂热冲锋，很快便肃清了瓦夫尔近郊，然而他们在迪勒河畔停下了脚步。迪勒河划分了瓦夫尔的城郊。河上有两座桥，普军在此不仅设下严防，而且还有火炮纵射掩护。提供火力的炮连，总体被部署在一条坡度陡峭、向河走低的街道上，炮位便布置在街道上的多个高处。除此之外，在左岸的建筑中间，还埋伏了上千人的散兵。如此火力之下，阿贝特、第六十四步兵团的迪巴朗（Dubalen）上校及所率领的600名士兵暂时无法行动了。他们无力夺桥，心生怯意，部队害怕自己暴露在了炮火之下，继而动摇后撤。普军炮连的火力，先是覆盖了近郊一带，尔后也洗礼了右岸的陡峭坡地。法军躲入了与迪勒河平行的街道中寻求庇护。“他们陷入了，”格鲁希说，“某种‘死地’（cul-de-sac）之中。”

第二节　苏尔特的第二道传令，对瓦夫尔、比耶日的新一轮突击，利马勒的迪勒河渡口以及夜间的战斗

格鲁希抵达后，周密勘察了战场，他决心对瓦夫尔实施第二轮突击。这回，他计划兵分两路，分别从河流上下流发起攻势。法军在镇子近郊得到了一些增援。勒福尔（Lefol）的某个营部得令，他们将经由比耶日磨坊的桥梁过河。埃克塞尔曼斯将率领所部龙骑兵自巴瑟瓦夫尔前沿阵地挺进。部署完毕时，已是下午5时左右了。这时，元帅收到了苏尔特发自战场的信件，发自1时30分的那封。临末，苏尔特如是结尾：

> 此信撰写时，会战正沿着滑铁卢一线、苏瓦涅森林前沿的区域内进行。因而，请立即向我军右翼机动。又及，我部认为在沙佩勒圣朗贝尔山岗处发现了比洛军部。因而，请不要浪费时间，立即向我军靠拢以期寻求汇合，接着冲击比洛军——你将在行动中对其发动突袭。

毫无疑问，谕令措辞开门见山、急切紧迫，它指明了进军圣朗贝尔、突袭比洛军的目标。格鲁希自是明白这层意思——然而从他的部署来看，他对此既无决心，更无行动。要对付瓦夫尔的普军，派出旺达姆的两个师便足矣。看来，元帅的确应该立即朝利马勒方向增兵。此种情况下，埃克塞尔曼斯的8个龙骑兵团牵制巴塞瓦夫尔的行动便毫无意义了，它们也应当同旺达姆第三师一道加入这次行动。但是，出于十分大胆的战略构思，格鲁希决定将手上部队一分为两半，他希冀于其一能够攻占瓦弗，另一半则取道利马勒桥进军沙佩勒圣朗贝尔。于是，整个第三军与埃氏骑兵被留在了普军阵地之前；接着，格氏命副官蓬特-贝拉热尔（Pont-Bellanger）赶去帕若尔（该部刚刚从图兰纳出发）

那里，传达口头指示，令帕氏率部加快挺进利马勒。“皇帝今天打了空前绝后的一仗，” 蓬特-贝拉热尔找到了帕若尔，迎面走来并说道，“他已经赢了，就等骑兵乘胜追击。”

派出给帕若尔的命令后，格鲁希本人向拉巴拉克飞驰而去，赶到了彼处的热拉尔第四军驻地。不过，该军的领头师部（于洛师）已经独自抵达了瓦夫尔高地。根据格鲁希的说法，傍晚6时，第四军的另外两个师（维舍伊师、蓬舍鲁师）还未抵达拉巴拉克。而元帅疲于等待，于是便留下命令让这两个师直接前往利马勒，他自己则返回了瓦夫尔前线。然而，维舍伊师、蓬舍鲁误解了命令，于是继续向瓦弗行军——这套说辞真实吗？格鲁希在巴拉克找到了那两个师，但领头纵队在向导缺席的情况下迷了路，于是便又回到了向瓦夫尔前进的道路上——对于此种论调，我们未必不能加以信任？总之，由于于洛将军、热拉尔、格鲁希本人的各执一词，事情的真相恐怕在此间难以澄清。不过确定的是，格鲁希确实去了拉巴拉克，后来也确实返回了瓦夫尔。

迪勒河两岸持续激战中。勒福尔营进攻了比耶日桥，但却被击退。另一方面，格鲁希坚持必须在此过河。于是他命令热拉尔指挥于洛师的一个营部，再次发动攻击。热拉尔建议格氏道，此番行动应让同属勒福尔所在军部的部队完成，这样会更好。这一有见地的建议，格鲁希并没有很好地采纳运用。接着，热拉尔将命令传给了于洛，后者亲自上阵，率领第九轻步兵团某营突击敌军。他们横穿跋涉了一片巨大沼泽地，沼泽之中有数条既宽且深的沟渠，它们与迪勒河相平行。于洛命令士兵，如果不能直接横越沟渠，那就直接跳下去。结果，沟中水深4～6法尺，散兵们被水淹没，拼命求生，不过幸好他们的战友们并未不知所措，将他们一一拉了上来。这时，袭来一阵又厚又密的弹雨。法军随之士气大挫，旋即逃跑。在此关口，格鲁希和热拉尔赶了上来，抵达了牧场边上。热拉尔此时正率领着一个营上前而来，这个无惧牺牲的军人眼见于此，自是格外恼火。然而接着他的胸腔中了一弹，必须退下火线。热氏在突击纵队队首的位置需要有人接替，格鲁希本想将之委以炮兵将军巴尔蒂（Baltus）。

但是他断然拒绝，于是格氏从马背上跳了下来大吼道："如果一个士兵不能让下属听话，那么他肯定知道怎么被处死！"战事没有任何突破，第三次突击也失败了。据于洛说，后来格鲁希便把其师部扔在比耶日阵地前，似乎打算转而对磨坊进行新的攻势。后来，格氏转变了想法，加入了热拉尔的其他两个师，一起前往利马勒去了。

在这几轮徒劳突击期间，巴塞瓦夫尔前的散兵战依旧持续着。与此同时，瓦夫尔的搏斗也未曾止息，并且打得十分惨烈。旺达姆发动了不下13次攻势，但仍无法将敌军逐出瓦夫尔，这个已经被改造成要塞的市镇。直至夜间11时，双方仍酣战不止。

格鲁希后来抵达了利马勒，正是日暮时分，该处桥梁已经通畅无阻。这要归功于帕若尔一次无畏挺进，就像去年他在蒙特罗（Montereau）做的那样。他命令瓦阑将军的骠骑兵全速奔跑，径直朝桥头冲去——桥面宽度本身只能让4名骑兵并排而过。虽然普军在这里布置了1个营的兵力，然而完全抵挡不住这波巨浪，冲击之下分崩离析，惨遭屠戮。泰斯特步兵以及剩余骑兵紧随其后，也都过桥抵达左岸。冯·施滕格尔率军在抵抗了一段时间之后，最终还是放弃了利马勒，退守附近高地。这个高地，俯瞰着整个村落。虽然夜色渐浓，泰斯特师依旧生龙活虎地攻坚。同时，格鲁希带来的2个师，维舍伊与蓬舍鲁师，也都顺利抵达左岸。蒂尔曼在听到炮击声之后，由于此间战事对他来说也很重要，旋即派出了斯图尔普纳格尔师与霍贝骑兵；这拨部队朝迪勒河左岸行进，驰援冯·施滕格尔。战斗一直持续到夜间11时，双方反复争夺高地制高点。最终控制权易手法军，如此一来，前往蒙圣让的通道便浮现眼前。然而，皇帝的炮声已沉寂许久、不复响起。

第三节　战斗再起、蒂尔曼落败（6月19日晨间），闻讯兵败（当日10时30分），格鲁希撤退（当日下午、夜间）

法军以方阵队形露天扎营，他们几乎是同敌军混杂在一起——普军正占据着里克萨尔（Rixensart）森林。双方的前哨靠的实在太近了。整个夜间枪声此起彼伏；一线阵地后方，时不时可以发现散落于地的弹丸。11时30分，格鲁希正给旺达姆写信，让他带着第三军立即与自己在利马勒汇合。元帅打算于翌日大清早就重新展开战斗，以便在布鲁塞尔与帝国军主力合流。据说皇帝击败了英军，然而却没人能说清前者在何处取得了胜利。

另一方面，普军参谋则收到了更好的情报。马尔维兹（Marwitz）的一个骑兵军官经侦察后，报告上级法军正在全面撤退。蒂尔曼松了口气，转头便朝利马勒高地进军，几乎砸入了所有兵力，意图破晓再战。凌晨3时左右，霍贝骑兵便从里克萨尔的林荫中现身，与之同行的还有两个骑炮连。几分钟后，后者便对法军营盘实施炮击。格鲁希飞速赶往前线，命令炮兵还击。所有部队得令进入战斗位置，构成一条阵线：帕若尔骑兵被布置在最左翼，蓬舍鲁、维舍伊师作为预备队位于阵线中央，右翼部队便是泰斯特师。之后，法军吹响了反攻的号角。普军在里克萨尔林地中进行了顽强抵抗，最终还是被赶出了林子。早8时，蒂尔曼收到皮尔希发来的确切消息：法国人已经败了。信件还补充说明道，第二军将会绕后机动，切断格鲁希的撤退路线。这一伟大胜利的消息，立即传遍了整个部队，第三军士气大振。蒂尔曼变更了阵线走向。此时，第三军左翼占领着比耶日；蒂尔曼向后方、左翼转动了正面。如此一来，普军的阵线便与瓦夫尔至布鲁塞尔的道路平行。

双方再次缠斗一处，对普鲁士人来说，也不是完全没有优势，然而泰斯特师攻占了比耶日的村庄和磨坊后，情况就完全不一样了。佩纳（Penne）也参与这次突击，他是泰斯特所部的一名旅将。在业已负伤的情况下，他又被一枚炮弹给爆了头。迪勒河右岸的贝尔特泽纳协同帮助了泰斯特的攻势，两个师随后合流一处。帕若尔骑兵奉命向罗谢朗（Rosieren）方向实施机动，以便打通前往布鲁塞尔的通道。而蒂尔曼这边，眼见左翼被包抄，右翼则行将遭受帕若尔的铁蹄蹂躏，于是便引军向鲁汶（Louvain）方向撤退。瓦夫尔的4个营部也出击了，离开了阵地，朝拉巴弗特泰（La Bavette）行进，然而他们遭到了旺达姆部先锋的驱逐。虽然上有命令，旺达姆本应当朝利马勒移动，不过整个晨间他仍滞留于瓦夫尔。他只让埃克塞尔曼斯龙骑兵及于洛师支援元帅。得益于贝尔特泽纳师的接替，于洛师得以从比耶日战场中解脱而出。

战场之上，普军丢下了5门加农炮及大批伤员。格鲁希现已牢牢掌握局势，眼下，他将右翼部署在了拉巴弗特，左翼则在罗谢朗以远的地方。当元帅正着手于挺进布鲁塞尔时，近10时30分，军团参谋长的一位军官骑行而来，找到了他。此人面容憔悴，眼光之中不时浮闪几缕惊悸。一如其累得半死的坐骑，他亦疲惫不堪——简直就是失败的具象化。此种情形下，叫他理清思绪、不紊言语，实在是太困难了。这名军官语无伦次地将蒙圣让的灾难硬塞给了格鲁希，后者乍以为自己是和一个疯子、酒鬼打交道。于是格鲁希向军官提了几个问题：是否为传令官？或是否携带了指示格氏往何处撤退的命令？是否军团已经渡过了桑布尔河？此军官依旧自说自话，讲着复杂的会战经过。此番言语，就像枝丫横斜的密林，杂乱不堪。不过格鲁希仍觉察到了一些关键的蛛丝马迹，最终他接受了事实：大军已败。现在还不是向灾难困苦低头的时候，关键要保住军团的剩余力量。

元帅召集了他的将官们，并组织了某种战争会议。会上，他噙着眼泪，公布了骇人消息。底下军官都记起了头天他在瓦兰与热拉尔的激辩。元帅心想，眼下有必要承认错误了，自己并没有很好地听取属下建议。“荣誉在上，”他说，“我有必要在此解释昨日部署的原因。谕令对我部的唯一要求，便是瓦夫尔。因而，热拉尔伯爵认为有必要向我提出的建议，就被我否决了。我确实承认热拉尔将军的天赋与超人勇气，然而一名将官竟无视谕令，无视首长，当众抗令，自行其是——这种事情，你我都备受震惊。彼时情况之下，无论从时间、空间、路况来看，我们都无法及时支援。此外，谕令要求正如我方才所言，无论可能会发生什么状况，都不允许我做出任何变动。”

这番话中，既有检讨也有开脱，两方面比重相同。接着，格鲁希给出了撤退的方案。本来，他是打算朝英普联军后方挺进，借此可以转移敌军注意力，减轻御前军的压力。不过他自己很快就否定了这一提案，因为如此结果只有一个——格氏及其3万官兵将会身陷重围，独自招架5万敌军所发起的冲击。出于相同的考量，他也否决了旺达姆铤而走险的设想。旺氏建议应当继续朝布鲁塞尔进军，并在该处收编的俘虏，尔后朝瓦朗希安内斯（Valenciennes）或里勒移动，接着取道昂然（Enghien）、阿特（Ath）从而返回边境线，他推断这条线路敌军设防较少。格鲁希则偏向走那慕尔、迪南特（Dinant）、吉弗特的路线，这是明智的选择。法军必须得马上动身：一方面，考虑到撤退伊始时了，蒂尔曼毫无疑问会重启攻势，予以阻挠，给法军正面施压；另一方面，布吕歇尔可能会派出一个军，侧袭格氏。布翁此一偏军也许甚至会抢先建立阵地，面朝让布卢，意图切断法军的撤退路线——事实上，这确为普军的主要目标：夜间，皮尔希之第二军便离开了罗桑默，11时已经占领了梅勒里；与此同时，格氏还待在迪勒河以远地带，部队正面布置在罗谢朗-拉巴弗特一线。皮氏的行动已经比格氏提早3个小时了，更别说梅勒里距让布卢只有10公里，也就是鸟儿飞一会儿的工夫；反观从拉巴弗特到让布卢，则要20公里。

11时至正午之间，法军开始了撤退。埃克塞尔曼斯龙骑兵（除却划归旺达姆的第二十龙骑兵团）朝那慕尔方向疾驰推进，意图夺取桑布尔河上的桥梁。埃氏骑兵的先锋于午后4时抵达了那里。第四军与瓦阑骑兵则在利马勒渡过了迪勒河，进而径直向让布卢开去。夜间11时，这支部队在此村以远8公里处扎了营，营盘位于尼韦勒至那慕尔的公路上、勒马齐（Lc Mazy）与唐普卢（Temploux）之间。格鲁希也在这支梯队之中，他还在唐普卢建立了指挥所。

至于旺达姆军，他们从拉巴弗特向瓦夫尔撤退，并在那里坚守阵地，坚持了不少时候。后来，他们先后途经迪翁勒蒙、图兰内和格朗勒厄，最终于夜间11时左右抵达了唐普卢高地，停驻在让布卢至那慕尔的公路上。帕若尔负责的殿后部队，由苏尔特将军的骑兵以及不知疲倦的泰斯特师组成。他们跟着蒂尔曼穷追猛打，一直到圣阿克唐罗德附近地带（Saint-Achtenrode），后者在此地建立了阵地。整个旺达姆军渡河完毕后，帕若尔部才开始撤退。整个夜间，他们经由索旺涅雷（Sauveniere）抵达了让布卢，并在彼处建立了指挥所。

此番绝境撤退中，法军纪律出现些许溃散，不过他们并没有遇敌交火。蒂尔曼军在头天及当天的作战后，人数已经减员至12500人，并且没有及时觉察法军撤退，直到很晚才发现这一战况。至于普军第二军，尽管他们午间便已经抵达梅勒里，然而在24小时不间断的长途奔袭后。皮尔希发现麾下部队状态很差，他很清楚不能凭借他们单打独斗。他希望获得蒂尔曼的协助，然而后者杳无音信。面对疲倦厌烦的士兵们，皮氏不愿指挥他们做出更多行动，他也不认为当天还能够行动了。

第四节　拉法利瑟、博屈厄的战斗（20日晨间），那慕尔攻防战（当日下午3时至夜间9时），格鲁希部于吉弗特集结（6月21日）

6月20日晨间，帕若尔和泰斯特离开了让布卢。根据格鲁希的指令，他们将经由圣但尼（Saint-Denis）、圣马克（Saint-Marc）朝那慕尔进发。9时，格鲁希指挥第四军向那慕尔行进。这支部队携带了所有伤员以及所有后备车炮。元帅希望，旺达姆部能够横亘在让布卢路上，并坚守阵地直至12时。如此一来，第四军便能得到掩护穿过城镇。但是好事多磨，当第四军正在离开唐普卢时，一串凛冽的炮击声从前方至左方的区域传来。原来，旺达姆并没有留宿营盘；相反，他抵达了那慕尔并于彼度过一宿。他没有收到格氏令他坚守阵地的命令，因而，当日晨间，勒福尔、贝尔特泽纳、阿贝特将军擅作主张，部队开拔向那慕尔进发——这下子第四军的侧翼便暴露无遗。在拉法利瑟，他们遭到霍贝13多个中队的攻击。晨间5时，蒂尔曼便让霍贝从阿克唐罗德出发，后者一口气横跨了40公里的路程。随军的还有一个骑炮连。与此同时，格鲁希接到报告，一支实力强劲的部队正从勒马兹伊杀来。这是皮尔希的先锋部队，他们是自梅勒里赶来的。

格鲁希当下进退维谷，处境凶险。倘若旺达姆的步兵跑得太快并渡过桑布尔河了，如此一来，当格氏与皮尔希缠斗时，霍贝就能切断那慕尔路。行伍也觉察到了危险，躁动情绪传染。大多数伤员正从利马勒向瓦夫尔方向运送，队列当中低语不断，不时哀号、咒骂。毫无疑问，他们害怕被普军俘虏。格鲁希同维舍伊将军骑行于车马之间。他高声喊道：“不要慌乱！我们发誓不会遗弃你们。我军的部署能够解救我们，对此我有信心。”说罢，他投入前线，与瓦阑将军的骑兵一道朝普军中队发起了冲锋。这些普军中队已经攻击过了旺达姆，眼下正从侧翼威胁格鲁希的撤退路线。不过，他们很快就被法军骑兵给驱逐到了西边。法军运输队这边再次开始撤退，而格氏正着手于支援旺达姆。至此，道路通畅无阻，第四军与伤员、车炮队伍抵达了那慕尔。而维舍伊独立指挥的殿后部队，则在勒博屈厄牵制了皮尔希部一段时间。之后，他们一边撤退，一边反击，和敌军打得有来有回。

被普军骑兵突袭之，第三军陷入了混乱。勒福尔的一个方阵被攻破，士兵们在枪骑兵的长枪下四散而逃，遁入附近的树林。他们丢失了两门火炮。好在格鲁希的抵达牵制住了敌军。瓦阑骑兵全速砸向敌军，第二十龙骑兵团在布里屈厄维勒（Briqueville）上校带头冲锋下，打退了深入敌阵的普军中队，并夺回了那两门火炮。接着，他们乘胜追击，还夺取了另一门炮。霍贝骑兵全部向右侧朝皮尔希军撤去，而后者正从唐普卢赶来。

旺达姆因为战斗的噪音，迅速从那慕尔赶到前线。格鲁希向他重申了掩护第四军撤退的命令。旺氏重整麾下营部，并且在近郊建立了阵地，并压制住了普军。第四军、（伤病车炮）护卫队以及骑兵部队业已进驻了那慕尔。尽管法国人给这座城市带来了战火，但是他们仍获得了朋友般的礼遇。这里是唾弃普鲁士人的。市镇政府慷慨地慰问了法军，送出各10万份的面包和白兰地。无私的那慕尔人将船只借给了法军，以便后者能够在默兹河上转移伤员，他们还帮助法军将伤员装载上船。妇女们不顾炮弹横飞，无畏地将食物送至前线，无私地援助伤员。

整个军队未经停顿，便穿过了那慕尔。首先是格鲁希率领的第四军，其次是旺达姆的第三军，他们在刚才的牵制战中轻微受损。法军渡过了桑布尔河，进而后撤至默兹河、莫尔拉格纳（Morlagne）森林之间的隘道。殿后的泰斯特师奉命坚守那慕尔，直至夜间。这座城镇的防御工事年久失修，甚至抵挡不住攻击方的攀爬。泰斯特手上只有8门野战炮以及最多2000名士兵，他将兵力布置在城镇的数个堡垒以及3座东门——“鲁汶门”、“铁门”以及“圣尼古拉门”——之中。守方还没就位，皮尔希纵队就开始进攻了。不过，一阵混杂霰弹、枪弹的旋风席卷而来，他们在城下缓坡上扔下死伤者便匆匆撤退了。普军的第二轮冲击同样落败，指挥官冯·察斯特罗夫（von Zastrow）与冯·俾斯麦（von Bismark）都受了致命伤。由于弹药紧缺，法军士兵谨慎地瞄准、击杀每一个敌军。转眼已是夜间8时了，皮尔希也心灰意冷，在折损1500人的情况下，他已不想突击攻占这座城市，于是退出了战斗。至于泰斯特将军这边，弹药箱快见底了，于是他开始撤军。普军发现了这一点，于是从城楼窗口、小门鱼贯而入，并迅速冲到了桑布尔河畔的桥头附近。彼处，一个工兵分队正在一些房屋中等着他们。这些房屋已经被开了射击孔，工兵借此打出了持续精准的火力，枪战进行了很长时间，成功牵制了普军。之后，这支殿后部队从法兰西门撤出了战斗。这座城门的周围堆放了浸满焦油的成摞柴捆、成捆稻草、成堆木料，接着工兵们点燃了它们。城门及附近建筑被吞噬在一片火海之中，普军纵队只得鞭长莫及。

战斗期间，格鲁希的主力部队已经抵达了迪南特。翌日，也就是21日，军团所有的兵力业已汇聚于吉弗特城下。

此番从瓦夫尔到边境的撤退，就算因为蒂尔曼的疏忽、皮尔希的怯敌，使之能够轻松成功，使之不能够被评为“近代军事史中最为惊艳的撤退行动之一”。但对于格鲁希而言，他已经他已完成了一项无上伟业。在看似四面楚歌乃至任凭千臂万手不可逆转的绝境下，他并没有放弃最后一缕希望消散而去。因为他的计划、他的部署，他拯救了他的军队。我们不禁扼腕感慨，倘若这位不幸的元帅，以更为坚定的决心、更加活跃的态度、更为淋漓的才干，以那番临危不乱的洞察力，在17、18日的作战中现身——那该会是怎样的景象啊！

第八章

评1815年战役

第一节　6月15日的行动，利尼-四臂村会战

拿破仑对1815年战役的最初计划，以及他在战局中的调兵遣将，仍不失一流战略水准。然而，作战之中的不断失误毁了这一切。也许当中的一些失误得归咎于皇帝本人，但他的将领们应当负起相当一部分责任。

回溯战争首日。德鲁埃·戴尔隆开始行军的时间，比指定时间晚了一个半小时。热拉尔则为一己之利，扭曲解读了谕令含义。至于旺达姆，他错过了指定时间，晚了3个小时才拔营出发。他还在战斗结束前擅自收兵，之后更是拒绝与格鲁希合作。内伊蓦地小心谨慎，甚至怯懦起来，面对既定机动目标，他逡巡不前。另一方面，参谋班子效率不佳，军令指示的中转传送缓慢而不稳定。再来看部队长官们，他们表现得犹豫、麻木、消极、被动，全无战斗热情、主观能动性及精神意志可言。他们似乎已不再相信拿破仑的命星，看起来，他们仿佛已经预料到联军两大军队正包围而来，因此只希望越过边境后进行有限的作战。拿破仑一手打造的战争机器，彼时已经磨损严重、破败不堪。

因而，6月15日的战局进展并不如预期一般。倘若，谕令得到了有效贯

彻、执行，早在正午之前全军就能渡过桑布尔河了；再接下来，下午3时，皮尔希贰的普军就会被从日利赶出；当晚，格鲁希就能进驻松布雷夫，而内伊也将夺取四臂村。因为法军兵分两路的机动，布吕歇尔和威灵顿便会被分割开来——转眼翌日，此种情况下，无论是普鲁士人还是威灵顿，都不会铤而走险、单枪匹马地同整个法军作战，只得退回各自的作战基地。前者会向松布雷夫的东北方向遁去，而后者只能朝布鲁塞尔的西方后撤。这一分散撤退会使联普两军间的直线距离长达80多公里。自然，他们会寻求再次合流，但会花上不少时间——与此同时，拿破仑不放一枪一炮便能入主布鲁塞尔，转而以优势兵力专心对付联军当中的其中一支。

谈及6月16的晨间战局，虽然说有内伊的过失和右翼的迟缓，但实际上战局仍旧按设想中的进行。皇帝甚至臆想联普两军正在全线撤退，而自己将兵不血刃就拿下布鲁塞尔。他这么想也不是没有道理的——正如肯尼迪所批评的，布吕歇尔、威灵顿皆酿成了大祸——当天交战之时，联普两军的兵力相当分散。皇帝下令进军布鲁塞尔后，于9时离开了沙勒罗瓦。有些论调批评拿破仑浪费了晨间的时间，这似乎是毫无根据的。皇帝并没有料到当日会爆发战斗，这种情况确实不大可能发生；此种设想下，当天很适合向让布卢挺进，如此便可继而在夜间进军布鲁塞尔。拿破仑在晨间6时口述了命令，意图将军团的整个右翼集中在弗勒吕斯。他也没有责任为热拉尔的拖沓（该部下午1时后才抵达）而埋单。至于四臂村方面，如果说皇帝在晨间早些时候中断了要求内伊在四臂村建立阵地的命令重申，那也是因为他被内伊的报告给蒙骗了，进而以为这个据点只有相当少量的敌军把守，甚至他们已经放弃撤走了；因而，他认为夺取四臂村是不费吹灰之力的。事实上，奥伦治亲王只在3时得到了增援；因而在11时，也就是谕令送达那会儿，内伊本是可以轻松把佩尔蓬谢师逐出四臂村的——此时仍是晨间早些时候。

不过，“意外将军”（général Imprévu）插手战局，并倾向了拿破仑。布吕歇尔清楚，对手有12万人的兵力——至于己部，由于比洛军孤悬事外，只有

8万人。但是，布翁遵守了掩护联军右翼的诺言，同时也深信于威灵顿缥缈的支援承诺；他按捺不住战斗热情，于是很快便在林尼阵地上向拿破仑开战。皇帝侦察普军部署之时，便庆祝自己好运，庆祝普军自己送上门来，撞到了自己的剑锋之下。这场预期之外的战斗，却能够让皇帝仅花上一天工夫，便能以落雷之势结束昨日才开始的整个战局。彼时，他正着手歼灭普军。他立即敲定了计划，部署了军队，并向内伊送去了指令。当御前军队攻击时，内伊便会向普军后方杀去。一天将尽之时，皇帝便会组织最后突击。如此一来，布翁将会面临中军被破、右翼遭击、后方来敌的窘境，几乎完全陷入一张铁焰交织的大网中。

诸如米夫林、罗尼亚等人认为，拿破仑应当限制投入利尼战区的兵力，接着主攻圣阿芒；彼处的普军右翼相当孤立，只能组织无力的抵抗。这种论调，自然是误读了拿破仑战术思想的精华所在。诚然，攻击圣阿芒不仅节省时间，而且代价较小，并且能够逼迫普鲁士人撤退。但是，较之借由朝默兹河方向驱逐布翁从而隔离联普两军的行动，拿破仑在6月16日还敲定了更为坚定的目标——彻底摧毁普军。基于此种设想，打穿敌军中军、包抄其右翼是必要之举，普军只有左翼能逃脱虎口。

当然，我们已经知道，由于一连串的失误、误会，这项深思熟虑的计划便流产了；我们也已了解到，其中的每个当事人是如何把事情一步一步搞砸的。携带第一道谕令的弗拉奥，花了两个钟头才走完16公里的路程。面对命令要求的运动，雷耶拖沓了其进程，还用狡辩浪费一点儿时间并不会招致什么恶果；他还用若米尼的奇特理论为自己开脱，他认为“大战术”的原则要比军队首脑的命令重要。福尔班-让松身为一个传令员，却搞不清楚所携命令的含义；将指令传递给戴尔隆后，他竟然没有将之知会内伊。戴尔隆沿着错误方向进军，对于路线问题，他连起码的修正意识都没有；当他走完四分之三的路程后，竟然无视正式谕令，转而听从内伊指示原路返回；戴尔隆没有预见到，所部之折返会使皇帝失去强援，自己也将无法及时协助内伊。一言以蔽之，整个下午，戴尔隆将所部孤悬于战局之外，徒劳往返于左右两翼，没有在任何一处发挥作用。旺达姆则被其侦察并所蒙蔽，将戴尔隆部视为敌军，并将情况报告给了皇帝。拿破仑因此大惑不解，加之“假想敌”纵队的行进方向，他的思绪被完全打乱。对于这支威胁他侧翼的部队，他不相信也拒绝承认这是自己召来战场的；他也就没嘱托军官去一探虚实——如若实情与设想相反，来者被证明为戴尔隆的话，还能够引导他向布里进发。

此日，法军未能取得决定性战果，而内伊元帅必须为此担负主要责任。他召回了戴尔隆，以此忤逆了性质特殊的谕令，这一点已经构成了违抗罪，是要上军事法庭的——如果非要找个理由的话，也只可能是当时军中上下的目无纪律的气氛使然。但是，我们不应当予以过分指摘内伊——这一胆大行径，对于皇帝所认可做出的杰出策略（尽管尔后大打折扣），并没有什么严重恶劣的影响；毕竟问题还是在戴尔隆伯爵，他已经放弃进军布里，转而去夺取圣阿芒了。内伊的主要过时，在于他引燃了接下来所有问题的导火索，由于他的失误，导致了此次双重会战中所有的耽搁拖延、误解误读、错误行动以及不幸结果。当日晨间，如果他根据战争原则，综合实际情况予以妥善处理的话，那么在8时到9时，他就能分别在弗拉讷、戈斯利集结第二军与第一军。如此一来，11时那会儿，当内伊获悉弗拉奥所传命令时，他就能用手上的雷耶部4个师以及德努埃特骑兵攻打四臂村；同时，还可以将戴尔隆部4个师以及克勒曼部4个胸甲骑兵旅召往弗拉讷。如此，早在2时之前，内伊就能将那里仅有的守军——7500人的尼德兰军队清扫出门。到了3时，他又可凭借4.3万之众，轻松击退皮克顿部英军（3000人，位于布鲁塞尔大道）和弗里德里希·威廉公爵的6000名不伦瑞克人——当然，这一推演，建立在威灵顿胆敢采取攻势的前提下。到4时，也就是要求进军布里的谕令送抵之时，内伊也就可以分出大半兵力，沿着那慕尔路插入普军后方，进而趁热打铁将布吕歇尔的败仗升华成灾难。

若米尼指出：如果内伊分兵布里，那么借由利尼会战，法军就能获得决定性胜利。但他也认为当时元帅分兵乏力，毕竟要对阵威灵顿4万人之众的联军。这一观点是站不住脚的。4时，威灵顿手上不过只有佩尔蓬谢师、凡默伦骑兵、不伦瑞克军以及皮克顿师，总计2.2万人（此外，不妨做个假设，倘使内伊在正午至午后2时之间夺取了四臂村。那么，在佩尔蓬谢的7200人已被击退的情况下，联军增援将毫无用处）。5时30分之前，阿尔滕师（4000人）还未现身；而库克、克鲁泽师（总计7000人）则要到7点之后。综上，威灵顿要么以卵击石，凭借佩尔蓬谢、皮克顿、凡默伦（约1.5万人）与4.3万人搏斗；要么先行保全两个师部，避免被逐个击破，等待不伦维克、阿尔滕部队两者抵达，再伺机发动攻势。总的来说，威灵顿不可能在6时前开战。内伊大可分兵一半，利用这个时间段，这支部队完全能够袭向普军脚踵；另一方面，他仍有2万人占据良好阵地，借此可与敌军2.8万人（后增至3.2万人）对峙直至入夜。纵使内伊在傍晚时被迫撤向弗拉讷，战局也不会因此受太大影响。不过，如果威灵顿在从比西磨坊的归途中（3时左右），发现四臂村业已被实力强劲的法军攻占，他可能会谨慎地将军队集结在热纳普，作壁上观，等待利尼会战的结果。他向来谨慎，再加之英国式自利自负，至少据此可以推得结论。

克劳塞维茨也有话说，历经冗长混乱的论述后，他指出："如果有一万人现身普军后方，那么整个战局只会因此更加扑朔迷离，促使布吕歇尔尽快撤走。"这种见解的死穴在于，克劳塞维茨有意引用了不准确的数据。他本人很清楚，现身后方的步、骑兵部队，不是1万人，而是2万人。如果说如此攻击只能徒劳促使布吕歇尔尽快撤退，那么好了，为什么比洛在两天之后对滑铁卢的攻击怎么没有导致一样的结果？莫非有神迹使然？事实上，如果我们信了克氏那套说辞，那么自然也会认为：激战正酣之时，一支军队能够轻松撤离战场，就像在校场演练一般，不会有任何的混乱与危险。至于沙尔拉（Charras），他完全是站在个人角度分析问题的。"那些将军令人钦佩，"他宣称，"他们没有辜负总指挥，但是总指挥辜负了他们。"他为内伊唱赞歌，"牵制住威灵顿的2万人是不可能完成的任务，但是内伊做到了。"看来，沙尔拉不太清楚，就算库克、克鲁泽师的增援抵达时（晚6时30），威灵顿手下也只有2.6万人，而与之交锋的法军却多于2.3万人。即便内伊对垒联军时，他实际上还是有一个军的，沙尔拉对此也选择执意无视；这是因为他忽视了那个晨间的行动——彼时，内伊将第一、第二军集结在戈斯利、弗拉讷之间。而这又是接下来一系列失误——内伊的失误、雷耶的失误、戴尔隆的失误，以及皇帝的失误——的导火索，这一点我们已经再三强调了。

克劳塞维茨及沙尔拉的论调，均被事实、书面命令、行动时间以及数据所否定。克勒曼则证言："由于内伊的错误，皇帝无法取得既定目标。"雷耶也说："如果从后方攻击普军右翼，将会有更加辉煌的战果。"以及德洛尔说："内伊本是可以运用手上的4.4万人，在牵制住英军的同时，迂回布吕歇尔。"罗普斯曾断言："如果内伊执行了皇帝的命令，那么整个战役的结果将会得到改变。"沃尔斯利元帅也认为："如果事情一如拿破仑计划的那样，我们有理由相信齐滕、皮尔希两个军将会被歼灭；有很大概率，布吕歇尔和格奈泽瑙会将束手就擒。"最后让我们看看格奈泽瑙的坦白之词，这位普军参谋长在1817年6月12日致普鲁士国王的信中如是写道："如果没有佩尔蓬谢将军所部的积极抵抗，内伊元帅在抵达四臂村之后，便可以向右插入正在利尼作战的我军后方，并使我覆没。"

第二节　拿破仑的问题

6月16日的利尼之战，本可以是决定性的，甚至借此可以一举终结尼德兰战役。但是由于内伊的失误，此一胜利便不复关键了。不过，翌日仍有摧毁英军的机会，而这也可以为战役画上一个休止符。但是，战机却因为拿破仑的问题而转瞬即逝。

彼时，皇帝已把威灵顿同布吕歇尔分割开来。尽管法军行动的脱节，以及戴尔隆之迫近所引发的猜疑，拿破仑还是以6.5万人的兵力力挫8.7万普军。虽然这与他的格言“胜利总是青睐于占兵力优势的那方”相悖，但他又惯于打出如此相反的战果。但是占据着四臂村的英军，却成功抵挡住了内伊的攻击。6月17日，皇帝本可腾出手来消灭威灵顿。这场预期的会战也将是决定性的；皇帝深谙兵贵神速，不幸的是，他却在犹豫踌躇之间浪费了4个小时，之后才尝试加入战局。而这给予了敌军大把喘息的时间，威灵顿由此成功撤出战场。

毫无疑问的是，黎明那会儿，皇帝还不清楚普军的撤退线，他也不清楚四臂村战况。不过，在7时至8时之间，他收到了帕若尔的报告，获悉了布吕歇尔正在朝默兹河方向撤退；另一方面，于内伊处返回的弗拉奥亲口报告称英军仍在四臂村。如果拿破仑当机立断率领洛博军、近卫军、米约胸甲骑兵驰援四臂村，而不是拖到11时至12点时才采取行动的话。那么，10时至10时30分之间，他就能现身正要拔营后撤的联军之侧翼。除却头天伤亡，再加上阿克斯布里奇前晚、今晨带来的5个骑兵旅，威灵顿彼时手上总计有3.5万人。如若拿破仑采取了上述行动，那么英军就会陷入两难境地：前有内伊的4万部队，侧有3万御前部队——威灵顿要么反击，要么朝热纳普或尼韦勒撤退——但无论如何，此种情况下联军难逃一劫。

然而，实际情况与之相反，拿破仑先是命令军队当天休整，安营扎寨。之后他改变了想法，酝酿了一个新计划，发布了命令，开始了他的挺进。但是太晚了，皇帝直到2时才抵达四臂村。联军主力已在热纳普渡过了迪勒河，鞭长莫及之余，他只能追击阿克斯布里奇勋爵的骑兵。当他在蒙圣让赶上了联军时，夜幕悄然降临。“如果我能像约书亚那样，”他感慨道，“阻止日落该多好。”日薄西山之前，阳光洒盈地表长达14个钟头，但拿破仑错失良机，一无所得。

或许需强调如下一点：皇帝于晨7时收到的消息，于他而言似乎并不清晰准确，也无法据此立即决断。普军是否确为撤向了默兹河？没有得到进一步确认前，皇帝是否能引军朝这个方向追击？此外，布吕歇尔也有可能会杀个回马枪，攻击法军右翼或交通线——这一点，拿破仑也无法保证。对于威灵顿而言，在得知普军遭败后，他也有可能不撤出四臂村。综上，在追击普军、进军布鲁塞尔的问题上，皇帝的摇摆不定是相当正常的。但，他对推迟攻击威灵顿的解释就有点儿说不过去了。纵然冒着徒劳无功的风险，如若他能在第一时间率洛博军、近卫军挺进，那么这番进军将会带来重大战果。若是威灵顿仍在四臂村，他将陷入内伊和拿破仑的两面夹击之中；若是其侥幸撤离，近卫军、第六军也能与戴尔隆、雷耶军会合。总而言之，四臂村与布里之间不过是一段微不足道的路程，皇帝很轻松地就能向左翼调动、集中其预备队，正如让预备队与右翼部署一处。因而，进军四臂村此一可以一举歼灭联军的行动。无论如何，都是不应该妥协折中、让步放弃的。

一些观点认为，此时很有必要休整部队，这样的话，同时还能补给军需。谈到休整，我们来看看埃克塞尔曼斯、帕若尔骑兵部。这两支部队头一天持续奋战，直到日落，然而在第二天日出时依然开拔行军。如此看来，近卫军（同敌军短暂交锋）、第六军（几乎没放一枪）就更应该于7时出发了。补给？补给？也只有旺达姆、热拉尔两个军需要补充一下，而且这项工作事实上在正午前就完成了。至于前往四臂村的3万近卫军、第六军，无论是枪弹还是炮弹，都相当充足。

因此，论及皇帝于17日晨间的消极行动，自然就有另外的一些解释。沙尔拉、贝尔托（Berthaut）、罗普斯、甚至沃尔斯利元帅，这些人都认为此一情况源于拿破仑的健康问题（无论是沃氏还是罗氏，他们都没说明具体是什么疾病作祟，而沙尔拉则宣称拿破仑是疾病缠身）。诚然，利尼会战当晚，拿破仑可能困扰于尿闭症的发作；他的尿闭症病史已有3年，此一疾病并在1815年4、5月间发作得愈发频繁。格鲁希曾无意提到过：17日一早，也就是皇帝离开弗勒吕斯庄园时，他表现得精神疲惫。根据勒塞内卡（Le Senecal）、布洛克维尔上校（前者为格氏的参谋长，后者为格氏的副官）的说辞，拿破仑在晚上害了病。但，正如梯也尔所言，“无论拿破仑于1815年的健康状况为何，都没有影响到他的发挥。”

倘若沃尔斯利元帅所言可信，在那些个重大日子里，拿破仑整个人都“无精打采”——那么就让我们回顾那段历程吧。6月15日凌晨3时，皇帝就起床了，之后骑行赶路直至雅米尼翁（Jamignon）；接着，他突击了沙勒罗瓦，给军队左翼布置了命令，并指挥右翼突击了日利；最后，晚10时他回到了沙勒罗瓦。翌日，也就是16号，从凌晨4时开始，拿破仑就开始派遣、调拨副官，忙于撰写命令。9时，他骑行到了弗勒吕斯磨坊，之后，便投入到了利尼攻坚战中；黄昏的最后突击之时，他还亲自带领近卫军越过了普军的第一阵线。10时（夜间）以后，拿破仑才撤下战场休息。即便他在当夜发病了，但仍于第二日上午10时那会儿现身布里、检阅军队、探视伤员。接着，他引军向四臂村而去；他急不可待、一马当先，把部队远远落下。然后，他指挥前锋攻击了联军骑兵，还冒着瓢泼大雨，穷追不舍12公里方才罢休。待日落后，拿破仑抵达了勒凯鲁，来到了当日指挥部所址；彼时，他浑身湿透，好似刚从浴缸里爬出来。皇帝先是口述了作战命令，尔后转而钻进自巴黎发来的信件堆中，并予以仔细阅读。他不过在床上眯盹一会儿，凌晨1时便又起身了；那会儿雨还在下，他将前哨点挨个巡视了一遍。结束这项工作时，已然到了3时，接着他继续听取了侦察兵、间谍们的报告，并且发布了新的指示。时针走到了9时，皇帝重现战场；直至夜半，他仍与最后的近卫方阵同进退，未曾下过战场。接着，他又跨上马背，自佳姻村横跨32公里的路程，在沙勒罗瓦渡过了桑布尔河。至此，这个男人于过去的96个钟头里只休息了不到12个小时；他却被描述成了意志崩塌、病痛难忍、精神萎靡、昏昏欲睡、无法骑行的形象——诚然，两场宏大会战之中，拿破仑在四分之三的时间里是徒步于地的，但实际上他在马背上也度过了37个小时。

由此可见，在1815年，拿破仑仍能扛住战争中的奔波劳累，而他依旧清晰运作着自己的思维——但，却已显得力不从心了。他到了圣赫勒拿后，在私人对谈之间，力求为自己辩解、开脱，试图证明自己在最后一场会战中是无懈可击、无错犯过的。不过，正是这些谈话，不经意间为我们揭示了拿破仑犯下错误的原因："我已经没有了必胜的信心……我感觉命运正在抛弃我。就算我打了胜仗，败仗很快会接踵而至……这些意外、挫败都没有让我惊讶，毕竟我早有预感，结局并不可观。"如此阐述便能解释——整场战役当中——皇帝所浪费的时间，其举棋不定的行为，其对事态的混乱估量，以及时常暂缓的对敌行动。他不像以前那样坚信胜利，气魄随着信心流失而愈加稀薄。面对时机，他不如先前那般会去争取、去索求。而在过往，他自信于命运，踌躇满志、一往无前。而在此时，他感到幸运不再，因而逡巡不前。此时，放手一搏他也要考量几分；才华让步于犹豫逡巡，彷徨扼杀了杀伐果断；优柔寡断间反复权衡利弊，谨小慎微而患得患失。

第三节　论格鲁希元帅

皇帝在对抗联军时，必须提防布吕歇尔杀个回马枪，这样才能不受干扰地进行作战。那么，普鲁士人去哪儿了？他们是否向默兹河撤退了？或是，他们是否正向布鲁塞尔之南而去与威灵顿汇合？于是皇帝安排格鲁希去寻觅、追击普军。有种说法认为，在6月17日上午10时或11时，拿破仑应该不惜一切代价（彼时，他并不清楚普军撤退方向），命令格鲁希沿着迪勒河于左岸进军。皇帝本人曾驳斥过这种论调。"如果17日12时那会儿，"他总体上是这么说的，"格鲁希在并不清楚普军动向的情况下，沿迪勒河于左岸前进——确实，主力侧翼是得到保护了，但我军的交通线将毫无保障。"事实上，如果普军是朝那慕尔去了，那么他们还有可能杀回沙勒罗瓦。如此一来，法军与作战基地之间的联系便就此被切断。

也有意见认为，皇帝应当为自己保留2万的额外兵力，后者将在滑铁卢发挥巨大作用；至于右翼，只需派出2个骑兵军、一些火炮以及1个步兵师便足矣——这些部队足够压制普军了。不错，在1814年的阿尔西苏奥布（Arcis-sur-Aube）会战之后整整两天之中，整个法军便在山间平地被温青格罗德

（Winzingerode）及其手下1万名骑兵蒙骗住了。然而，已知战史中也有不少能够反驳的实例。虽然说，旺达姆、热拉尔军及帕若尔、埃克塞尔曼斯骑兵并未参加滑铁卢，但在那里，法军较之英军仍占有兵力优势。若不是普军来援，导致一部分法军被牵制住了，否则拿破仑很可能在5时就夺取了蒙圣让高地。另一方面，拿破仑分兵3.3万人给格鲁希，目的很明确，就是为了压制普军。对他而言，能够将布吕歇尔拖在战场以外，远要比正面的2万人优势兵力来的更为重要。

大多数军事史学家都批评了此一分兵举措——即，将军团一分为二——然而，这是拿破仑的惯用计策。且看马伦戈、耶拿、弗里兰德、法兰西战役（1814年），当中，他都如法炮制了战略，并且因此而大受称赞。当以一敌二之时，很有必要确保牵制住敌军当中的一支。这样，便能够全力对付所剩的另一军。

然而，格鲁希能阻碍到普军行动吗？下达给他的谕令是否足够明确、清晰？这一谕令关系到格氏能否借此避免失误，并洞悉主要目标：保护军团的侧翼、后方免受布吕歇尔的攻击。虽然说，拿破仑有可能在命令口述中将意图解释给了格氏；但考虑到皇帝对格鲁希的评价，以及证言等，皆出于个人利益而又前后矛盾——因此，公平起见，我们只能参考书面命令。此前，我已经引用了命令原文；现在，笔者将再列出重点："朝让布卢进发，并向那慕尔、马斯特里赫特方向侦察，追击敌军。重要的是，探明布吕歇尔是否有与威灵顿汇合、进而作战的企图。"

这封信件，即便没有明确对格鲁希提出掩护主力的要求（事实上确实如此），但据笔者的看法，它的字里行间中仍透露着此一信息。"探明布吕歇尔是否企图与威灵顿会合"——这点很关键。彼时，格氏手上不止有足够侦察敌情的骑兵，还有一支可以进行顽强抵抗的军队。因此他的责任不仅仅限于将收集到的信息及时汇报给皇帝，同时也包括了将自己嵌入主力与普军之间，进而规避后者对皇帝的潜在威胁。一个打了二十来年仗的人，不可能会搞错委以自己的任务。而格鲁希实际在17日夜间在一封信中写道："……我将朝瓦夫尔进发，追击普军，以求将其同威灵顿分割开来。"这段话充分表明了格鲁希明白了皇帝的弦外之音。

然而不幸的是，格鲁希不知如何神速、机敏、果断地进行机动。回顾17日，格鲁希部以难以置信的缓慢速度进军；而拿破仑一路追击之下，横跨24公里的路程后，于当晚7时已然抵达佳姻村——与此同时，格鲁希才到达让布卢（距离圣阿芒14公里）；虽说如此，当天仍有两个钟头的行军时间，但他却下令扎营休整。到了翌日，本来他还有机会亡羊补牢，挽回所浪费的时间。根据现有的可靠情报，他已确认了普军正向瓦弗撤退，以便与威灵顿合流。对于皇帝而言，普军的撤退方向他是一无所知的，因而无法向格氏做出沿迪勒河左岸进军的指示；至于格氏，他发现普军行踪后，应立即循着此一路线行军。选择这条路线的话，他不会有任何风险：如果普军已经离开瓦夫尔，那么，格氏便能从迪勒河左岸攻击他们，较之从右岸发起的攻势，左岸行动更加有利；即便普军已向布鲁塞尔或蒙圣让开去，格鲁希可以展开一场侧翼追击，也可以直接加入皇帝的右翼。综上，18日拂晓时，格鲁希应该以两个纵队沿维尔鲁（Vilrooux）、圣吉贝尔山及奥蒂尼一线进发——他的实际所做作为，则是以单一纵队沿瓦兰、科尔拜前进。如果凌晨4时就拔营出发，那么，两个纵队就能在上午9时至10时之间抵达穆斯蒂、奥蒂尼。接下来，纵队如果再花上一个半钟头通过两地的桥梁，此种情况下，格氏全军便能在11时完全抵达迪勒河左岸了。

在此之前（8时左右），在蒙圣让观察敌情的莱德布尔上校（同时指挥着第十骠骑兵团与2个步兵营）会发现格鲁希的先锋部队。然而，该部显然无法抵挡如此数量的法军，因此莱德布尔势必将向瓦夫尔撤退；他同时也会快马报信，告诉格奈泽瑙法军的抵达。这封信件，会在9时左右送达；此时出发的只有比洛军部。布吕歇尔，更准确地说，负责实际军务的格奈泽瑙不会变动比洛、皮尔希壹进军圣朗贝尔的命令，但肯定会动用齐滕、蒂尔曼军封锁通向瓦夫尔的道路。在法军运动的同时，格奈泽瑙是否只满足于将两个军部署在比耶日、瓦夫尔；或者当他知晓法军正在渡过迪勒时，是否有可能沿比耶日、利马勒特一线押上这两个军实施反击？第一种情况下，格鲁希是有条件回援的：当听见皇帝的炮击时，他可以挥师向左朝阿伊维耶（Ayviers）或马朗萨尔挺进；大约在2时30分，他就能够抵达战场附近——比普军早整整两个钟头介入战局。而在第二种情况下——最有可能发生——格鲁希将会在穆斯蒂-塞鲁（Mousty-Ceroux）的高地上占据一个好阵地，毫不费劲地以3.3万人对抗齐滕、蒂尔曼的4万人。不过，在11时至下午4时之间，格氏能否决定性击败普军从而使之退出战场，法军能否可以继续朝马朗萨尔前进——这就得打上一个问号了。

无论如何，这场会战当中，格鲁希都能拖住齐滕、蒂尔曼两个军使其不能前往蒙圣让，这一点很重要。一来，齐滕军就无法现身帕佩洛特，会战临末的法军混乱也就能够避免了。我们已经知道当天下午6时的情景。根据阿尔滕副官肯尼迪上校的回忆：“英军的阵线中央已被打穿。”而齐滕军的抵达，使得范德勒尔、维维安的2600名新锐骑兵能够腾出身来，从阵线的极左翼赶往中路，威灵顿也因此得以振作信心。如果这支援军未能抵达战场，联军很可能就无法在中近卫军发起突击前重整阵形；再经此一击后，阵线势必土崩瓦解。威灵顿回忆起18日的情景时，坦白的确是四面楚歌：“凭借毅力，当天我曾两次挽回危局。我从未指挥过如此惨烈的一战，也希望以后再也不要了！”我们也可以认为：倘若在当天午间，布吕歇尔听到距其左翼8公里处传来了激烈炮击，倘若骑马信使不断来报，他借此得知其副手正被接连击退，如此一来，布翁攻击普朗尚努瓦的决心自是会动摇不少。最后，如果皇帝在8时至9时之间收到这么一封信——从让布卢发出，内容为格鲁希预备在奥蒂尼横渡迪勒河的计划——那么皇帝也就能够在中午之前向格氏下达新指令，接下来的全天时间里还能同他保持紧密联系。这样的话，结局必将得到逆转！

若是格鲁希采纳热拉尔的建议，在11时30分便朝炮击处开拔，那他就可以弥补当天早上盲目追踪普军的重大错误。那时，埃克塞尔曼斯有3个龙骑兵旅在科尔拜、拉巴拉克之间，另有1个在拉普拉克里耶农场（距离奥蒂尼仅距1500米）；旺达姆军停顿在尼尔圣樊尚；热拉尔军抵达了瓦兰；而帕若尔骑兵、泰斯特师正从格朗莱茨朝图里讷进发。具体的补救方案是：先将埃氏部引向拉于泽勒森林，甚至可以推进到瓦夫尔——倘若他对此并不是特别抵触的话——如此一来，敌军就会陷入警戒之中，并且被他的动向所迷惑；而法军则可以此为掩护继续行动。接下来，旺氏军部经由圣吉贝尔山前往奥蒂尼；而热氏则前往穆斯蒂，途经库尔－圣艾蒂安（Court-Saint-Étienne）；最终，帕氏应当被召回，并充当后卫。如果从正午时分开始行军，大概在3时15分，旺达姆部先头纵队就能抵达奥蒂尼桥（与尼尔圣樊尚相距10公里）；同时，提早55分钟出发的热拉尔，将会在4时抵达穆斯蒂桥（与瓦兰相距13公里）。渡过迪勒河之后，部队将会沿着一条单一路线前进，旺氏将充当先锋，先头师部将在6时抵达马朗萨尔（取道途经塞鲁，与奥蒂尼相距8公里）。当然，这一行军将横跨18公里的路途，因而保障每小时3公里的行军速度自然很是重要。尽管路况很差，纵横阡陌泥泞不堪，所有的道路都向迪勒河倾斜；尽管穿过桥梁也需要时间——但这一行动仍是可行的。我们特别需要注意一点，当官兵们步步逼近战场时，传来的隆隆炮声也会愈加响亮清晰。进军支援皇帝并在御前战斗，这对于1815年的士兵们而言，他们的士气何止是大振啊！

沙尔拉等人宣称，普军能够干扰到格鲁希行军；让我们来看看这一点是否可能：正午时分，比洛及其2个旅以及骑兵已经抵达了沙佩勒圣朗贝尔，另有2个旅正朝这里赶来；而先前驻扎在艾瑟蒙的皮尔希壹军，才刚刚开始通过瓦夫尔桥；至于齐滕军，其营地在比耶日，正预备走上一条途径弗罗蒙（Fromont）、通向奥安的道路；而蒂尔曼军仍聚集在拉巴弗特泰与瓦夫尔之间，固守着迪勒河畔的阵地。最后，便是莱德布尔的分遣队，他们仍安静地留守在圣吉贝尔山，丝毫没有注意到正有敌军迂回自己的左翼。

如果格鲁希停止进军瓦夫尔，掉头朝奥蒂尼、马朗萨尔方向前进，那么，至少在3时之前，普军会仍旧贯彻其行动。1时至2时之间，莱德布尔被埃克塞尔曼斯切断退路；莱德布尔的散兵与法军骑兵（配置了两个炮连）的交战声将会从拉于泽勒林地方向传来，皮尔希壹的布劳泽、朗根二师听到之后便朝林地支援；蒂尔曼将搁置撤离瓦夫尔的行动，直至战斗结束。到了3时，普军将会发觉埃氏所发动的不过是一次没有步兵支援的佯攻。这个时候，他们会继续执行既定计划。布劳泽、朗根两个师将作为皮尔希壹的第二梯队，通过瓦夫尔桥，径直挺进沙佩勒圣朗贝尔。蒂尔曼则会在瓦夫尔留下一小部分兵力，主力则会进军库蒂尔。在那里，该部不得不要等皮尔希壹第二纵队、佐尔骑兵（均属于皮尔希壹军部）先行通过——而后者也要先等齐滕军全军通过。至于齐滕军的通过顺序，则是在比洛军后卫与皮尔希壹的先头纵队之后。毫无疑问，普军参谋部在处理不同纵队的交叉通行时，显得手足无措。主力纵队（比洛、皮尔希壹）是从迪翁-勒蒙、艾瑟蒙出发，经由瓦夫尔继而前往沙佩勒圣朗贝尔的。这样的行军路线与齐滕军（途径弗罗蒙朝奥安而去）交织在了一起。除此之外，蒂尔曼军（从拉巴弗特泰出发，朝库蒂尔前进）也会与前面两个军迎面撞个满怀。

这种情况下，蒂尔曼只有等到4时才有可能动身。拉巴弗特泰距离马朗萨尔有大约4公里。由此，第三军将无法在8时45分之前抵达那里，因此也无法在那么晚的时间里牵制住格鲁希。与此同时，正面与洛博军、青年近卫军交锋的比洛将会受到格鲁希来自侧翼的攻击，只消一个小时，便会被赶入巴黎树林中，或是被歼灭在拉讷河谷里。

格鲁希表现得就像一个盲人，但拿破仑也没有措施为他引路。尽管，太多的尽管：17日，米约向皇帝报告敌军一支纵队正朝迪勒河方向撤退；当日夜间，格鲁希来信报告至少有一个普军军部撤往法夫尔；18日一早，热罗姆亲王还警告说两支敌军可能会在苏瓦涅森林通道汇合——但，直到会战即将全面开打的1时，拿破仑才向格鲁希发出一份正式、清晰的命令，要求后者掩护自己右翼。毋庸置疑，拿破仑直到那时甚至后来都认为格鲁希正奔着这一伟大目标而去。另一方面，“我会紧追普军，以便将分隔其与威灵顿”，格鲁希的措辞，更是让皇帝坚信于此。不过，有必要对格氏抱以如此万分期望吗？在对阵布吕歇尔这般勇武的敌手时，居然将己方侧翼的安危托付给未曾如此作战的新人指挥官，还企图依靠他的战略才能、主观能动性、决断力来扭转局面——这岂不是非常冒险？无论如何，皇帝应当向格鲁希更早、更详细地重申和说明指令。

第四节 总结滑铁卢

会战当天，拿破仑本是希望更早时候能采取行动，而谕令也证明了这一点。假设这场会战在6时或7时就打响的话，这两个错误便能得到弥补：一，格鲁希在战略上的大祸；二，皇帝对及时向格氏重申命令的疏忽。如此，普军介入之前，联军就会被击败。用来对付的比洛的洛博军、青年近卫军和多蒙、絮贝维尔骑兵，还有老近卫军（皇帝因担忧右翼，最后一刻仍留作为预备队），都将与其他部队一道迫使威灵顿在中午12时至下午1时——或者更早的时候——撤出战场。

由于松软的地面，或者德鲁奥与炮兵军官对地面状况的错误估计，使得皇帝将开战的时间从6时推迟到了9时。等到了9时，由于部队还未进入作战位置，不得不再次推迟。这一番折腾拯救了英军。

攻击敌人兵力薄弱、位置暴露的左翼，甚至是右翼（此处利于大规模部署），都要比直插敌中军的方案来得难度低、代价小。然而深陷两支敌军间的拿破仑，就如被夹在老虎钳中。现在，他已不能像利尼那样，用一两天的时间赶跑其中一支，他要把他们彻底摧毁。为了达成这一目标，他必须打穿英军中路，进而碾碎残破的两翼。“拿破仑用老办法打我，”威灵顿说，“那我也用老办法打回去。” 在这种情况之下，尽管敌军占据着地利，“老办法”却是皇帝最佳的选择。

然而作战过程中，误会、疏忽、失误屡屡不断。我们已经见识过了乌古蒙的一幕。因为谕令，因为热罗姆的莽撞，因为士兵的冲动，因为雷耶的放任自流，最终导致了这次佯攻变成了主攻，第二军的半数兵力被毫无意义地牺牲于此。我们也看到，戴尔隆的4个师采纳的笨重队形，导致了登上高地时的混乱，以及被英军骑兵赶回谷底时的惨剧。

根据谕令，雷耶本应“将与戴尔隆伯爵齐头并进”，但为何未能执行？确实，热罗姆师卷入了乌古蒙的争夺，但巴舍吕、富瓦师却在原地待命。尽管雷耶能够调动他们，尽管他们也准备好了杀向敌军的中右部。

再来看看内伊。作为前线指挥官，他手上有戴尔隆、雷耶两支军队，兵力超过3万人，但在面对只有5个连把守的拉艾圣时竟两次无功而返？为什么他不拉来火炮在墙上轰出缺口？为什么接连碰壁两次后他就偃旗息鼓了？为什么他不听从谕令？为什么他不明白拉艾圣——阿尔滕副官肯尼迪如是评价：“英军阵地的锁钥。”——是其首要目标？

而他发现这一点时，为时已晚。在四臂村时，他畏首畏尾；在蒙圣让，他又是那么莽撞。未做准备、未获支援、未经准许，他就提前发动了皇帝计划中的骑兵大冲锋。面对未见动摇、占据地利的敌军步兵，他试图单单依靠骑兵予以击破。为此，他疯狂地押上了两个胸甲骑兵军，以及近卫掷弹骑兵；最后，整个军团最后的骑兵预备队——克勒曼严禁调动的卡宾骑兵旅也重蹈覆辙。虽然这场史诗般的冲锋显得有些冒失莽撞，但若是得到步兵支援的话，它也能以成功告终。雷耶军在佳姻村附近，与联军阵地只有火炮射程的距离，但他们还有半数兵力没有投入战斗。这12个营一直处于待命状态。正如拿破仑所言，内伊此时“激战正酣，某些部队不在眼前，便忘记了他们的存在”，因此这支部队未能派上用场。等到最后一次冲锋被击退后，内氏才想起动用这6000号步兵介入战局。但已于事无补，这些士兵上前只能徒遭痛击，毫无还手之力。

时针已然指向6时，拉艾圣依旧巍然屹立。内伊分别在2时和4时发起突击，皆无功而返。皇帝重申了谕令，不惜任何代价也要将该地拿下。这回，内伊终于将其夺取，也正是从这开始，威灵顿感受到了自己的危机。不幸的是，由于太迟，已经无法将战果转化为优势了。眼下法军人倦马疲，拿破仑将中近卫军调拨给内伊，让他做一次最终的尝试。但是内伊没有选择将这5个营组成单一纵队（借此能在英军阵线上撕开一个口子），他反而将这些勇士分割成各自孤立的梯队，以至于在每个点上他们都是以寡击众，甚至以一敌三。

在右翼，法军似乎也出现了重大疏忽和纰漏。多蒙、絮贝维尔骑兵本该把守苏瓦涅林地的进路，结果他们只推进到了出路。洛博的防守战打得很顽强，但不得不说他是仓促上阵。他在佳姻村以东仅1200米的一块开阔地上选取阵地，借此阻击普军——他不应该这么做的。回到1时30分，那时比洛军还远在沙佩勒圣朗贝尔；洛博接到谕令，朝比洛方向行进，“尽可能选择一处好的缓冲阵地，以1万人牵制3万人”。所谓“良好的缓冲阵地”，不用花太多工夫就能找到，它就位于拉讷河的唯一桥梁的对面——这是一处陡峻高地，俯瞰着整个拉讷河谷。倘若阵地选定于此，多蒙、絮贝维尔就能保护洛博部与主力部队的交通线；而相对于普朗尚努瓦前方的阵地，洛博在整理能更有效、持久地阻击普军。此地甚至可以说，一夫当关，万夫莫开。此种情况下，克劳塞维茨也不得不坦言，布吕歇尔只能绕道库蒂尔；进而，皇帝就争取到了更多时间。退而言之，就算洛博犹豫是否径直推进到这么远的距离（理想阵地距离佳姻村有4公里），他至少也应该占领苏瓦涅林地。

整个会战的进展，就如皇帝在晨间向热罗姆解释的计划那般：先是炮兵的火力准备，接着是戴尔隆、雷耶二军的攻势，进而骑兵冲锋，最后压上洛博军、近卫步兵的最后一击。然而普鲁士人的搅局，使得拿破仑不得不抽调第六军、青年近卫军前往右翼阻击他们，这也导致他迟迟不肯派出老近卫军攻击联军。另一方面，军队在对付联军时，没能够有条不紊、协调一致，作战毫无章法可言：起初如同无头苍蝇一般，接着犹如蛮牛横冲直撞，最终只能孤注一掷拼死一战。

为了客观评价那位总司令——有史以来最伟大的军事家——我们必须明

白他的命令是如何被解读、执行，而哪些又是被曲解、误读的。撒克逊元帅在其著作《我的沉思》（*Les Rêveries，ou Mémoires sur l'art de la guerre*）中如是写道：

> 总指挥官的命令，应当是准确简单的。比如，“此部将发起进攻，而彼部将予以支援”。如果下属将领不能按照他的理解去执行、贯彻这道命令，并且随机应变的话，那么便是他们的无知。总指挥官不需要为细节而操劳，这样是以便能更好地观察战况，保持清醒判断，洞悉大局；不能去忙上忙下，去当一个“战斗中士”（Sergent de Bataille）。

根据拿破仑在6月18日的滑铁卢犯下的错误，沙尔拉、瓦滕博格的约克、沃尔斯利元帅得出结论：此人病痛难当，绝望不已，消极应战。关于6月18日拿破仑身体与精神状态，众说纷纭。博迪上校回忆皇帝就像“被浸入了某种麻木之中”一样。根据康罗贝尔（Canrobert）元帅、迪巴拉伊（du Barail）将军所引用的口述资料，拿破仑在会战过程中陷入了梦乡（但在耶拿、瓦格拉姆两场会战中，他也曾瞌睡，然而仍打赢了战斗）。勒尼奥·圣·让·当热利（Regnault de Saint Jean d'Angely）元帅当时在司令部任职，他却指出拿破仑毫无倦意，不过显得神经紧绷，略感焦急而已，时而用马鞭抽打自己的靴子（夸涅在马伦戈会战中，也写下了相同的一幕，当时德赛师部还未抵达）。富瓦在他的日志中，记录了皇帝背手踱步不止的情景。笔者曾经读过向导德科斯泰的记述，其字里行间饶舌浮夸，煞有其事地描绘拿破仑的颓废。不过，沃尔特·司各特在会战的几个月之后，曾经采访过这个客栈老板，后者回忆说拿破仑几乎全程骑行，并密切关注着战斗的每个阶段，未曾疏忽。而内伊在6月19日经过梅济耶尔时曾说，拿破仑表现得非常英勇。放下这些互相矛盾的证词不谈，只是考证事件本身，也足以让我们得出结论：回到18日，皇帝在11时阐述了他的进攻部署；一刻钟之后，他下达了佯攻乌古蒙的命令；转眼到了1时，他又给格鲁希发出了急件；半个钟头后，他不仅移师洛博军对抗普军，同时还命令内伊攻击蒙圣让；接着，他又指示一个榴弹炮连轰击乌古蒙；3时许，也就是阿克斯布里奇的骑兵攻入了炮阵时，拿破仑旋即派出了一个胸甲骑兵旅展开反击；3时30分，他又向内伊下达了夺取拉艾圣的命令；4时30分左右，拿破仑下令近卫军前往佳姻村附近；半个钟头后，他又抽调青年近卫军支援洛博；5时30分，克勒曼收到了支援米约的指示；6时，皇帝重申了攻下拉艾圣的命令；接着，他又调拨了两个老近卫营，将普军从普朗尚努瓦中驱逐而出；7时，他亲自带领近卫军，抵达拉艾圣附近，准备最后的突击；半路上，他还呵斥了畏战的迪吕特部士兵，并且指引他们重返前线；另外一批军官根据他的指示，在军中通报格鲁希元帅抵达的消息；夜间，他将近卫军的第二梯队组成方阵担任掩护；之后他火速赶往罗桑默，与珀莱的掷弹兵一道抵抗敌军，并命令身旁的近卫炮兵朝英军打出了最后一轮霰弹齐射。

拿破仑从未如此高效指挥过，也从没有像此战中这么辛苦操劳过。但是，正如撒克逊元帅所嘲讽的“战斗中士”一样，他把所有精力耗在为下属的错误买单上。他的战略意图遭到曲解，己方的所有攻势都全然无效。手下将领挥霍着他最优秀的士兵。最后一支帝国军队在他们手中被毁于一旦。敌军占据了主动，而皇帝却丧失了决心，彷徨犹豫，任凭时机从指间转瞬即逝，他却宁可静观以待。放手一搏，对于拿破仑来说，也成了奢求。

写于巴黎

1894至1898年

附　　录

附录一

三方战报

一 法军战报

来自军队的消息——利尼-下弗勒吕斯之战

巴黎 6月21日

16日上午，军队位置如下：

左翼，由埃尔辛根公爵指挥，下辖第一、第二军和第二骑兵军，占据着弗拉讷。

右翼，由格鲁希元帅统帅，包括第三、第四军和第三骑兵军，占据着弗勒吕斯后方的高地。

皇帝的司令部在沙勒罗瓦，那里还有帝国近卫军和第六军。

左翼被命令朝四臂村进军，右翼则指向松布雷夫。皇帝和后备部队一起向弗勒吕斯进发。

格鲁希元帅的纵队在行军通过弗勒吕斯后，遭遇到由布吕歇尔元帅指挥的敌军，他的左翼控制着比西磨坊附近的高地、松布雷夫村，并将他的骑兵布置到远及纳慕尔大道的方向。敌军的右翼位于圣阿芒，这是一个由数量众多的军队驻守的较大的村庄，由前方的沟壑掩护，构成了他们的阵地。

皇帝侦察了敌军的数量和位置，决定立即发起攻击。现在有必要改变阵线，以右翼为先导，并在弗勒吕斯枢纽。

旺达姆将军朝圣阿芒进军，热拉尔将军则指向利尼，格鲁希元帅则是前往松布雷夫。吉拉尔将军指挥的第二军第四师，作为预备队跟随在旺达姆将军后面行动。帝国近卫军和米约将军的胸甲骑兵将在弗勒吕斯的高地重整队列，随时待命。

下午3时，各部就位。旺达姆所部的勒福尔将军指挥他的师第一个投入战斗，用刺刀将敌人逐出阵地后他攻陷了圣阿芒。在之后的战斗里，我方一直将圣阿芒的墓地与钟楼掌控手中。但是因为该地太过宽阔，当晚的许多战斗都在那里进行，以至于旺达姆的全军都投入了作战。与他们对阵的敌军数量众多。

担任旺达姆将军预备队的吉拉尔将军前进到村子右侧，在那里以他一贯的英勇同敌人作战。各方都辅以约60门火炮的支援。在右翼，热拉尔将军率领第四军在利尼投入了战斗，村庄数度易手。极右翼的格鲁希元帅，以及帕若尔将军在松布雷夫同敌人交手。

敌人约有8万至9万人，拥有大量的火炮。到了晚上7时，我方掌控了掩护着敌人阵地的那条沟壑边缘的所有村落，但是比西磨坊附近的高地上依然有着数量庞大的敌军。

皇帝亲自率领近卫军前往利尼。热拉尔将军命令佩舍将军率领剩余的预备队出击，此时几乎所有的军队都挤到了这个村子。8个营的近卫军也端着刺刀冲了上去，4个中队的执勤卫队，德洛尔将军指挥的胸甲骑兵，米约将军所部骑兵以及近卫掷弹骑兵也在他们的背后加入了战斗。老近卫军用刺刀攻击了比西高地上的敌方纵队，顿时战场上尸横遍野。执勤卫队攻击并突破了敌方方阵，胸甲骑兵则开始向各个方向追击敌军。到了9时30分，我军共缴获了40门火炮，以及大量的辎重、军旗和俘虏。敌人为了避免覆灭而仓促撤离。10时战斗结束，我方也占据了战场的每一个角落。

吕措将军被我军俘获。据俘虏交代，布吕歇尔元帅受伤。普鲁士最优秀的部队在此战中被摧毁，他们的损失不少于1.5万人，而我方只有3000人伤亡。

左翼，内伊元帅率军朝四臂村进发。在那里，他指挥一个师击退了一个驻扎在那里的英国师。但是，他们很快就受到了奥兰治亲王指挥的2.5万军队的攻击，所以被迫退回在弗拉讷的阵地。这批敌人一部是英国人，一部是由英国雇用的汉诺威人。弗拉讷的战斗是多样性的，敌人试图强行占据那里，但是没有成功。埃尔辛根公爵寄希望于使用第一军发起攻势，但是后者傍晚才抵达，因此他只能局限于守住该地。第八胸甲骑兵团攻击了英军第六十九步兵团的方阵，夺取了他们的军旗。不伦瑞克公爵被杀，奥兰治亲王受伤。可以确定的是，敌军有许多军官和将领战死或者受伤，预计英军的损失在4000至5000人，我军伤亡也很大，总计4200人。战斗随着夜幕降临而结束，威灵顿公爵随后撤出了四臂村，朝热纳普退却。

17日上午，皇帝抵达四臂村。在那里，他命令左翼和预备军攻击英军，将他们驱逐到苏瓦涅森林的入口处。右翼则经由松布雷夫追击布吕歇尔元帅，后者向瓦夫尔撤离，似乎想据守那里。

晚上10时，英军占据蒙圣让，并以之作为自己的中部防线，在苏瓦涅之前的阵地就位。攻下它至少需要3个小时，所以我军不得不将进攻计划推迟到了第二天。

皇帝在普朗斯努瓦旁的勒屈永农庄设立自己的司令部，当时大雨如注。16日，左右两翼和预备军在相隔8公里的两个战场上都参加了战斗。

蒙圣让之战

上午9时，雨势总算有所减弱，第一军也开始了行军，他们在布鲁塞尔大道右侧与敌军中路蒙圣让农庄相对的地方停了下来。第二军的右侧依靠着布鲁塞尔大道，左侧位于一个英军炮兵火力可以覆盖的小树林前方。胸甲骑兵作为预备布置在他们背后，近卫军同样作为预备被布置在了高地上。第六军以及受洛伯伯爵节制的多蒙将军的骑兵位于右翼后方，用来对抗已经脱离了格鲁希元帅追踪，意图攻击我方右翼的普鲁士军。后者的意图被我军通过报告以及从我军轻骑兵俘获的普鲁士将军那里缴获的一封包含战斗序列的信件中获悉。军队充满了活力。

我方预计英军有8万人，假设在入夜抵达战场的普鲁士人有1.5万人，这样敌人总数就超过了9万人，我军兵力处于劣势。

中午时分，所有准备均已就绪。热罗姆亲王率领第二军最左翼的一个师向由敌人部分占据的树林进军。炮击随之开始，敌军用30门火炮支援他们派往树林的军队，我方也布置了火炮回击。下午1时，热罗姆亲王占据了整个树林，原先驻守在那里的英军撤退到了高墙后方。在80门火炮的掩护下，德隆伯爵对蒙圣让村发起了攻击，猛烈的炮火射击开始。而这确实造成了敌人惨重的伤亡。这一切的努力都是为了夺取坡顶。德隆伯爵第一师的一个旅攻占了蒙圣让村，第二旅受到了大量英军骑兵的反击，损失严重。与此同时，一个英军骑兵师从右侧攻击了德隆伯爵的炮兵阵地，造成几个炮连混乱无序。但是，米约将军的胸甲骑兵向该师发起了冲锋，他的3个团被击溃并遭屠戮。

下午3时，皇帝命令近卫军前进到第一军前进而空出，他们在会战伊始所处的平地。行动计划已经被我们预见的普鲁士师开始同洛伯伯爵的轻步兵交火，战火一度蔓延到整个右翼。这不过是权宜之计，在其他何行动之前，我们便已经做好了迎接此处敌人攻击的准备。后备部队可以随时支援洛伯伯爵，而一旦普军进军，我们便可以凭借绝对优势将其击溃。

这一事件处理完毕后，皇帝便筹划攻取蒙圣让村，以期取得决定性的胜利。但是，我们做出了一个不冷静，同时在我军历史中很平凡，又是很致命的举动。在预备骑兵部队观察到了英军向后退却时，擅自登上蒙圣让的高坡，对步兵发起了冲锋。实际上，敌军是为了躲避给他们造成惨重损失的我方炮兵火力才向后退却了一段距离。这一立即付诸实施并且得到后备部队支援的举动决定了这一天的态势，由于他们各自孤立并且在右翼之敌还没被消灭的情况下就发起攻击，从而变得非常致命。

因为敌军没有任何撤退的打算，所以他们派出了大量的步兵和骑兵同我军交战，我军的两个胸甲骑兵师就这样投入了战斗，而余下的骑兵也前往协助他们的同袍。接下来的3小时中，我军骑兵发起了多次冲锋，他们攻破了数个方阵，并从英军步兵那夺得了6面军旗。但是取得的这些进展却和我军骑兵暴露在敌军霰弹火力和步枪射击下所承受的损失不合比例。不过这也情有可原，因为在逐退攻击我方侧翼的普军前，不能调派预备步兵与骑兵与之协同作战。

普军持续向我军右翼施压。皇帝又派出了迪埃姆将军指挥的青年近卫军和预备炮兵的几个炮连前往支援。敌军被成功击退。他们已经精疲力竭，我们也无须再畏惧他们。

这也是必要向敌军阵地中央发起攻击的时刻。当胸甲骑兵因为敌人的霰弹火力而伤亡惨重时，我军派出4个营的中年近卫军以期给予支援，并守住阵地。如果可能的话，将撤回一部分骑兵。

另外两个营被派往同先前攻击我军的普鲁士军队的极左翼保持接触，以免节外生枝。其余部队留作后备，一部占据着蒙圣让后的交叉路口，一部位于战场后方，我军用来退守的阵地。

在这种状况下，战斗的胜利已经被我方拿下了。我军已经夺得了敌军会战之初占据的所有阵地。不过，因为我军骑兵过早地发起了冲锋，并且一直没有被很好地使用，所以在当时的情况下也就无法期望取得决定性的胜利了。但是格鲁希元帅已经获悉了普军的动向，正在其背后紧追而来，这也足以确保我军在第二天赢得一场光彩的胜利。

各兵种经过8小时的射击和冲锋后，军队对一天的结果充满了喜悦，敌军阵地已经被拿下，胜利已经被掌控。

晚上9时30分，被派往蒙圣让脊另一侧协助胸甲骑兵的4个营的中年近卫军因为不断地被敌军霰弹火力所骚扰，试图用刺刀冲锋将敌军的炮兵驱散。这一天本应该就这么结束了，但是，突然间几个中队的英军骑兵对中年近卫军的侧翼发起了冲锋，让他们失去了秩序。一些逃命者穿过了山丘。附近的一些团看到近卫军的部分士兵陷入了混乱，认为他们属于老近卫军，结果自己的秩序也变得一发不可收拾。“一切都完了，近卫军被击退了”的叫喊被传遍到了每个角落。士兵断言在一些方向他们甚至听到了“逃命去吧！”的呼声。恐惧在一瞬间蔓延到了整个战场，通往后方的道路变得毫无秩序：士兵、炮手和辎重都拥挤在了那里，担任后备的老近卫军备受责难，如今也深陷其中。

顷刻间，军队变成了一股混乱的人流。各兵种的士兵混杂在了一起，完全不可能将任何单位区分重组。察觉到这种情况后，敌军用骑兵攻击了我们。混乱再次加剧。随着夜幕的降下，我们也不可能有机会恢复部队的秩序并告诉他们问题所在。

战斗就这样结束了，付诸了一天的努力，修正了那么多的错误，以及第二天可以预期的胜利都随着片刻钟的恐慌而灰飞烟灭了。即便是守护在皇帝身边的执勤卫队，也被攒动的人流冲散了秩序。之后，除了盲从已经没有什么能阻止这一洪流了。未能运送回桑布尔河另一岸以及遗留在战场的物资都落到了敌人手里。现在，也不可能去等待右翼部队（格鲁希所部）的支援了。无法想象，就算是世界上最勇敢的军队，如果和这些建制已经不存在的人流混杂在一起，会变成什么。

皇帝在19日上午从沙勒罗瓦渡过了桑布尔河。菲利普维尔和阿韦讷被确定为军队重新集结地。热罗姆亲王、莫朗将军和其他将军已经集结了一部分军队在那里。格鲁希元帅的右翼军团正朝桑布尔河下游进发。

如果从我方夺取的军旗和敌军战斗中后退的举动来判断，他们的损失必然非常巨大。而我方损失在重新收拢军队前还无法计算。不过，在突然间失去秩序之前，我们也有数量可观的伤亡，尤其是骑兵，虽然很英勇，但是他们的行动却又如此的致命。尽管遭受了这些损失，无畏的骑兵还是一直把守住了他们从英军手中夺取的阵地，直至战场上的混乱和无序状态让他们不得不放弃。到了午夜，由于道路的堵塞他们也失去了秩序。

炮兵像过往一样，赢得了荣誉。司令部的辎重被留在了平常的位置，它们被认为不需要向后挪动，结果到了夜晚也落到了敌人手里。

这便是蒙圣让会战，法兰西军队光荣而又致命的一战。

二 英军战报

滑铁卢快件

致巴瑟斯特伯爵

滑铁卢

1815年6月19日

大人：

波拿巴于本月10日至14日之间，在桑布尔河和默兹河之间集中了法军的第一、第二、第三与第六军，以及帝国近卫军和绝大多数的骑兵部队。15日凌晨，他们越过边境，攻击了普军位于桑布尔河上的哨所，蒂安与罗伯斯（Lobbes）。

待15日晚接收到这些讯息后，我即刻下令全军待命。确定了敌军的真正意图是沙勒罗瓦方向后，命令他们向左翼靠拢。

当日，敌军攻克了普军在桑布尔河上的哨所。原驻沙勒罗瓦的普鲁士第一军在齐滕将军的指挥下向弗勒吕斯退却。与此同时，布吕歇尔元帅以圣阿曼和利尼为支撑点，开始在松布雷夫集结普鲁士军队。

敌军继续沿着沙勒罗瓦大道朝布鲁塞尔进发，同一天晚上他们在弗拉讷攻击了由魏玛亲王指挥的一个荷兰旅，并迫使他们撤往同一条道路上一个叫四臂村的农庄。

奥兰治亲王立即派遣了与该部同属一师，由佩尔普歇将军指挥的另一旅前去支援他们。第二天早上他们收复了部分失地，确保了尼维尔和布鲁塞尔大道的交叉路口以及布吕歇尔元帅所部的交通线。

这一期间，我命令全军朝四臂村进发。大约下午2时30分，由托马斯·皮克顿爵士中将指挥的第五师抵达战场，不伦瑞克公爵军也在随后抵达，在那之后则是拿骚部队。

与此同时，除了用于攻击四臂村的第一、第二军，以及由克勒曼将军指挥的骑兵军外，敌人倾其主力攻击了布吕歇尔亲王所部。

普鲁士军队以一贯的勇气和毅力坚守住了阵地，即便比洛将军的第四军没有抵达战场，他们面对的是占据巨大兵力优势的敌人。由于我部也受到了敌军的攻击，而后续部队尤其是骑兵需要很长一段路才能抵达，所以未能提供支援。

我们成功坚守住了阵地，彻底击败与逐退了敌军所有攻占它的企图。在强大的炮兵火力掩护下，敌人多次用数量庞大的步兵和骑兵攻击我们。他们还用骑兵向我们的步兵发起了数次冲锋，但是都被我方用稳健的战术击退了。

这一过程中，奥兰治亲王殿下、不伦瑞克公爵、托马斯·皮克顿爵士中将、詹姆斯·肯普特爵士少将、丹尼斯·帕克爵士少将从敌军的进攻伊始就杰出地表现了自己。后续抵达的C·霍尔基特爵士少将、库克中将、梅特兰少将和宾少将也都有上佳发挥。第五师、不伦瑞克军在漫长而激烈的战斗中展现出了极大的勇气，尤其需要表扬的是第二十八团、第四十二团、第七十九团、第九十二团以及汉诺威诸营。

当然，我们的损失也是巨大的，大人您也能通过附送的报告知悉。尤其让我感到愧疚的是尊贵的不伦瑞克公爵殿下在率部作战时英勇牺牲了。

虽然布吕歇尔元帅守住了他在松布雷夫的阵地，但是由于第四军没有抵达，严峻的形势还是让他力不从心。他决定向后撤离，并在瓦夫尔重新集结部队，战斗结束的当晚他就出发了。元帅的这个举动也需要我方相应的行动与之配合。所以，在17日上午10时，我军撤出了四臂村的阵地，经由热纳普向滑铁卢退却。

敌人没有做任何追击布吕歇尔元帅的努力。相反，当我方派出的侦察队在早晨抵达松布雷夫时，发现一片宁静，当我方前进时敌军的巡逻哨反倒后撤了。同样，他们也没有试图干扰我方的撤离。虽然在中午时分，阿克斯布里奇伯爵所率骑兵的右侧有大量的骑兵追踪。这也给了阿克斯布里奇勋爵反击的机会，在热纳普村出口处他率领第一近卫骑兵团对敌人发起了冲锋。借这个时机伯爵大人证明了自己是该团合适的指挥官。

我方选择的阵地位于滑铁卢前沙勒罗瓦和尼维尔大道的交汇点。它的右翼以布赖讷附近由我方占据的一个溪谷为依托，左翼则一直延伸到耸立在拉艾村后方的高地，该区域也由我方所控制。右翼中段靠近尼维尔大道处为我部占据的乌古蒙农舍和庄园，该处掩护着我方右翼通往后方的道路。左翼中央的正前方为我们占据的拉艾圣农庄。在左翼，我部通过奥安路与在瓦夫尔的布吕歇尔元帅保持联系。布吕歇尔元帅向我保证，一旦我部受到攻击，如有必要他将以一个或者更多的军支援。

除了派往监视布吕歇尔元帅的第三军外，敌军在17日晚至昨日（18日）早晨，在与我方阵地相对的高地上集中了他们所有的军队。10时，敌军对我方在乌古蒙的前哨发起了猛烈的攻击。哨所由驻扎在该地段的宾将军所属近卫旅的一部所据守，最初由麦克多内尔中校指挥，其后又由霍姆上校所统领。我非常荣幸的补充，尽管数量庞大的敌人一再努力将其占据，但是我方的士兵还是在那里英勇的据守了一天之久。

这次对中右翼的攻击伴随着敌军对我方全线的火力压制，敌军意在援助骑、步兵对此处进行反复进攻，他们间或协同行动，但有时各自为战，意图突破我军防线。在其中的一次进攻中，因为据守拉艾圣的英王德意志军团轻步兵营一部用尽了所有的弹药，敌人才在这种情况下攻占了它，这也是我方唯一丢失的一处交通要地。

敌军骑兵持续地对我方步兵发起冲锋，但是这些攻击都是徒劳无功的，反倒给予了我方骑兵冲锋反击的机会。其中一次反击，E · 萨默塞特勋爵指挥他那由近卫骑兵团、王家骑乘近卫团和第一近卫龙骑兵团组成的骑兵旅以及威廉 · 庞森比爵士少将指挥的旅表现极为优异，他们不仅抓获了大量的俘虏，还缴获了一面鹰旗。

敌军的进攻一直持续到晚上7时，最后，他们绝望地试图以步兵和骑兵另辅以炮兵火力支援，突破我军位于拉艾圣附近的中左翼防线，不过经过激烈的战斗，他们被彻底挫败了。当敌军在极大的混乱中败退时，通过弗里谢尔蒙向普朗斯努瓦和佳姻高地进军的比洛将军的军队开始发挥作用，我可以清楚地看到其部大炮喷射出的火力。而布吕歇尔元帅亲自指挥的一个军也通过奥安同我军左翼连成一片。我决定反击敌人，并立即下令在骑兵和炮兵的支援下全军出击。我方攻势无往不克，敌人被迫放弃他们佳盟高地上的阵地，在极度的混乱中仓皇逃离，将150门大炮（就我所能断定的）、所有辎重抛在脑后，而这些都落入了我军手中。

天黑后我部持续追击，不过考虑到我部已经连续战斗了12小时，早已体力透支，而我发现布吕歇尔元帅也在同一条道路上追击。得到后者会彻夜追踪敌人的保证后我们才停下了脚步。今天早上布吕歇尔元帅给我带来消息，说他们缴获了原属近卫军的60门大炮并在热纳普夺得了属于波拿巴本人的马车和行李。

今早我计划向尼维尔进军，并没有就此懈怠的打算。

大人您肯会发现，在不付出大量伤亡的前提下是不可能在如此危急的形势下奋勇杀敌，也不可能取得如此大的胜利。我很伤心的去补充，我们的损失是巨大的。国王陛下需要承受托马斯 · 皮克顿爵士中将离去带来的损失，作为一个指挥官，他在服役期间有着出色的表现。在率领其部用刺刀冲锋击退敌人最猛烈的一次进攻时，他也光荣的倒下了。阿克斯布里奇伯爵，成功地度过惊险的这一天后，被几乎是最后一发炮弹击中受伤，我担心之后一段时间里他也不能为国王陛下效劳了。

奥兰治亲王殿下通过他的勇气和行动，杰出地表现了自己，直到一发子弹击中了他肩膀，使他不得不离开战场。

我怀着极大的愉悦心情向大人您保证，我们的军队从来没有表现的如今天这般出色。由库克中将、梅特兰少将和宾少将指挥的近卫步兵师所树立的标杆得到了其他部队的效仿，没有哪个军官或者哪支部队表现的不尽如人意。

不过，我必须着重提及H·克林顿爵士中将、亚当少将、阿尔滕男爵卡尔中将（重伤）、奥姆普特达上校、米切尔上校（第四师的旅指挥官）、詹姆斯·肯普特爵士少将、丹尼斯·帕克爵士少将、兰伯特少将、E·萨默塞特勋爵少将、W·庞森比爵士少将、C·格兰特爵士少将、H·维维安爵士少将、O·范德勒爵士少将，以及多恩贝格伯爵少将，希望能获得（摄政王）殿下的嘉许。

我还需要特别感谢希尔勋爵将军，感谢他现在以及之前给予我所有的协助和付出。

由乔治·伍德爵士上校和史密斯上校所统帅的炮兵和工兵的表现也让我非常满意。同样，我有充足的理由为参谋长巴恩斯少将（受伤）和军需总监德兰西上校（战斗中途中弹身亡）的工作感到欣慰，后者的牺牲对于国王陛下的军队和此时的我来说都是个巨大的损失。

我非常感激菲茨罗伊·萨默塞特勋爵中校协助（他在战斗中受伤严重），以及担任我个人从役的军官们，他们也在战斗中遭受了很大的伤亡。因伤去世的亚历山大·戈登中校是一个很有前途的军官，他的离去对国王陛下的军队也是个巨大的不幸。

拿骚军的克鲁泽将军的表现也很让我欣慰，重骑兵旅的指挥官特里普将军以及荷兰国王军中指挥一个步兵旅的范·霍普将军表现也是如此。

波佐·迪博尔戈将军、文森特将军、米夫林将军以及阿拉瓦将军也都一同出现在了战场，并在他们权利允许的范围内给予了我他们所能给予的一切协助。文森特男爵受了伤，不过我希望不是太严重，波佐·迪博尔戈将军也被撞伤。

如果我不将经过艰苦卓绝的这一天所取得的胜利归功于布吕歇尔元帅和普鲁士军队诚挚而又及时的援助的话，对他们以及我自己最真实的感受都是不公正的。比洛将军在敌方侧翼的行动是最具决定性的行动之一，即便在另一种情况下我的反击没能取得最终的成果，但是如果敌人进攻失败了，这也将迫使他们撤退；就算他们侥幸成功也不会占据太多优势。

与这封快件一起发送给您的还有军队在会战中夺取的三面鹰旗，珀西少校将拥有把它们呈交到摄政王殿下脚下的荣誉。我祈求，他会受到您的庇护，如果我有幸的话……

威灵顿

附言1.在写以上那些文字的时候，我收到了威廉·庞森比爵士少将牺牲的消息，因此在向大人报知上述信息的同时，还必须向您表达我对一个已经付出卓越和优异服务的军官不幸命运的哀思，这也是对他的付出给予的肯定。

附言2.我很高兴德兰西上校没有牺牲，衷心希望他能够康复。

三 普军战报

普鲁士下莱茵军团官方报告

拿破仑于本月14日在莫伯日与博蒙之间集结了他的5个军和近卫军，于次日开始了攻势。此时我部4个军分别驻扎在弗勒吕斯、纳慕尔、安西和阿尼，当时的形势下他们不可能在24小时于其中一个地点集结。

15日，拿破仑由蒂安沿着桑布尔河两岸朝沙勒罗瓦进军。齐滕将军在弗勒吕斯集结了他的第一军，并和已经占据沙勒罗瓦，意图朝弗勒吕斯进发的敌人展开了一次激烈的交锋。齐滕将军成功地守住了他在弗勒吕斯的阵地。

布吕歇尔元帅意图同敌军尽快决战，我部的其余3个军因此开始向距离弗勒吕斯一个半小时行程的松布雷夫集结，第二、第三军预计当日抵达，第四军于16日到位。

威灵顿公爵在阿斯到尼维尔之间集结了他的军队，以便15日战斗开始时能够支援布吕歇尔陆军元帅。

6月16日利尼之战

我军布置在比西至松布雷夫的高地上，松布雷夫附近的两个村子圣阿芒和利尼也由我方重兵把守。此时我方只集中了3个军，第四军还在列日至阿尼的道路上，因为一些其他情况导致行军迟缓，未能赶来。即便如此布吕歇尔元帅还是决定与敌人一战，威灵顿公爵已经派出他军队的一个精锐师支援我们，从布鲁塞尔开来的全部后备部队也向我方靠拢，比洛将军的第四军也将抵达。

会战在下午3时爆发，敌军数量超过13万人，我方只有8万人。圣阿芒是第一个被敌人攻击的地点，一阵激烈的抵抗后被敌人占领。

敌军随后将矛头指向了利尼，这是个巨大、坚固的村庄，有一条同名的小溪流过。这也是一场持续争夺的开始，其顽强程度可以载入史册。村庄被不断的夺取和丢失，其中的战斗一直持续了5个小时，前进或者后退这类行动被限制在极小的空间里。双方的军队持续不断地加入战斗。每一方军队都盘踞着他们所占据的村庄，数量众多的步兵持续交战，并不断受到后方、高地和左右两翼的兵力补充。双方都各有200门火炮对准村庄，同一时间有多处地点遭到火力射击。村庄里的战斗时不时演变成了全线的交锋。敌军还派出了大量军队同第三军战斗，但是主要的交锋地点还是集中在利尼。当陆军元帅亲率一个营重夺了圣阿芒后，我军的形势似乎迎来了转机。这也使得我们得以重新占领因丢失圣阿芒而放弃的高地。与此同时，利尼的战斗还是同样激烈地进行着。

不过胜利与否取决于英军或者我军第四军的抵达。实际上，威灵顿公爵许诺的那个师一旦到位，元帅就能立即用其与右翼配合发起反击，我们也可以预期这能为我们带来胜利。但是这时却传来了原本计划支援我们的英国师遭到法军一个军的猛烈攻击的消息，它正艰难地把守自己在四臂村的阵地。

我部第四军也没有出现，所以我军必须独自与占巨大兵力优势的敌军周旋。

夜幕已经渐渐降下，但是围绕利尼的战斗却依然激烈并且势均力敌。我们祈求如此必要的这些军队能抵达援助我们，不过却徒劳无功。每个小时局势都在变得更紧迫。我军所有的军队要么正卷入战斗，要么已经卷入战斗，并且已经没有任何预备队可以支援他们。突然，一个敌军步兵师借助夜幕的掩护在没被察觉的情况下绕过了利尼村庄，与此同时一些胸甲骑兵也强行通过另一侧的道路，来到了布置在屋舍之后我军主力的后方。敌方的这次突袭是致命的，尤其是此时占据村落后方高地的我方骑兵刚刚被敌军骑兵的连续攻击所逐退。我方布置在利尼后方的步兵虽然被迫后退，但是并没有因此或者因为黑暗中敌人的突袭，或者发现他们自己被四面包围而气馁（这种情况下，人们的内心通常会夸大他们暴露的风险）。通过组成密集方阵，我方步兵冷静地击退了敌军骑兵所有的进攻，井然有序的撤到了高地，随后继续向蒂伊撤退。敌方骑兵的突然行动使我方炮兵的撤退有些仓促，几个炮连因为选择了过于狭小的道路而产生了混乱，致使15门火炮落入了敌方手中。

在距离战场1.5公里的地方，我军又重整了秩序。敌人没冒险追击我军。比西村和松布雷夫整夜都掌握在了我军手里。蒂尔曼将军指挥第三军一直坚持到破晓才从松布雷夫缓缓向让布卢撤离，而比洛将军指挥的第四军也通过长途跋涉在该晚抵达那里。第一军和第二军则在第二天的早晨通过圣吉贝尔山的小道继续撤离。我军的损失是巨大的，不过敌人除了一些伤员外并没有从我方抓到任何俘虏，战斗虽然输了但是我们的荣誉仍在。我军士兵作战之英勇，超过了所有人的预期，他们坚忍不拔，因为信心仍在。这一天，布吕歇尔元帅遭遇了很大的危险。一次由他亲自指挥的骑兵冲锋失败了，当敌人疯狂追击时，一发子弹击中了陆军元帅的坐骑。不过这匹马并没有因此退出战斗，它开始狂奔直至摔地而死。陆军元帅因为如此重的一摔而晕倒在了马下。敌人的胸甲骑兵追踪而来，而我方骑兵早已远离了元帅，只有一个刚刚下马，决定与他共命运的副官单独陪伴着他。形势非常危急，但是上帝保佑了我们。击退了我方骑兵冲锋的敌人从元帅身边快速通过时并没有发现他。接着我方骑兵的第二次冲锋又将敌军骑兵击退，他们以同样仓促的方式从他身边通过，就像第一次那样依然没有注意到他。之后，元帅艰难地从马的尸体下脱身，骑上了一个龙骑兵的马。

17日晚，我军在瓦夫尔周围重新集结。拿破仑则经由沙勒罗瓦至布鲁塞尔的大道前去与威灵顿公爵对垒。同一天，英军一部在四臂村附近同拿破仑进行了一次血腥交锋。威灵顿公爵在布鲁塞尔大道上选择了一个阵地，他的右翼倚靠布赖讷，中央毗邻蒙圣让，左翼以拉艾圣为依托。威灵顿公爵写信给陆军元帅说，如果我方能以两个军协助他的话，公爵将在这个阵地与拿破仑展开一战。元帅保证将率领整支军队支援。他还提出，如果拿破仑不进攻的话，集结的联军将在第二天主动攻击拿破仑。这也表明，16日的战斗对普鲁士军队造成的混乱和对士气的打击是微小。17日的行动至此结束。

6月18日佳盟之战

我军拂晓时分便开始了行动。第四军和第二军经圣朗贝尔进军，他们占据那里的阵地，在弗里谢尔蒙附近森林的掩护下，他们袭取敌军后方。第一军将朝奥安前进，攻击敌人的右翼。第三军将缓缓跟随，以便提供必要的援助。战斗在这一天上午10时打响。

英军占据着蒙圣让的高地，而法军则处在普朗斯努瓦前的高地。前者有8万兵力，后者则多达13万人。短时间内，战斗演就变成了两军的全线攻防。拿破仑似乎打算攻击英军左翼然后向中路席卷，以便将英军与他认为正在向马斯特里赫特退却的我军分割开来。为了实现这一意图，他将绝大部后备部队布置在了中路，用来支撑自己的右翼。在这个方向，他的攻势异常猛烈。英军以一种不可超越的勇气与之奋力抗争。老近卫军的连续攻击被苏格兰团的英勇无畏所挫败，法军骑兵每次冲锋也都被英军骑兵的反击所逐回。但是敌人的数量优势实在太过明显，拿破仑不断地驱使大批部队向前。不管英军多么牢固地守住了阵地，英勇的发挥也必然有极限。由于圣朗贝尔山隘间的通道太过狭窄，4时30分，第四军只有两个旅抵达预计的隐蔽位置。决定性的时刻已经到来，为了避免时机转瞬即逝，他们决定以现有的兵力立即发起攻击。因此，比洛将军指挥两个旅和一个骑兵军迅速朝敌军右翼的后方进发。

敌人并没有因此乱了分寸，反而派出预备部队对抗我们，一场血战随即在那里展开。

很长一段时间内，战斗都充满着不确定性，而敌军与英军的交锋也以同样的血腥持续着。

到了晚上6时，我部收到了蒂尔曼将军发来的消息，第三军在瓦夫尔附近受到了数量可观的敌人的攻击，并且敌军已经开始夺取城镇。不过陆军元帅并没有被这个消息所干扰，因为此处才是决定胜利的关键，而不是其他任何地方。如果胜利在这里取得，任何在瓦夫尔附近承受的失败都无关紧要了。因此，军队继续着他们的行动。一直到7时30分，战斗的结果依然未见分晓。第四军全部以及皮尔希将军指挥的第二军一部已经成功抵达。法军凭借着绝望的怒火作战。但是从他们的行动中却可以察觉到一些动摇，我们看到一些火炮在撤退。在这个时候，齐滕将军的先头纵队抵达了靠近斯莫安村，直指敌军右翼的攻击点上，并且立即发起了攻击。这一行动也决定了敌军的战败。敌军右翼被从3个地点突破，他们放弃了自己的阵地。我军开始以冲锋步伐快速前进，在各个方面对他们发起攻击。与此同时，英军也全线进军。

形势对我军的攻击极为有利，耸拔的地形如同一个竞技场一般，我方火炮可以从彼此耸立的高地的制高点自由射击。透过其中的间隙，我军追击部队深入平原，以旅为单位，秩序井然。而后续部队则不断地从森林中涌现，出现在我军背后的高处。

敌人撤退时，仍然保有一定的秩序。直到普朗斯努瓦这个由近卫军把守的后方关键据点在几次血腥争夺被我方猛攻拿下后，他们的撤退变成了溃败，而这也蔓延到了敌军全军。敌人陷入了巨大的混乱，他们越过一切阻拦夺路而逃，就如逃跑的蛮族军队一般。

晚上9时30分，布吕歇尔元帅召集了所有高级指挥官，给他们下达了全力追击的命令。先锋部队开始全力进军，被追击的法军没有一刻的喘息时间，变得极端混乱。行军的大道就好比一个巨大的失事现场，到处挤满了数量众多的火炮、沉箱、马车、包裹、武器和各式残骸。这部敌人试图停下休息一段时间，但是未曾料到我军这么快就追击赶来，他们9次试图扎营，9次被我军追上。

敌军尝试据守一些村落，但是一听到我军的鼓点和号角，就仓皇逃窜或者躲藏到了房间里，或是被杀，或是被俘。当晚的月光极大地帮助了我军的追击，整个行军的过程无非就是持续的追赶，或是在房间，或是在田地。

在热纳普，敌人试图以火炮和翻到的马车据守。在入口处，敌军用燧发枪朝我军轻快的射击，我军则用大炮还击，伴随着一次冲锋，村落就落到了我军手里。也就是在那里，在许多车辆辎重中，我们缴获了拿破仑本人的马车。他刚刚骑马逃离，以至于匆忙之中忘记了携带自己的佩剑和帽子。追击一直持续到了天亮。

大约有4万人在完全无秩序的情况下保住了性命，经沙勒罗瓦逃离，这也是敌军仅有的残存，他们中的部分人已经丢失了武器，火炮也只剩27门。敌军在溃逃中匆忙地穿过了他们所有的要塞，这些他们边界上仅有的防御设施如今也被我军抛掷脑后了。

3时，拿破仑离开战场，前往巴黎。我军胜利的消息已经不容怀疑，而几个小时后，他便不再拥有任何军队了。我们还没有准确计算敌军的损失，不过可以知道他们中有三分之二或死，或伤，或是被俘，后者中包括穆东将军、迪埃姆将军和康布罗纳将军。

截至此时，共有300门火炮、500辆弹药车落入我军手中。

很少有胜利如这般彻底，过往也没有任何军队在遭遇败绩仅仅两天后就展开这般行动，取得如此辉煌胜利的战例。

荣耀属于坚定果敢和毫不畏惧的士兵。法军阵地中央的高地之上是一个叫作佳盟的农场。如各方所见，所有的普鲁士纵队的进军方向都是指向那里。该地也是战役期间拿破仑所处的位置，是他发号施令、自欺欺人、幻想胜利并决定他灭亡之地，也是布吕歇尔元帅和威灵顿公爵在夜间偶遇、作为胜利者相互致意之地。

为了纪念英国和普鲁士两个国家间维持的同盟关系，以及两支军队的联合与互信，元帅希望此战能以“佳盟之战”命名。

附录二

战役序列

一 利尼会战（1815年6月16日）

法兰西北方军团

指挥官：拿破仑皇帝

参谋长：达尔马提亚公爵苏尔特元帅

第一军[①]

第四步兵师（168/3939）：迪吕特伯爵中将

第一旅　佩戈少将

第八战列步兵团

第二十九战列步兵团

第二旅　布吕少将

① 在德隆"谨慎行事"的命令下，作为第一军折返行军中被留在利尼战场的分遣队，迪吕特和雅基诺仅发挥了很有限的作用。——译注

第八十五战列步兵团

第九十五战列步兵团

师属炮兵

第六步炮团九连

第一炮兵辎重营三连

第一骑兵师（54/806）：雅基诺男爵中将

第二旅 戈布雷希男爵少将

第三枪骑兵团

第四枪骑兵团

师属炮兵

第一骑炮团二连

第一炮兵辎重营四连

第二军

第七步兵师（185/4572）：吉拉尔男爵中将①

第一旅 德维利耶男爵少将

第十一轻步兵团

第八十二战列步兵团

第二旅 皮亚男爵少将

第十二轻步兵团

第四战列步兵团

师属炮兵

第二步炮团三连

第一炮兵辎重营十连

---

① 分遣自第二军，受第三军军长旺达姆节制。——译注

第五炮兵辎重营二连

第三军：旺达姆伯爵中将

第八步兵师（230/4989）：勒福尔男爵中将

第一旅 韦尼耶男爵上校[①]

第十五轻步兵团

第二十三战列步兵团

第二旅 科尔桑男爵少将

第三十七战列步兵团

第六十四战列步兵团

师属炮兵

第六步炮团七连

第一炮兵辎重营一连

第十步兵师（243/5522）：阿贝尔男爵中将

第一旅 让古尔特男爵少将

第三十四战列步兵团

第八十八战列步兵团

第二旅 迪佩鲁男爵少将

第二十二战列步兵团

第七十战列步兵团

第二外籍步兵团（瑞士团）

师属炮兵

第二步炮团十八连

第五炮兵辎重营四连

---

① 原指挥官比亚尔少将在15日坠马身亡。——译注

第十一步兵师（173/4603）：贝尔特泽纳男爵中将

第一旅　迪富尔少将

第十二战列步兵团

第五十六战列步兵团

第二旅　拉加德男爵少将

第三十三战列步兵团

第八十六战列步兵团

师属炮兵

第二步炮团十七连

第五炮兵辎重营五连

第三骑兵师（91/1106）：多蒙男爵中将

第一旅　多芒热男爵少将

第四猎骑兵团

第九猎骑兵团

第二旅　维诺男爵少将

第十二猎骑兵团

师属炮兵

第二骑炮团一连

第五炮兵辎重营六连

军属炮兵（8/192）

第二步炮团一连

第五炮兵辎重营六连

第四军：热拉尔伯爵中将

第十二步兵师（193/5342）：佩舍男爵中将

第一旅　罗姆骑士少将

第三十战列步兵团

第九十六战列步兵团

第二旅　舍费尔男爵少将

第六轻步兵团

第六十三战列步兵团

师属炮兵

第五步炮团二连

第二炮兵辎重营六连

第十三步兵师（175/4198）：维舍里男爵中将

第一旅　勒卡皮泰纳男爵少将[①]

第五十九战列步兵团

第七十九战列步兵团

第二旅　德普雷伯爵少将

第四十八战列步兵团

第六十九战列步兵团

师属炮兵

第五步炮团一连

第二炮兵辎重营二连

第十四步兵师（177/4293）：于洛男爵少将[②]

第一旅　博梅上校

第九轻步兵团

第一百一十一战列步兵团

第二旅　图桑男爵少将

第四十四战列步兵团

---

① 在利尼阵亡。——译注

② 原指挥官布尔蒙伯爵中将在15日投敌。——译注

第五十战列步兵团

师属炮兵

第五步炮团三连

第二炮兵辎重营六连

第六骑兵师（115/1684）：莫兰男爵中将

第一旅　瓦兰男爵少将

第六骠骑兵团

第八猎骑兵团

第二旅　贝吕耶骑士少将

第六龙骑兵团

第十六龙骑兵团

师属炮兵

第二骑炮团一连

第二炮兵辎重营五连

军属炮兵（8/193）

第五步炮团五连

第二炮兵辎重营七连

第六军：洛伯伯爵穆东中将[①]

第十九步兵师（198/3985）：西梅男爵中将

第一旅　德贝莱尔男爵少将

第五战列步兵团

第十一战列步兵团

第二旅　特弗内骑士少将

① 战役结束前抵达战场，他并没有参加实际战斗。——译注

第二十七战列步兵团

第八十四战列步兵团

师属炮兵

第八步炮团一连

第七炮兵辎重营一连

第八炮兵辎重营四连

第二十步兵师（153/3094）：雅宁男爵中将

第一旅 博尼骑士少将

第五轻步兵团

第十战列步兵团

第二旅 特罗默兰伯爵少将

第一百〇七战列步兵团

师属炮兵连

第八步炮团二连

第八骑兵辎重营三连

第二十一步兵师（114/2584）：泰斯特男爵中将

第一旅 拉菲特男爵少将①

第八轻步兵团

第二旅 佩内男爵少将

第六十五战列步兵团

第七十五战列步兵团

师属炮兵

第八步炮团三连

第六炮兵辎重营四连

---

① 疑似缺阵。——译注

军属炮兵（5/219）

第八炮兵团四连

第八炮兵辎重营五连

预备骑兵：格鲁希侯爵元帅

第一预备骑兵军：帕若伯爵中将

第四骑兵师（61/899）：小苏尔特男爵中将

第一旅　圣洛朗少将

第四骠骑兵团

第二旅　阿梅伊男爵少将

第五骠骑兵团

师属炮兵

第一骑炮团一连

第一炮兵辎重营三连

第五骑兵师（112/1375）：叙贝尔维男爵中将

第一旅　科尔贝伯爵少将

第一枪骑兵团

第二枪骑兵团

第二旅　梅兰骑士少将

第十一猎骑兵团

师属炮兵

第一骑炮团三连

第一炮兵辎重营四连

第二预备骑兵军：埃克塞尔曼斯伯爵中将

第九骑兵师（147/1396）：施特罗尔茨男爵中将

第一旅　比尔特男爵少将

第五龙骑兵团

第十三龙骑兵团

第二旅　樊尚男爵少将

第十五龙骑兵团

第二十龙骑兵团

师属炮兵

第一骑炮团四连

第一炮兵辎重营六连

第十骑兵师（142/1407）：沙泰尔男爵中将

第一旅　博纳曼男爵少将

第四龙骑兵团

第十二龙骑兵团

第二旅　贝尔东骑士少将

第十四龙骑兵团

第十七龙骑兵团

师属炮兵

第四骑炮团四连

第八骑兵辎重营一连

第四骑兵军：米约伯爵中将

第十三骑兵师（124/1252）：圣阿方斯伯爵中将

第一旅　迪布瓦男爵少将

第一胸甲骑兵团

第四胸甲骑兵团

第二旅　特拉韦尔男爵少将

第七胸甲骑兵团

第十二胸甲骑兵团

师属炮兵

第一骑炮团五连

第一炮兵辎重营八连

第十四骑兵师（132/1607）：德洛尔男爵中将

第一旅　法里纳子爵少将

第五胸甲骑兵团

第十胸甲骑兵团

第二旅　维亚尔男爵少将

第六胸甲骑兵团

第九胸甲骑兵团

师属炮兵

第三骑炮团四连

第三炮兵辎重营六连

近卫军：德鲁奥伯爵中将

近卫掷弹兵（127/4039）：弗里昂伯爵中将

近卫掷弹兵一团

近卫掷弹兵二团

近卫掷弹兵三团

近卫掷弹兵四团

师属炮兵

近卫步炮团五连

近卫猎兵（135/4749）：莫朗伯爵中将

近卫猎兵一团

近卫猎兵二团

近卫猎兵三团

近卫猎兵四团

师属炮兵

近卫步炮团六连

青年近卫军：迪埃姆伯爵中将

第一师（119/4375）：巴鲁瓦伯爵中将

第一旅　沙特朗骑士少将

第一狙击手团

第一腾跃兵团

第二旅　居伊男爵少将

第三狙击手团

第三腾跃兵团

师属炮兵

第七辅助步炮连

第八辅助步炮连

近卫重骑兵师（108/1808）：居约伯爵中将

掷弹骑兵团

近卫龙骑兵团

精英宪兵

师属炮兵

近卫骑炮团三连

近卫骑炮团四连

预备炮兵（20/470）：圣莫里斯男爵中将

近卫步炮团一连

近卫步炮团二连

近卫步炮团三连

近卫步炮团四连

普鲁士下莱茵军团

指挥官：布吕歇尔亲王元帅

参谋长：格奈泽瑙伯爵中将

第一军：齐滕中将

第一旅（8557）施泰因梅茨少将

步兵指挥官　霍夫曼上校

勃兰登堡第二步兵团

第二十四步兵团

威斯特法伦第一后备步兵团

西里西亚射手营

西里西亚第一骠骑兵团

第七步炮连[①]

第二旅（7697）　皮尔希第二少将[②]

步兵指挥官　卡纳尔上校

威斯特法伦第一步兵团

第二十八步兵团

① 普军步炮和骑炮连都是由6门6磅加农炮和2门榴弹炮组成，重炮连由6门12磅加农炮和2门榴弹炮组成。——译注

② 根据普鲁士（以及俄国）的习惯，军中拥有相同姓氏的军官会在姓氏后面冠以罗马数字加以区分，同姓氏军官中资历越高的数字就越小。这里普军第二旅指挥官皮尔希第二少将（奥托·卡尔·冯·皮尔希Otto Karl Lorenz von Pirch）正好是第二军指挥官皮尔希第一少将（格奥尔格·杜比斯拉夫·冯·皮尔希 Georg Dubislav Ludwig von Pirch）的弟弟。——译注

威斯特法伦第二后备步兵团

威斯特法伦后备骑兵团

第三步炮连

第三旅（8036） 雅戈少将

步兵指挥官 吕歇尔-克莱斯特中校

威斯特法伦第二步兵团

第二十九步兵团

威斯特法伦第三后备步兵团

西里西亚射手营

第八步炮连

第四旅（4970） 亨克尔.冯唐纳斯马克伯爵少将

步兵指挥官 许特上校

第十九步兵团

威斯特法伦第四后备步兵团

第十五步炮连

军属预备骑兵：勒德中将

第一旅（1368） 特雷斯科少将

勃兰登堡枪骑兵团

勃兰登堡龙骑兵团

威斯特法伦第一龙骑兵团

第二旅（1041） 吕措中校

第六枪骑兵团

库尔马克第一后备骑兵团

库尔马克第二后备骑兵团

军属预备炮兵（1345）：莱曼中校

第二重炮连

第六重炮连

第一步炮连

第二骑炮连

第七骑炮连

第十骑炮连

第一榴弹炮连

第二军：皮尔希第一少将

第五旅（8047） 蒂佩尔斯基希少将

波美拉尼亚第一步兵团

第二十五步兵团

威斯特法伦第五后备步兵团

野战猎兵连

第十步炮兵连

第六旅（8155） 克拉夫特少将

步兵指挥官 察斯特罗上校

科尔贝尔格步兵团

第二十六步兵团

易北河第一后备步兵团

第五步炮连

第七旅（7261） 布劳泽少将

步兵指挥官 朔恩上校

第十四步兵团

第二十二步兵团

易北河第二后备步兵团

第三十四步炮连

第八旅（6987）　伯泽少将

步兵指挥官　朗根上校

第二十一步兵团

第二十三步兵团

易北河第三后备步兵团

第十二步炮连

军属预备骑兵：瓦伦-于尔加斯少将

第一旅（1724）　蒂门上校

第一龙骑兵团

诺伊马克龙骑兵团

西里西亚枪骑兵团

第二旅（1661）　佐尔中校

勃兰登堡骠骑兵团

波美拉尼亚骠骑兵团

贝格骠骑兵团

第三旅（1497）　舒伦堡上校

易北河后备骑兵团

库尔马克第四后备骑兵团

库尔马克第五后备骑兵团

军属预备炮兵（995）：勒尔中校

第四重炮连

第八重炮连

第三十七步炮连

第五骑炮连

第六骑炮连

第三军：蒂尔曼男爵中将

第九旅（7597） 博尔克少将

第八步兵团

第三十步兵团

库尔马克第一后备步兵团

第十八步炮连

第十旅（4585） 肯芬上校

第二十七步兵团

库尔马克第二后备步兵团

第三十五步炮连

第十一旅（4643） 吕克上校

库尔马克第三后备步兵团

库尔马克第四后备步兵团

第十二旅（6345） 施蒂尔普纳格尔上校

第三十一步兵团

库尔马克第五步兵团

库尔马克第六步兵团

军属预备骑兵：霍贝男爵少将

第一旅（1144） 马维茨上校

第九骠骑兵团

库尔马克第三后备骑兵团

库尔马克第六后备骑兵团

第二旅（1878） 洛图姆上校

第七龙骑兵团

第五枪骑兵团

第七枪骑兵团

第八枪骑兵团

军属预备炮兵（764）：蒙豪普特上校

第七重炮连

第十八骑炮连

第十九骑炮连

第二十骑炮连

二 四臂村会战（1815年6月16日）

法兰西北方军团（左翼）

指挥官：埃尔辛根公爵、莫斯科瓦亲王奈伊元帅

副官：埃姆上校

第一军：德隆伯爵德鲁埃中将[①]

第一步兵师（181/4071）：基奥·迪帕萨热男爵少将[②]

第一旅 沙莱骑士上校

第五十四战列步兵团

第五十五战列步兵团

第二旅 布尔若易斯男爵少将

第二十八战列步兵团

第一百〇五战列步兵团

① 在16日当天战斗结束后才抵达战争。——译注

② 原指挥官阿利克斯·德沃男爵中将缺席，第一师由原第一旅指挥官基奥·迪帕萨热男爵少将代理指挥。——译注

师属炮兵连

第六步炮团二十连

第一炮兵辎重营五连

第二步兵师（196/5191）：东泽洛男爵中将

第一旅　施米茨男爵少将

第十三轻步兵团

第十七战列步兵团

第二旅　奥拉尔男爵少将

第十九战列步兵团

第五十一战列步兵团

师属炮兵连

第六步炮团十连

第一炮兵辎重营九连

第二军：雷耶伯爵中将

第五步兵师（249/5326）：巴舍吕男爵中将

第一旅　于松男爵少将

第二轻步兵团

第六十一战列步兵团

第二旅　康皮男爵少将

第七十二战列步兵团

第一百〇八战列步兵团

师属炮兵连

第六步炮团十八连

第一炮兵辎重营三连

第六步兵师（239/6465）：热罗姆亲王中将

第一旅　博迪安男爵少将

第一轻步兵团

第三战列步兵团

第二旅　苏瓦男爵少将

第一战列步兵团

第二战列步兵团

师属炮兵连

第二步炮团二连

第一炮兵辎重营一连

第九步兵师（212/4861）：富瓦伯爵中将

第一旅　戈捷男爵少将

第九十二战列步兵团

第九十三战列步兵团

第二旅　雅曼男爵少将

第四轻步兵团

第一百战列步兵团

师属炮兵

第六步炮团一连

第一炮兵辎重营二连

第二骑兵师（139/1862）：皮雷伯爵中将

第一旅　于贝尔男爵少将

第一猎骑兵团

第六猎骑兵团

第二旅　瓦蒂耶男爵少将

第五枪骑兵团

第六枪骑兵团

师属炮兵

第四骑炮团二连

第五炮兵辎重营二连

军属炮兵（6/210）

第二步炮团七连

第一炮兵辎重营七连

第一预备骑兵军

第四骑兵师

第一旅

第一骠骑兵团（36/489）[①]

第三预备骑兵军：瓦尔米伯爵克勒曼中将

第十一骑兵师（145/1917）：莱里捷男爵中将

第一旅　皮凯男爵少将

第二龙骑兵团

第七龙骑兵团

第二旅　吉东男爵少将

第八胸甲骑兵团

第十一胸甲骑兵团

师属炮兵

第二骑炮团三连

第二炮兵辎重营三连

---

① 分遣自第一预备骑兵军第四骑兵师第一旅，被部署在四臂村和尼维尔之间执行侦察任务。——译注

近卫军

近卫轻骑兵师（95/1771）：L.德努埃特伯爵中将

近卫猎骑兵团[1]

近卫枪骑兵团

师属炮兵

近卫骑炮团一连

近卫骑炮团二连

英荷联军佛兰德军团

指挥官：第一代威灵顿公爵阿瑟.韦尔斯利陆军元帅

参谋长：德兰西爵士上校

军事书记：菲茨罗伊.萨默斯特勋爵中校

第一军：奥兰治亲王上将

尼德兰第二步兵师（231/6984）：佩尔蓬谢-塞德尼茨基男爵中将

第一步兵旅 比兰特伯爵少将

荷兰第二十七猎兵营

比利时第七战列步兵营

荷兰第五民兵营

荷兰第七民兵营

荷兰第八民兵营

第二步兵旅 撒克逊-魏玛亲王伯恩哈德上校

奥兰治-拿骚第二十八步兵团

① 近卫猎骑兵和近卫枪骑兵各有一个中队在弗勒吕斯担任拿破仑的执勤卫队。——译注

第一营

第二营

拿骚-乌辛根第二步兵团

第一营

第二营

第三营

拿骚志愿猎兵

师属炮兵

比利时步炮连

比利时炮兵运输队

荷兰骑炮连

荷兰炮兵运输队

尼德兰骑兵师（55/1265）

第二轻骑兵旅 默伦少将

比利时第五轻龙骑兵团

荷兰第六骠骑兵团

师属炮兵

荷兰骑炮连

荷兰炮兵运输队

第一步兵师（152/4580）：库克爵士少将

第一步兵旅　梅特兰爵士少将

第一近卫步兵团二营

第一近卫步兵团三营

第二步兵旅　宾爵士少将

冷溪近卫步兵团二营

第三近卫步兵团二营

师属炮兵

王家炮兵三营九连

英王德意志军团骑炮兵二连

第三师（265/5819）：阿尔滕伯爵中将

汉诺威第一旅 基尔曼斯埃格伯爵少将

吕讷堡轻步兵

奥斯纳布吕克轻步兵

格鲁本哈根轻步兵

费尔登轻步兵

不来梅轻步兵

野战猎兵

第五步兵旅 C·霍尔基特爵士少将

第三十步兵团二营

第三十三步兵团一营

第六十九步兵团二营

第七十三步兵团二营

师属炮兵

王家炮兵十营二连

英王德意志军团炮兵四连

第二军

第四步兵师（5/233）

师属炮兵

汉诺威第二步炮连

预备军

第五步兵师（276/5188）皮克顿爵士中将

第八步兵旅　肯普特爵士少将

第二十八步兵团一营

第三十二步兵团一营

第七十九步兵团一营

第九十五步兵团一营

第九步兵旅　帕克爵士少将

第一步兵团三营

第四十二步兵团一营

第四十四步兵团二营

第九十二步兵团一营

师属炮兵

王家炮兵三营二连

第六步兵师（87/2582）

汉诺威第四旅　贝斯特上校

费尔登后备营

吕讷堡后备营

明登后备营

奥斯特罗德后备营

不伦瑞克军（329/6730）：不伦瑞克公爵中将

前卫

前卫营

轻步兵旅　布特拉尔中校

近卫营

第一轻步兵营

第二轻步兵营

第三轻步兵营

战列步兵旅 施佩希特中校

第一战列步兵营

第二战列步兵营

第三战列步兵营

不伦瑞克骑兵

骠骑兵团

枪骑兵团

炮兵

骑炮兵连

步炮兵连

拿骚-乌辛根（53/2788）：克鲁泽男爵少将

拿骚-乌辛根第一团

第一营

第二营

第三营

骑兵军（55/760）

第三骑兵旅 德恩贝格爵士少将

第二十三轻龙骑兵团

第四骑兵旅 范德勒爵士少将

第十一轻龙骑兵团

分遣自普鲁士军

第一西里西亚骠骑兵团（50）：塞林少尉

三 滑铁卢会战（1815年6月18日）

法兰西北方军团

总指挥官：拿破仑皇帝

参谋长：达尔马提亚公爵苏尔特元帅

指挥官：莫斯科瓦亲王奈伊元帅

第一军：德隆伯爵德鲁埃中将

第一步兵师：基奥·迪帕萨热男爵少将

第一旅　沙莱骑士上校

第五十四战列步兵团

第五十五战列步兵团

第二旅　布尔若易斯男爵少将

第二十八战列步兵团

第一百〇五战列步兵团

师属炮兵连

第六步炮团二十连

第一炮兵辎重营五连

第二步兵师：东泽洛男爵中将

第一旅　施米茨男爵少将

第十三轻步兵团

第十七战列步兵团

第二旅　奥拉尔男爵少将

第十九战列步兵团

第五十一战列步兵团

师属炮兵连

第六步炮团十连

第一炮兵辎重营九连

第三步兵师：马尔科涅男爵中将

第一旅　诺盖斯少将

第二十一战列步兵团

第四十六战列步兵团

第二旅　格勒尼耶男爵少将

第二十五战列步兵团

第四十五战列步兵团

师属炮兵

第六步炮团十九连

第一炮兵辎重营二连

第四步兵师：迪吕特伯爵中将

第一旅　佩戈少将

第八战列步兵团

第二十九战列步兵团

第二旅　布吕少将

第八十五战列步兵团

第九十五战列步兵团

师属炮兵

第六步炮团九连

第一炮兵辎重营三连

第一骑兵师：雅基诺男爵中将

第一旅　布鲁诺男爵少将

第七骠骑兵团

第三猎骑兵团

第二旅　戈布雷希男爵少将

第三枪骑兵团

第四枪骑兵团

师属炮兵

第一骑炮团二连

第一炮兵辎重营四连

军属炮兵

第六步炮团十一连

第一炮兵辎重营六连

第二军：雷耶伯爵中将

第五步兵师：巴舍吕男爵中将

第一旅　于松男爵少将

第二轻步兵团

第六十一战列步兵团

第二旅　康皮男爵少将

第七十二战列步兵团

第一百〇八战列步兵团

师属炮兵连

第六步炮团十八连

第一炮兵辎重营三连

第六步兵师：热罗姆亲王中将

第一旅　博迪安男爵少将

第一轻步兵团

第三战列步兵团

第二旅　苏瓦男爵少将

第一战列步兵团

第二战列步兵团

师属炮兵连

第二步炮团二连

第一炮兵辎重营一连

第九步兵师：富瓦伯爵中将

第一旅　戈捷男爵少将

第九十二战列步兵团

第九十三战列步兵团

第二旅　雅曼男爵少将

第四轻步兵团

第一百战列步兵团

师属炮兵

第六步炮团一连

第一炮兵辎重营二连

第二骑兵师：皮雷伯爵中将

第一旅　于贝尔男爵少将

第一猎骑兵团

第六猎骑兵团

第二旅　瓦蒂耶男爵少将

第五枪骑兵团

第六枪骑兵团

师属炮兵

第四骑炮团二连

第五炮兵辎重营二连

军属炮兵

第二步炮团七连

第一炮兵辎重营七连

第三军

第三骑兵师：多蒙男爵中将

第一旅　多芒热男爵少将

第四猎骑兵团

第九猎骑兵团

第二旅　维诺男爵少将

第十二猎骑兵团

师属炮兵

第二骑炮团一连

第五炮兵辎重营六连

第六军：洛伯伯爵穆东中将

第十九步兵师：西梅男爵中将

第一旅　德贝莱尔男爵少将

第五战列步兵团

第十一战列步兵团

第二旅　特弗内骑士少将

第二十七战列步兵团

第八十四战列步兵团

师属炮兵

第八步炮团一连

第七炮兵辎重营一连

第八炮兵辎重营四连

第二十步兵师：雅宁男爵中将

第一旅　博尼骑士少将

第五轻步兵团

第十战列步兵团

第二旅　特罗默兰伯爵少将

第一百〇七战列步兵团

师属炮兵连

第八步炮团二连

第八骑兵辎重营三连

军属炮兵

第八炮兵团四连

第八炮兵辎重营五连

第一预备骑兵军

第五骑兵师：叙贝尔维男爵中将

第一旅　科尔贝伯爵少将

第一枪骑兵团

第二枪骑兵团

第二旅　梅兰骑士少将

第十一猎骑兵团

师属炮兵

第一骑炮团三连

第一炮兵辎重营四连

第三骑兵军：瓦尔米公爵克勒曼中将

第十一骑兵师：莱里捷男爵中将

第一旅　皮凯男爵少将

第二龙骑兵团

第七龙骑兵团

第二旅　吉东男爵少将

第八胸甲骑兵团

第十一胸甲骑兵团

师属炮兵

第二骑炮团三连

第二炮兵辎重营三连

第十二骑兵师：德于巴尔中将

第一旅　布朗夏尔男爵少将

第一卡宾枪骑兵团

第二卡宾枪骑兵团

第二旅　多诺普少将

第二胸甲骑兵团

第三胸甲骑兵团

师属炮兵

第二骑炮团二连

第二炮兵辎重营四连

第四骑兵军：米约伯爵中将

第十三骑兵师：圣阿方斯伯爵中将

第一旅　迪布瓦男爵少将

第一胸甲骑兵团

第四胸甲骑兵团

第二旅　特拉韦尔男爵少将

第七胸甲骑兵团

第十二胸甲骑兵团

师属炮兵

第一骑炮团五连

第一炮兵辎重营八连

第十四骑兵师：德洛尔男爵中将

第一旅　法里纳子爵少将

第五胸甲骑兵团

第十胸甲骑兵团

第二旅　维亚尔男爵少将

第六胸甲骑兵团

第九胸甲骑兵团

师属炮兵

第三骑炮团四连

第三炮兵辎重营六连

近卫军：德鲁奥伯爵中将

近卫掷弹兵：弗里昂伯爵中将

近卫掷弹兵一团

近卫掷弹兵二团

近卫掷弹兵三团

近卫掷弹兵四团

师属炮兵

近卫步炮团五连

近卫猎兵：莫朗伯爵中将

近卫猎兵一团

近卫猎兵二团

近卫猎兵三团

近卫猎兵四团

师属炮兵

近卫步炮团六连

青年近卫军：迪埃姆伯爵中将

第一师：巴鲁瓦伯爵中将

第一旅　沙特朗骑士少将

第一狙击手团

第一腾跃兵团

第二旅　居伊男爵少将

第三狙击手团

第三腾跃兵团

师属炮兵

第七辅助步炮连

第八辅助步炮连

近卫重骑兵师：居约伯爵中将

掷弹骑兵团

近卫龙骑兵团

精英宪兵

师属炮兵

近卫骑炮团三连

近卫骑炮团四连

近卫轻骑兵师：L.德努埃特伯爵中将

近卫猎骑兵团

近卫枪骑兵团

师属炮兵

近卫骑炮团一连

近卫骑炮团二连

预备炮兵：圣莫里斯男爵中将

近卫步炮团一连

近卫步炮团二连

近卫步炮团三连

近卫步炮团四连

英荷联军佛兰德军团

指挥官：第一代威灵顿公爵阿瑟.韦尔斯利陆军元帅

参谋长：德兰西爵士上校

军事书记：菲茨罗伊.萨默斯特勋爵中校

第一军：奥兰治亲王上将

尼德兰第二步兵师：佩尔蓬谢-塞德尼茨基男爵中将

第一步兵旅　比兰特伯爵少将

荷兰第二十七猎兵营

比利时第七战列步兵营

荷兰第五民兵营

荷兰第七民兵营

荷兰第八民兵营

第二步兵旅　撒克逊-魏玛亲王伯恩哈德上校

奥兰治-拿骚第二十八步兵团

第一营

第二营

拿骚-乌辛根第二步兵团

第一营

第二营

第三营

拿骚志愿猎兵

师属炮兵

比利时步炮连

比利时炮兵运输队

荷兰骑炮连

荷兰炮兵运输队

尼德兰第三步兵师：沙塞男爵中将

第一步兵旅　迪特迈尔上校

比利时第三十五猎兵营

荷兰第二战列步兵营

荷兰第四民兵营

荷兰第六民兵营

荷兰第十七民兵营

荷兰第十九民兵营

第二步兵旅　达布勒梅少将

比利时第三十六猎兵营

比利时第三战列步兵营

荷兰第十二战列步兵营

荷兰第十三战列步兵营

荷兰第三民兵营

荷兰第十民兵营

师属炮兵

比利时步炮连

比利时骑炮连

第一步兵师：库克爵士少将

第一步兵旅　梅特兰爵士少将

第一近卫步兵团二营

第一近卫步兵团三营

第二步兵旅　宾爵士少将

冷溪近卫步兵团二营

第三近卫步兵团二营

师属炮兵

王家炮兵三营九连

英王德意志军团骑炮兵二连

第三师：阿尔滕伯爵中将

汉诺威第一旅　基尔曼斯埃格伯爵少将

吕讷堡轻步兵

奥斯纳布吕克轻步兵

格鲁本哈根轻步兵

费尔登轻步兵

不来梅轻步兵

野战猎兵

英王德意志军团第二步兵旅　奥姆普特达上校

第一轻步兵营

第二轻步兵营

第五战列步兵营

第八战列步兵营

第五步兵旅 C · 霍尔基特爵士少将

第三十步兵团二营

第三十三步兵团一营

第六十九步兵团二营

第七十三步兵团二营

师属炮兵

王家炮兵十营二连

英王德意志军团炮兵四连

第二军：希尔勋爵中将

第二步兵师：克林顿爵士中将

第三步兵旅　亚当少将

第五十二轻步兵团一营

第七十一轻步兵团一营

第九十五步兵团二营

第九十五步兵团三营

英王德意志军团第一旅　迪普拉特上校

第一战列步兵营

第二战列步兵营

第三战列步兵营

第四战列步兵营

汉诺威第三旅　H.霍尔基特上校

奥斯纳布吕克民兵营

萨尔茨吉特民兵营

布雷默弗德民兵营

夸肯布吕克民兵营

师属炮兵

王家炮兵九营一连

英王德意志军团第一骑炮连

第四步兵师

第四旅　米切尔爵士上校

第十四步兵团三营

第二十三步兵团一营

第五十一轻步兵团一营

师属炮兵

汉诺威第二步炮连

预备军

第五步兵师：皮克顿爵士中将

第八步兵旅　肯普特爵士少将

第二十八步兵团一营

第三十二步兵团一营

第七十九步兵团一营

第九十五步兵团一营

第九步兵旅　帕克爵士少将

第一步兵团三营

第四十二步兵团一营

第四十四步兵团二营

第九十二步兵团一营

汉诺威第五旅　芬克上校

哈默尔恩民兵营

希尔德斯海姆民兵营

佩内民兵营

吉夫霍恩民兵营

师属炮兵

王家炮兵三营二连

汉诺威第一步炮连

第六步兵师

第十步兵旅　兰伯特爵士少将

第四步兵团一营

第二十七步兵团一营

第四十步兵团一营

汉诺威第四旅　贝斯特上校

费尔登后备营

吕讷堡后备营

奥斯特罗德后备营

明登后备营

不伦瑞克军：奥尔费曼少将

前卫营

轻步兵旅　布特拉尔中校

近卫营

第一轻步兵营

第二轻步兵营

第三轻步兵营

战列步兵旅　施佩希特中校

第一战列步兵营

第二战列步兵营

第三战列步兵营

不伦瑞克骑兵

骠骑兵团

枪骑兵团

炮兵

骑炮兵连

步炮兵连

拿骚-乌辛根：克鲁泽男爵少将

拿骚-乌辛根第一团

第一营

第二营

第三营

骑兵军：第二代阿克斯布里奇伯爵亨利 · 佩吉特中将

第一骑兵旅　萨默塞特勋爵少将

近卫骑兵一团

近卫骑兵二团

第一近卫龙骑兵团

王家骑乘近卫团

第二骑兵旅　W.庞森比爵士少将

第一王家龙骑兵团

第二苏格兰灰龙骑兵团

第六恩尼斯基伦龙骑兵团

第三骑兵旅　德恩贝格爵士少将

第二十三轻龙骑兵团

英王德意志军团第一轻龙骑兵团

英王德意志军团第二轻龙骑兵团

第四骑兵旅　范德勒爵士少将

第十一轻龙骑兵团

第十二轻龙骑兵团

第十六轻龙骑兵团

第五骑兵旅　格兰特爵士少将

第七骠骑兵团

第十五骠骑兵团

第六骑兵旅　维维安爵士少将

第十骠骑兵团

第十八骠骑兵团

英王德意志军团第一骠骑兵团

第七骑兵旅　阿伦特施塔特爵士上校

英王德意志军团第三骠骑兵团

汉诺威骑兵旅

坎伯兰公爵骠骑兵团①

王家骑炮兵　弗雷泽爵士中校

A连

D连

E连

F连

① 被临时划归到第三骑兵旅。——译注

G连

H连

I连

第二火箭连

尼德兰骑兵师：科莱尔特男爵中将

第一重骑兵旅　特里普少将

第一荷兰卡宾枪骑兵团

第二比利时卡宾枪骑兵团

第三荷兰卡宾枪骑兵团

第二轻骑兵旅　吉尼男爵少将

第四荷兰骠骑兵团

第八比利时轻龙骑兵团

第三轻骑兵旅　默伦少将

第五比利时轻龙骑兵旅

第六荷兰骠骑兵团

师属炮兵

荷兰骑炮连

荷兰骑炮连

普鲁士下莱茵军团

第一军：齐滕中将

第一旅　施泰因梅茨少将

步兵指挥官　霍夫曼上校

勃兰登堡第二步兵团

第二十四步兵团

威斯特法伦第一后备步兵团

西里西亚射手营

西里西亚第一骠骑兵团

第七步炮连

第二旅　皮尔希第二少将

步兵指挥官　卡纳尔上校

威斯特法伦第一步兵团

第二十八步兵团

威斯特法伦第二后备步兵团

威斯特法伦后备骑兵团

第三步炮连

第三旅　雅戈少将

步兵指挥官：吕歇尔-克莱斯特中校

威斯特法伦第二步兵团

第二十九步兵团

威斯特法伦第三后备步兵团

西里西亚射手营

第八步炮连

第四旅　亨克尔.冯唐纳斯马克伯爵少将

步兵指挥官：许特上校

威斯特法伦第四后备步兵团

第十五步炮连

军属预备骑兵：勒德中将

第一旅　特雷斯科少将

勃兰登堡枪骑兵团

勃兰登堡龙骑兵团

威斯特法伦第一龙骑兵团

第二旅 吕措中校

第六枪骑兵团

库尔马克第一后备骑兵团

库尔马克第二后备骑兵团

军属预备炮兵：莱曼中校

第二重炮连

第六重炮连

第一步炮连

第二骑炮连

第七骑炮连

第十骑炮连

第二军：皮尔希第一少将

第五旅 蒂佩尔斯基希少将

波美拉尼亚第一步兵团

第二十五步兵团

威斯特法伦第五后备步兵团

野战猎兵连

第十步炮兵连

第六旅 克拉夫特少将

步兵指挥官：察斯特罗上校

科尔贝尔格步兵团

第二十六步兵团

易北河第一后备步兵团

军属预备骑兵：瓦伦-于尔加斯少将

第一旅　蒂门上校

第一龙骑兵团

诺伊马克龙骑兵团

西里西亚枪骑兵团

第四军：比洛伯爵步兵上将

第十三旅　哈克中将

第十步兵团

诺伊马尔克第二后备步兵团

诺伊马尔克第三后备步兵团

第二十一步炮连

第十四旅　里塞尔第一少将

第十一步兵团

波美拉尼亚第一后备步兵团

波美拉尼亚第二后备步兵团

第十三步炮连

第十五旅　罗斯廷少将

第十八步兵团

西里西亚第三后备步兵团

西里西亚第四后备步兵团

第十四步炮连

第十六旅　希勒上校

第十五步兵团

西里西亚第一后备步兵团

西里西亚第二后备步兵团

第二步炮连

军属预备骑兵：威廉亲王上将

第一骑兵旅　什未林伯爵上校

第六骠骑兵团

第十骠骑兵团

西普鲁士第一枪骑兵团

第二骑兵旅　瓦茨多夫中校

第八骠骑兵团

西里西亚第三后备骑兵团

第三骑兵旅　叙多少将

诺伊马尔克第一后备骑兵团

诺伊马尔克第二后备骑兵团

波美拉尼亚第一后备骑兵团

波美拉尼亚第二后备骑兵团

西里西亚第一后备骑兵团

西里西亚第二后备骑兵团

军属预备炮兵：布劳恩少将

第三重炮连

第五重炮连

第十三重炮连

第十一步炮连

第一骑炮连

第十一骑炮连

第十二骑炮连

四 瓦夫尔会战（1815年6月18日—19日）

法兰西北方军团（右翼）

指挥官：格鲁希侯爵元帅

第三军：旺达姆伯爵中将

第八步兵师：勒福尔男爵中将

第一旅　韦尼耶男爵上校

第十五轻步兵团

第二十三战列步兵团

第二旅　科尔桑男爵少将

第三十七战列步兵团

第六十四战列步兵团

师属炮兵

第六步炮团七连

第一炮兵辎重营一连

第十步兵师：阿贝尔男爵中将

第一旅　让古尔特男爵少将

第三十四战列步兵团

第八十八战列步兵团

第二旅　迪佩鲁男爵少将

第二十二战列步兵团

第七十战列步兵团

第二外籍步兵团（瑞士团）

师属炮兵

第二步炮团十八连

第五炮兵辎重营四连

第十一步兵师：贝尔特泽纳男爵中将

第一旅 迪富尔少将

第十二战列步兵团

第五十六战列步兵团

第二旅 拉加德男爵少将

第三十三战列步兵团

第八十六战列步兵团

师属炮兵

第二步炮团十七连

第五炮兵辎重营五连

军属炮兵（8/192）

第二步炮团一连

第五炮兵辎重营六连

第四军：热拉尔伯爵中将

第十二步兵师：佩舍男爵中将

第一旅 罗姆骑士少将

第三十战列步兵团

第九十六战列步兵团

第二旅 舍费尔男爵少将

第六轻步兵团

第六十三战列步兵团

师属炮兵

第五步炮团二连

第二炮兵辎重营六连

第十三步兵师：维舍里男爵中将

第一旅　洛兰骑士上校

第五十九战列步兵团

第七十九战列步兵团

第二旅　德普雷伯爵少将

第四十八战列步兵团

第六十九战列步兵团

师属炮兵

第五步炮团一连

第二炮兵辎重营二连

第十四步兵师：于洛男爵少将

第一旅　博梅上校

第九轻步兵团

第一百一十一战列步兵团

第二旅　图桑男爵少将

第四十四战列步兵团

第五十战列步兵团

师属炮兵

第五步炮团三连

第二炮兵辎重营六连

第六骑兵师：莫兰男爵中将[1]

第一旅　瓦兰男爵少将

① 因伤缺阵，由瓦兰男爵少将代为指挥。——译注

第六骠骑兵团

第八猎骑兵团

第二旅　贝吕耶骑士少将

第六龙骑兵团

第十六龙骑兵团

师属炮兵

第二骑炮团一连

第二炮兵辎重营五连

军属炮兵

第五步炮团五连

第二炮兵辎重营七连

第六军

第二十一步兵师：泰斯特男爵中将

第一旅　拉菲特男爵少将

第八轻步兵团

第二旅　佩内男爵少将

第六十五战列步兵团

第七十五战列步兵团

师属炮兵

第八步炮团三连

第六炮兵辎重营四连

军属炮兵（5/219）

第八炮兵团四连

第八炮兵辎重营五连

第一预备骑兵军：帕若伯爵中将

第四骑兵师：小苏尔特男爵中将

第一旅　圣洛朗少将

第一骠骑兵团

第四骠骑兵团

第二旅　阿梅伊男爵少将

第五骠骑兵团

师属炮兵

第一骑炮团一连

第一炮兵辎重营三连

第二预备骑兵军：埃克塞尔曼斯伯爵中将

第九骑兵师：施特罗尔茨男爵中将

第一旅　比尔特男爵少将

第五龙骑兵团

第十三龙骑兵团

第二旅　樊尚男爵少将

第十五龙骑兵团

第二十龙骑兵团

师属炮兵

第一骑炮团四连

第一炮兵辎重营六连

第十骑兵师：沙泰尔男爵中将

第一旅　博纳曼男爵少将

第四龙骑兵团

第十二龙骑兵团

第二旅　贝尔东骑士少将

第十四龙骑兵团

第十七龙骑兵团

师属炮兵

第四骑炮团四连

第八骑兵辎重营一连

普鲁士下莱茵军团

分遣自第一军：施滕格尔少校

第十九步兵团

第六枪骑兵团

威斯特法伦后备骑兵团

第三军：蒂尔曼男爵中将

第九旅　博尔克少将

第八步兵团

第三十步兵团

库尔马克第一后备步兵团

第十八步炮连

第十旅　肯芬上校

第二十七步兵团

库尔马克第二后备步兵团

第三十五步炮连

第十一旅　吕克上校

库尔马克第三后备步兵团

库尔马克第四后备步兵团

第十二旅　施蒂尔普纳格尔上校

第三十一步兵团

库尔马克第五步兵团

库尔马克第六步兵团

军属预备骑兵：霍贝男爵少将

第一旅　马维茨上校

第九骠骑兵团

库尔马克第三后备骑兵团

库尔马克第六后备骑兵团

第二旅　洛图姆上校

第七龙骑兵团

第五枪骑兵团

第七枪骑兵团

第八枪骑兵团

军属预备炮兵：蒙豪普特上校

第七重炮连

第十八骑炮连

第十九骑炮连

第二十骑炮连